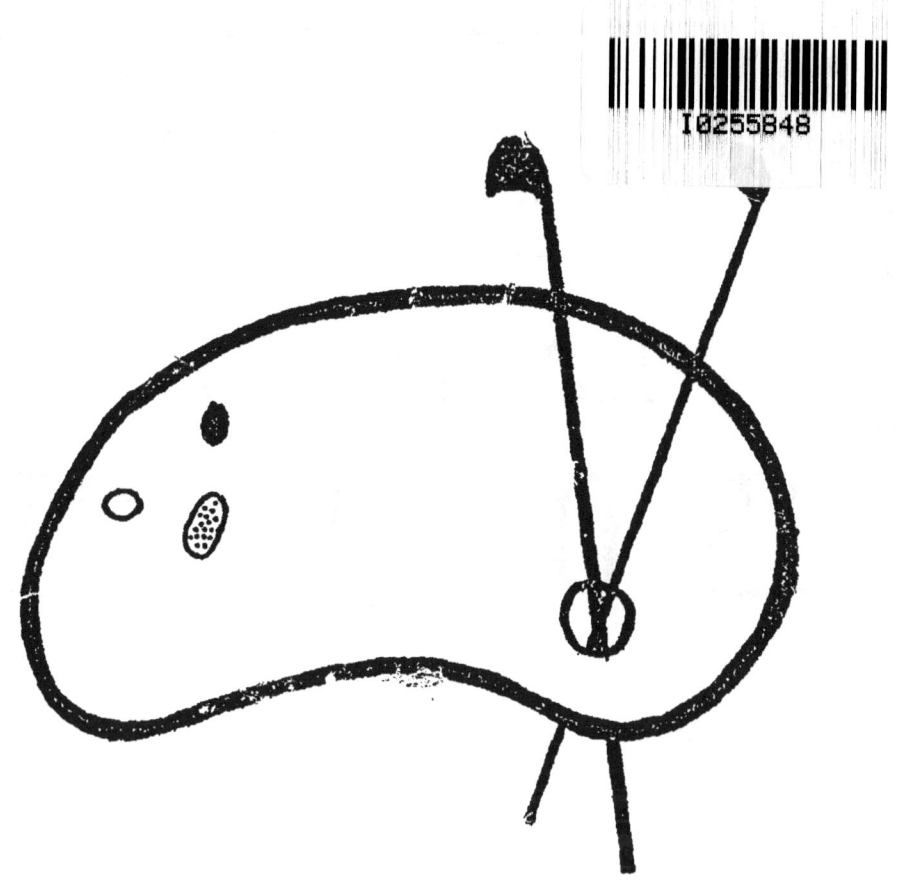

**COUVERTURE SUPERIEURE ET INFERIEURE
EN COULEUR**

NOUVELLE BIBLIOTHÈQUE CHOISIE
à 1 franc le volume

# LA ROBE
# DE DÉJANIRE

PAR

NADAR

PARIS

E. DENTU, LIBRAIRE-ÉDITEUR

PALAIS-ROYAL, 15-17-19, GALERIE D'ORLÉANS

# EN VENTE A LA LIBRAIRIE DE E. DENTU, ÉDITEUR
## NOUVELLE BIBLIOTHÈQUE CHOISIE
### A 1 FRANC LE VOLUME

**ALFRED ASSOLLANT.**
Une ville de Garnison............ 1 vol.
Un Mariage au Couvent........... 1 —
Deux Amis en 1792................ 1 —
La mort de Roland................ 1 —

**UN ANCIEN MAGISTRAT.**
Le Dernier des Réfractaires...... 1 —

**ÉLIE BERTHET.**
Richard le Fauconnier............ 1 —
Le Crime de Pierrefitte.......... 1 —

**F. DU BOISGOBEY.**
La Peau d'un autre............... 2 —
Une Affaire Mystérieuse.......... 1 —
L'Auberge de la Noble-Rose....... 1 —

**ALEXIS BOUVIER.**
Monsieur Trumeau................. 1 —
Caulot le garde-chasse........... 1 —

**CHAMPFLEURY.**
Les Bourgeois de Molinchard...... 1 —
Chien-Caillou.................... 1 —
Aventures de Mlle Mariette....... 1 —
L'Usurier Blaizot................ 1 —

**JULES CLARETIE.**
Mademoiselle Cachemire........... 1 —
Pierrille........................ 1 —

**E. COUPPEY.**
L'orpheline du 41e............... 1 —

**ERNEST DAUDET.**
Une Femme du Monde............... 1 —
Un Martyr d'Amour................ 1 —
Aventures de 3 jeunes Parisiennes. 1 —
Les Amoureux de Juliette......... 1 —

**CHARLES DESLYS.**
Les dix-sept ans de Marthe....... 1 —
La Fille à Jacques............... 1 —
Fanfan Latulipe.................. 1 —
Les compères du Roy.............. 1 —

**LOUIS DESNOYERS.**
Jeunes filles et jeunes femmes... 1 —

**CHARLES DICKENS.**
Le Crime de Jasper............... 2 —

**ÉTIENNE ENAULT et L. JUDICIS.**
Le Vagabond...................... 1 —
L'Homme de Minuit................ 1 —

**ÉTIENNE ENAULT.**
Danielle......................... 1 —

**J. FIÉVÉE.**
La Dot de Suzette................ 1 —

**ÉMILE GABORIAU.**
Le Capitaine Coutanceau.......... 1 —

**CONSTANT GUÉROULT.**
Aventures cavalières............. 1 —
La Bourgeoise d'Anvers........... 1 —

**EMMAN. GONZALÈS.**
Les Sept baisers de Buckingham... 1 —
Les Mémoires d'un Ange........... 2 —
Les Frères de la Côte............ 1 —
Le Vengeur du Mari............... 1 —
Les Deux Favorites............... 2 —
La Sorcière d'amour.............. 2 —

**THÉODORE DE GRAVE.**
Les drames de l'Épée............. 1 —

**ROBERT HALT.**
Une Cure du docteur Pontalais.... 1 —

**H. ESCOFFIER.**
Le Mercier de Lyon............... 1 —
Le Collier maudit................ 1 —

**CHARLES JOLIET.**
Une Reine de Petite Ville........ 1 —
La Novice de Trianon............. 1 —
Le Roman de deux Jeunes mariés... 1 —

**LOUIS JUDICIS.**
La Folle d'Apremont.............. 1 vol.

**HENRI DE KOCK.**
Un Drôle de voleur............... 1 —

**ALPH. DE LAMARTINE.**
Fior d'Aliza..................... 1 —

**G. DE LA LANDELLE.**
Un Corsaire sous la Terreur...... 1 —
L'amour de Ninette............... 1 —
Une Haine à Bord................. 1 —

**ARMAND LAPOINTE.**
La Reine du Faubourg............. 1 —

**ALEX. DE LAVERGNE.**
La Belle Aragonaise.............. 1 —

**HIPPOLYTE LUCAS.**
Les cahiers Roses de la Marquise. 1 —

**E. M. DE LYDEN.**
Maître ou maîtresse?............. 1 —

**AUGUSTE MAQUET.**
La Maison du Baigneur............ 2 —

**MARY LAFON**
La Boîte d'Or.................... 1 —

**XAVIER DE MONTÉPIN.**
Une Fleur aux enchères........... 2 —

**MICHEL MASSON.**
La Jeune Régente................. 1 —

**EUGÈNE MULLER.**
Madame Claude.................... 1 —

**PAUL DE MUSSET.**
Une Vie du Diable................ 1 —

**NADAR.**
Quand j'étais étudiant........... 1 —

**VICTOR PERCEVAL.**
Les Feux de Paille............... 1 —
Les Vivacités de Carmen.......... 1 —

**PAUL PERRET.**
Histoire d'un honnête homme, etc. 1 —
Monsieur Faust................... 1 —

**PONSON DU TERRAIL.**
Diane de Lancy................... 1 —

**E. RICHEBOURG et E. DE LYDEN.**
Les Amoureuses de Paris.......... 2 —

**EMILE RICHEBOURG.**
Histoire d'un Avare, d'un Enfant, etc. 1 —
Quarante mille francs de dot..... 1 —

**TONY RÉVILLON.**
Le bon Monsieur Jouvencel........ 1 —
Deux compagnons.................. 1 —
Histoire de 3 Enfants............ 1 —

**PAUL SAUNIÈRE.**
Un Gendre à tout prix............ 1 —
Le Capitaine Belle-Humeur........ 1 —
Le roi Misère.................... 2 —
La Capote Rose................... 1 —

**ALBÉRIC SECOND.**
La Jeunesse dorée................ 1 —
Les Demoiselles du Roncay........ 1 —

**ANAÏS SÉGALAS.**
Les Rieurs de Paris.............. 1 —

**ANDRÉ THEURIET.**
Madame Véronique................. 1 —

**FRÉDÉRIC THOMAS.**
Un Coquin d'Oncle................ 1 —

**PIERRE ZACCONE.**
Les Aventuriers de Paris......... 1 —
La Dame d'Auteuil................ 1 —
Mémoires d'un Commre de police... 2 —
Les Mansardes de Paris........... 1 —

# LA ROBE
# DE DÉJANIRE

# LIBRAIRIE E. DENTU, ÉDITEUR

OUVRAGES DU MÊME AUTEUR :

**L'Hôtellerie des Coquecigrues.** 1 vol. . . . . 3 fr.
**Quand j'étais étudiant.** 1 vol. . . . . . . . 1 fr.

Imp. Georges Jacob, — Orléans.

# LA ROBE
# DE DÉJANIRE

PAR

NADAR

PARIS
E. DENTU, ÉDITEUR
LIBRAIRE DE LA SOCIÉTÉ DES GENS DE LETTRES
PALAIS-ROYAL, 15-17-19, GALERIE D'ORLÉANS
—
1882
Tous droits réservés.

# A LUCIUS-N. SONGEON

## MON AMI

J'écrivais à mon début ce méchant livre, tout plein de bonnes intentions, auquel je ne trouve pas d'autre mérite aujourd'hui que celui de me rappeler les excellents conseils que tu me donnais alors. Ton amitié et ta sollicitude valaient un meilleur résultat.

Tel il a été, ce livre, tel je le laisserai, n'ayant ni la volonté ni le loisir de le refaire, et, tel qu'il est, je te le dédie en toute justice. Si ta plume ne peut se reprocher une seule de ces lignes, au moins ne saurais-tu récuser, vis-à-vis de ce chétif et mal venu de mon fait, ta part de complicité dans ce que l'ingénieuse théorie de M. de Frarière a dénommé *l'éducation antérieure.*

Mais, ce simple devoir de conscience et de gratitude rempli, ce qui me touche surtout à cette heure, c'est de serrer la main loyale de mon ami avec la même estime cordiale qu'aux premiers jours de ces années déjà si lointaines.

Elles nous ont fait voir pourtant, ces longues années, bien des défaillances et aussi bien des lâchetés, bien des trahisons, bien de petites et de grandes hontes. — Tu n'as, toi, ni faibli ni vacillé par les plus rudes secousses; ni la persécution, ni les désespoirs de l'exil, ni la pauvreté avec ses angoisses, n'ont pu troubler un seul instant le calme de ton grand cœur, si tendre en même temps et plein d'éternelle indulgence. Tu es de ceux qui demeurent debout au milieu du niveau qui s'abaisse, et comme il suffit qu'il en reste quelques-uns pour montrer l'Exemple à nos enfants et leur conserver la sainte tradition de la foi gardée, du respect de soi-même et le Mépris, — cette souveraineté plus haute que toutes les puissances humaines.

« Les soufflets de Vulcain poussent dans vingt fourneaux un souffle tantôt violent, tantôt ralenti, et fondent au brasier le dur airain, l'étain, l'argent et l'or précieux. Ce sera l'impénétrable bouclier d'Achille. »

Je ne me rappelle jamais ce passage de mon Homère oublié sans penser à l'âme d'un honnête homme, et je ne saurais penser à un honnête homme sans te voir aussitôt devant moi.

Cette seule page, où je suis fier de te dire mon affection et mon respect, suffisait pour me faire remettre au jour ma première œuvre de jeunesse.

NADAR.

Novembre 1861.

# LA ROBE DE DÉJANIRE

## I

**Le petit hôtel de Normendie.**

C'est un pauvre et triste quartier que le quartier Saint-Jacques. Il est abandonné depuis longtemps des maçons et des badigeonneurs que ses frères, plus brillants, ont accaparés. Il est pourtant l'aîné, lui, ce pauvre quartier Saint-Jacques, qui n'a pour tout héritage que sa misère, majorat inaliénable, hélas!

Ce n'est que rarement, à de longs intervalles, qu'un étroit rayon de soleil, étranglé au passage entre deux cheminées, vient s'éteindre et mourir sur un pavé privilégié.

On ne sait pas toujours ici quand il fait beau au ciel. Les maisons sont noires, ventrues et menaçantes. On craint à chaque pas de voir se rompre le fil qui les retient. Les boutiques sont petites, obscures, basses comme des tanières, mal approvisionnées, blessées qu'elles sont au cœur par l'étal portatif et le commerce en plein vent. Aux fenêtres appendent des linges de couleurs et d'usages inappréciables.

Dans ces maisons habite une population étrange ; regardez sous ce toit, et voyez : quelle misère! Sous des haillons affreux et sordides, dans des espaces restreints, au milieu d'une atmosphère viciée et homicide, grouillent et s'agitent toutes les industries du dernier ordre. Ne vous semble-t-il pas, dans la campagne, au pied d'un mur humide que le soleil n'a jamais regardé, avoir soulevé une pierre verte de mousse : les cloportes, les vers, les scolopendres qu'elle couvrait frémissent, s'inquiètent et s'enfuient sous terre par de secrètes issues. — Tels ces pauvres hères, placés par le sort aux derniers rangs de la grande armée des travailleurs, dont le labeur et la rétine craignent le grand jour, et qui rentrent à l'aube dans leurs mystérieuses retraites.

Quelques pas encore, et nous voici à la place Maubert. L'aspect devient plus triste et plus sombre à chaque instant. Le ruisseau déroule lentement son ruban bourbeux et terne que vient parfois teindre de rouge, de violet, l'eau écumeuse de quelque manufacture. Le ruisseau, c'est la rue : aux moindres pluies, il l'envahit et la couvre tout entière. Les rejetons des pauvres dynasties qui luttent contre cette misère humide naissent et vivent dans cette boue. A peine sorti de ses langes, le gamin court au ruisseau et s'y trempe ; mais le nouveau Styx ne fait que de tristes Achilles, pâles de fièvre lente, hâves, noués et rachitiques.

Voici un impasse : le pavé s'arrête brusquement, et il faudrait renouveler le miracle de saint Pierre pour pénétrer sur ces flaques d'onde impure et verdâtre jusqu'à ce monceau d'immondices et de débris de toute nature, dédaignés à jamais par le tombereau de la ville.

Les maisons sont entrecoupées, de deux en deux, par les barreaux rouges du marchand de vin : ignobles étapes où, machinalement, presque sans désir, poussé par une longue et inexplicable habitude, le pauvre vient, pour un verre de poison bleu ou violet, abandonner le dernier décime de sa bourse, renoncer au dernier recours en grâce de sa santé. Mais peu lui importe! Ne voyez-vous pas d'ici les mille fenêtres obscures de cette grande et sombre demeure? C'est l'Hôtel-Dieu. Les cloches lancent dans les airs leurs sourdes et profondes volées : Notre-Dame, la Vierge des douleurs, prie pour les malheureux qui souffrent, et lève au ciel ses deux bras suppliants.

C'est dans une des misérables rues de ce misérable quartier que j'ai à vous conduire. Cette rue, la voici. N'en cherchez pas le nom sur son écriteau absent : la police municipale n'est pas faite pour les croquants de pareil endroit. Elle se nomme la rue Jean-de-Beauvais.

J'en aurais pour longtemps s'il me fallait vous dire tout ce qu'a vu cette rue que les historiens de la vieille Lutèce n'ont pas oubliée. Elle est plus propre, mieux émondée que ses voisines, grâce à la position qu'elle a prise. Un peu plus, elle serait taillée à pic dans la montagne Sainte-Geneviève. Ses pavés s'épaulent les uns les autres et lui font la courte échelle pour grimper péniblement, l'ambitieuse, jusqu'au Panthéon. Ne montons pas si haut; c'est ici que nous nous arrêtons.

Le logis est de piètre apparence. Trois étages et demi, avec deux fenêtres à la façade. Au-dessus de la porte bâtarde par laquelle nous entrons est un modeste écriteau où vous pouvez lire encore assez distinctement en caractères noirs, à demi-effacés sur un fond d'ocre jaune et dans son orthographe native :

PETIT HOTÈLE DE NORMENDIE

TENUT PAR

GUEROULT

Entrez avec moi dans ce couloir, et avançons dans l'obscurité. Cette petite porte vitrée que nous laissons à notre droite s'ouvre dans la salle commune de l'hôtel, capharnaüm enfumé qui sert à la fois de cuisine, de salle à manger, d'alcôve et d'observatoire au portier-propriétaire. Encore deux pas : nous voici à l'escalier. Prenez garde! J'ai senti basculer sous mon pied la première marche. Donnez-moi la main, et montez.

Ne cherchez pas un appui contre le mur ou le pivot de l'escalier. Ici, les pierres suent, les murs transpirent; une main gantée ne serait pas respectée. Une faible lueur éclaire le chemin : par cette étroite fenêtre dont les contours ne sont plus arrêtés et se perdent sous d'énormes crevasses, arrive jusqu'à nous la lumière indécise, tamisée à travers ces barreaux de fer feuilletés par l'oxydation, ce treillage godant et déchiré, et les épaisses et terreuses toiles d'araignée. — Montons encore, montons toujours, et retenez-vous bien à moi, car la montée est rude.

Voici deux portes, n°ˢ 6 et 7; c'est au n° 9. Nous sommes arrivés.

C'est bien là. Les planches de la porte sont largement disjointes. Regardez...

Une chambre large de trois mètres, longue de cinq, mansardée en angle de quarante-cinq degrés. La pluie, pénétrant la toiture, a marbré çà et là le plafond de larges taches couleur de rouille qui s'étalent par couches, affectant les formes les plus capricieuses, formant des nuages, des figures fantastiques qu'un fusain contemplatif et rêveur a parfois complétées; on dirait le premier plan lavé d'un élève d'architecture. A l'un des angles, le ton de rouille est plus foncé, et une goutte qui a filtré à travers les molécules du plâtre est suspendue, imminente, avec son gros ventre en poire, que gonfle imperceptiblement chaque seconde. Les murailles, veinées de fissures et de gerçures, criblées de plaies anciennes et nouvelles, noircies de croquis incomplets, de notes, d'hémistiches, portent encore par endroits, à leur base, des langues recroquevillées de papier à six sous le rouleau. L'érésypèle a laissé des traces d'épiderme.

Le carrelage fêlé et décimé du parquet est enfoui sous une épaisse couche de terre apportée sous les semelles des habitants de la mansarde. Le balai n'a que faire ici depuis longtemps; c'est presque une charrue qu'il faudrait, et je ne répondrais pas que les six ou huit marrons d'Inde apportés d'une promenade à Auteuil, il y a quelques six mois, et qui ont germé dans cet humus accidentel, ne lançassent bientôt en l'air des branches feuillues. Les premières pousses ont déjà déchiré l'enveloppe du fruit.

Il y a un lit maintenant, c'est-à-dire une abominable couchette en bois peint, vrillée comme un crible par d'odieux insectes domestiques, surmontée d'une paillasse qui ne contient plus qu'une poussière pénétrante, et d'un matelas de deux pouces d'épaisseur. De plus, des draps noircis par la cendre de pipe et les bottes des amateurs de méridienne. Enfin, une couverture de laine râpée, rapiécée, brûlée en maint endroit, à jour comme une toile d'emballage, et un traversin, fourreau sans lame.

Sur le pied de la couchette, un monceau de vêtements en désordre, de pantalons frangés, de blouses incomplètes, de redingotes fourbues.

A côté du lit, adossée au mur complaisant, une table invalide, zébrée de coups de canif et de taches, chargée de livres dont chaque page est en deux volumes, de cornets à tabac vidés, de pipes de terre et d'une foule d'objets sans nom. Deux chaises à demi-dépaillées, encombrées encore de vêtements et de livres. L'une d'elles surtout est surmontée d'une pyramide confuse, sur le sommet de laquelle est juché témérairement un chandelier de cuivre portant une capricieuse perruque de stalactites graisseux.

Dans un coin de la chambre gît un coffre aux angles meurtris, encombré comme tout le reste.

Enfin, sur un poêle de tôle rongé de rouille, un pot à l'eau largement ébréché plonge ses hanches dans une cuvette dont les nombreuses fêlures, suturées en fil d'archal, attestent l'habileté de l'artiste piémontais.

Tout cela s'appelle un cabinet garni dans la rue Jean-de-Beauvais, et se loue huit francs par mois pour une personne seule.

Celui-ci est payé dix francs, parce que le nombre de ses locataires n'a jamais été positivement limité.

Pour le moment, ils sont quatre; mais l'un compte à peine : il est arrivé de la veille; tous quatre jeunes, d'intelligence à peu près égale; tous quatre entrant dans la vie par la même porte, ouverte à deux battants pour eux comme pour tant d'autres, par la porte de la famine; tous quatre enfin doués heureusement de caractères si dépareillés, de natures si différentes, que les angles saillants et rentrants de chacune de ces individualités s'adaptent dans une harmonie et un ensemble parfaits. Comme au jeu de casse-tête chinois, toutes ces irrégularités multiples, ces découpures personnelles, hérissées et aiguës, s'emboîtent, s'accouplent dans un complet accord pour tendre ensemble vers un seul et même but : vivre. Mais le moindre incident peut déranger les pièces, et adieu la partie!

Deux d'entre eux, à demi-vêtus, fument, accroupis sur ce que nous avons appelé le lit. Une forme humaine se dessine sous la couverture que vous savez : c'est le troisième qui dort. Le dernier est étendu sur le dos, les bras repliés sous la tête, à côté d'eux, et a accaparé dans cette position la plus grande part de l'étroite surface. Ce dernier se nomme Dufrény; son parrain avait eu la bizarre fantaisie de le baptiser du prénom d'Éleuthère.

Éleuthère Dufrény était depuis un an élève peintre

dans l'atelier R... Ses parents, fort pauvres, et habitant la province, n'avaient pas voulu contrarier sa violente inclination pour la peinture. Ils lui faisaient, en se saignant aux quatre membres, les dignes vieillards, une petite rente irrégulière de quatre-vingts à cent francs par mois, qu'Éleuthère mettait religieusement en commun avec ses cohabitants, et qui formait le fonds le plus clair du revenu social. Éleuthère espérait, grâce à ses bonnes dispositions et à son travail, que sa commune voterait bientôt un secours annuel qui lui permît de continuer ses études à Paris et d'attendre le prix de Rome. Selon toutes probabilités, il ne pouvait manquer de voir se réaliser pour lui ce rêve de tous les jeunes artistes. Il avait l'intelligence et le zèle nécessaires, et, n'eût été sa passion démesurée pour l'école alors peu académique de Rubens, il eût été bien près d'atteindre son but.

C'était un garçon de dix-neuf ans à peine, joufflu et rosé, et d'une insouciance miraculeuse. Il était l'homme de ressources du phalanstère, allait aux provisions, armait en course lorsque l'avenir du dîner était couvert de nuages à l'horizon, et dans les autres occasions de cette importance. Le dîner des habitants de la mansarde était justement hypothéqué sur la Providence, ce jour-là. Pourtant il était bientôt trois heures de l'après-midi; on en avait été réduit, le matin, à déjeuner de souvenirs, et Éleuthère ne bougeait pas, et Éleuthère restait étendu sur son dos, inactif, dans une espèce de contemplation extatique et muette.

C'est qu'Éleuthère avait eu recours à son dernier expédient pour subvenir au dîner de la veille; c'est qu'il avait renoncé au plus mince espoir; c'est qu'il avait retourné le fond de son sac, et qu'il n'y avait pas vu l'ombre d'une ressource. Comme César, si ce n'est qu'il ne se voilait pas la face, n'ayant pas la moindre toge à cet effet, il restait immobile et attendait...

De temps en temps, il tressaillait, se frappait le front brusquement.

— Qu'as-tu donc, Éleuthère? lui dit Claudien Forget, l'un des fumeurs.

— Quel homme! messieurs, quel homme que cet Homère!

— Il devient fou, dit à Claudien le troisième habitant de la mansarde, Félix Beauplaisir de Simons, le *Marquis*, comme l'appelait Éleuthère.

La physionomie de ce jeune homme était remarquable de distinction et de finesse, et sa barbe blonde commençait à se dessiner élégamment. Il était plus âgé que les trois autres, et il avait pour chemise une manière de sarrau bleu dont une manche absente laissait voir son bras nu et blanc.

Éleuthère jeta sur l'interrupteur un regard froid et dédaigneux.

— Comme tu comprenais bien un banquet, divin Homère, prince des poètes, toi à qui sept villes se disputèrent l'honneur d'avoir donné le jour! Oh! que n'étais-je de ton temps! que n'assistais-je à ces larges festins où douze bœufs tout entiers rôtissaient dans leur graisse odorante, au-dessus des charbons ardents! Eumée, bon et fidèle serviteur d'Ulysse, que n'ai-je en ce moment ces deux jeunes chevreaux aux chairs grasses et saignantes que tu fis griller au retour de ton maître, devant ton respectable foyer! O victuailles!... Ah! messieurs, que Katcomb et M. Victor Hugo sont petits à côté de ce géant-là!...

Beauplaisir et Claudien poussèrent un éclat de rire.

Éleuthère retomba dans sa gastronomique extase.

Mais cette boutade était terrible. Elle venait de réveiller un appétit féroce au fond des estomacs de la mansarde; le lion rugissait dans son antre.

La question du dîner fut de nouveau mise à l'ordre du jour, et mille propositions inexécutables furent présentées et rejetées. Nos trois ventres affamés se lancèrent dans une laborieuse collaboration à la recherche de l'inconnu. Ce fut en vain : les ressources éventuelles sur lesquelles ils vivaient depuis trop longtemps étaient épuisées jusqu'à la dernière.

— Dire encore, s'écria Claudien avec désespoir, que nous avons une bouche de plus!

— Dis donc, Beauplaisir, il appelle ça une bouche, dit Éleuthère en soulevant la couverture et en découvrant la tête de l'homme endormi. — Eh! monsieur!... fit-il en s'adressant à celui-ci.

Cette tête, d'un dessin remarquable, mais horrible de maigreur, était hérissée de barbe et de cheveux qui la couvraient entièrement, et cédaient tout juste assez d'espace pour placer le nez et les yeux, et en faire à peu près une tête humaine.

L'homme paraissait profondément endormi. Pourtant, lorsque sa figure fut ainsi brusquement exposée à la lumière, ses paupières frissonnèrent imperceptiblement, et ses lèvres écartées se rapprochèrent.

Dufrény laissa retomber la couverture.

— Où diable as-tu trouvé ça? demanda Beauplaisir.

— Au fait, reprit Claudien, tu nous amènes, à deux heures du matin, cet homme que nous ne connaissons pas, et que tu n'as pas l'air de connaître davantage. Qu'est-ce que c'est que cet individu-là?

— Ma foi, c'est bien simple, dit nonchalamment Éleuthère. Vous savez que je suis sorti hier vers trois heures pour aller dîner chez le petit peintre. Il n'était pas chez lui. Je me dis : « Bon! il va rentrer. » J'y retourne quatre fois à une demi-heure d'intervalle, sans être plus heureux. Alors j'y renonce, et je rentre ici me coucher, parce que : qui dort... En revenant par la rue Montmartre, je vois un grand diable qui marchait lentement, lentement; il mettait deux minutes pour faire un pas. Je l'examine, et je vois tout de suite, à son costume, qu'il ne jouit pas même de ce qu'on appelle une honnête aisance. Il s'arrêtait à chaque boutique, et il resta plus d'une heure devant les carreaux d'un épicier à regarder fabriquer du chocolat. Je n'avais rien de mieux à faire : je m'amuse à l'observer. Au bout de quelques instants, il entre chez un boulanger. Je le regardais à travers les vitres : il tire un sou de sa poche et le met sur le comptoir, sans le regarder, en homme bien convaincu qu'il n'a pas à se tromper de pièce, et qu'il n'y a pas de monnaie à lui rendre. Il prend un petit pain de seigle qu'il fourre dans la poche de sa redingote, puis il sort. Je me remets en marche derrière lui. De temps en temps, il glissait sa main dans la précieuse poche, y rompait un petit morceau de son pain de seigle et le portait à sa bouche, en l'escamotant de son mieux sous ses doigts. — Un homme qui mange un pain de seigle, dans la rue, entre cinq et six heures... je connais ça ! Le petit pain de seigle m'intéresse. Mon homme continue à flâner, moi sur ses talons, dans un tas de petites rues. Nous arrivons au cloître Saint-Honoré. Il y avait un feu de paille, et cinq ou six amateurs regardaient les galopins qui s'amusaient à sauter dedans. L'homme au pain de seigle s'arrête et regarde aussi. J'en fais autant, et je me mets à côté de lui pour entamer la conversation.

— Bavard ! dit Beauplaisir.

— Enfin, c'était mon idée : je voulais lui parler. On causait de choses et d'autres autour du feu... J'adresse un mot à mon individu, qui me regarde fixement, me salue et me répond assez froidement. Je recommence une seconde fois, une troisième : je n'en puis tirer qu'un « oui, monsieur ! » très-sec, et puis plus rien. Je ne me décourage pas. Enfin, j'obtiens une phrase entière. Ça marchait !

— Après, après?

— Attends donc; le feu de paille brûlait toujours. Deux sergents de ville arrivent, font sauver les gamins et éteindre le feu. Chacun s'en va de son côté. Je me hasarde à demander à mon inconnu s'il demeure près de là... Il me dit que non, et ce chapitre en reste là. Nous arrivons sur les quais.

« — Vous demeurez peut-être de l'autre côté de l'eau, monsieur? lui dis-je; — dans le quartier Latin, peut-être?

« — Non, monsieur.

« C'est bon. Nous allons en nous promenant jusqu'au pont Royal. Il faisait un clair de lune magnifique. J'arrache quelques confidences. — C'est un poète; il est de Saint-Étienne, et il est à Paris depuis un an. Il espère trouver un éditeur pour son premier volume de poésies.

— Magnifique! dit Beauplaisir.

— Pauvre diable! dit Claudien Forget.

— Qu'est-ce qu'il y a donc de si singulier là-dedans? demanda naïvement Dufrény. Je suis sûr qu'il a beaucoup de talent, moi!

— Ça le nourrira, fit Beauplaisir en haussant les épaules.

— Finis donc ton histoire, dit Forget.

— Voilà... Nous nous promenions toujours; nous remontons jusqu'au pont Royal, puis nous revenons vers le pont Neuf. Je pensais que nous allions nous quitter là : pas du tout, nous poussons jusqu'au pont Royal une seconde fois. Huit heures sonnent, puis neuf heures, puis dix, puis onze... Nous marchions très-lentement. De temps en temps, nous nous arrêtions; mon individu s'adossait sur le parapet, et la conversation allait son train. Voilà que l'horloge de l'Institut sonne onze heures et demie, trois quarts, minuit... Le poète avait l'air d'être brisé de fatigue;

ses genoux pliaient presque sous lui, et pourtant il ne parlait pas de rentrer. Je soupçonne quelque chose, et j'amène la conversation, du diable si je sais comment! sur Paul de Kock; nous tombons en plein dans les portiers.

« — Moi, lui dis-je, j'habite une maison fort commode : la porte est ouverte toute la nuit. Mais, si vous avez un portier quelque peu gênant, il est bientôt temps de rentrer.

« — Bah! dit-il avec une assurance de contrebande, il n'est pas encore minuit.

« — Une heure, vous voulez dire.

« — Allons donc! répondit-il en jouant l'homme effrayé.

« — Mais oui.

« — Diable! c'est bien désagréable!

« C'était le moment :

« — Ecoutez, lui dis-je, entre jeunes gens, on ne se gêne pas. Mes amis, avec qui je demeure (je lui avais parlé de vous), vous recevront on ne peut mieux. Venez finir la nuit à la maison.

« Il se fait un peu tirer l'oreille, le finaud! Enfin je le décide, et voilà.

— Il ne s'était pas couché depuis quarante-huit heures au moins, dit Beauplaisir, car il n'a fait qu'un somme depuis hier, et quatre heures vont sonner.

— Chut! dit Claudien, il se réveille.

L'étranger s'était dressé sur son séant, et il se frottait les yeux.

— Eh bien! monsieur, dit Éleuthère, avez-vous bien dormi?

— Très-bien, monsieur, je vous remercie. Mille pardons, messieurs, de vous avoir ainsi dérangés.

— Allons donc! dirent en même temps Claudien et Éleuthère.

Le nouveau venu s'habilla.

— A propos, monsieur notre ami, dit Éleuthère, comment vous appelez-vous ?

— Pierre Grouard, répondit l'étranger.

Les trois habitants de la mansarde le regardaient avec étonnement.

Pierre Grouard pouvait avoir en hauteur cinq pieds six à sept pouces ; mais ses épaules étaient extraordinairement resserrées contre sa poitrine étroite : les omoplates se joignaient. Sa maigreur était prodigieuse. Ses côtes dessinèrent des stries sur sa chemise, quand la ceinture du pantalon en arrêta les plis. Ses hanches étaient plus larges que sa poitrine. Pour une femme — habillée — il eût eu ce qu'on est convenu d'appeler une jolie taille. Ses pieds, d'une longueur exagérée, se glissèrent difficultueusement dans des bottes assez fines, surtout de semelles. Son pantalon s'adaptait intimement sur ses longues et maigres jambes. Il disposa autour de son cou, avec un art remarquable, une cravate longue, dite de soie, noire et à dessins brochés de même couleur, de manière à dissimuler la fraîcheur équivoque de sa chemise et à couvrir entièrement l'espace produit par l'échancrure de sa redingote noire et étriquée, qu'il boutonna avec soin.

Dufrény contemplait cette prodigieuse maigreur avec un intérêt d'artiste. Son imagination fit un rapprochement entre le poète étique et certaines esquisses de Rubens, et il ne put s'empêcher de sourire en comparant dans sa pensée ce long corps grêle, si étroitement serré dans son enveloppe, à un parapluie dans son fourreau.

M. Pierre Grouard termina sa toilette par une dernière opération. Il secoua ses cheveux, entre lesquels il passa ses doigts décharnés, et rafraîchit avec sa manche le lustre défunt de son chapeau, de forme très-basse et à bords exagérés dans leur largeur ; puis il posa délicatement ce meuble extraordinaire sur la haute futaie de ses cheveux. Cela fait, il glissa, non sans difficulté, ses deux mains dans les poches de son étroit pantalon, et demanda timidement — un peu de tabac pour charger sa pipe.

Il n'y avait plus de tabac...

Ce fut un cri général de douloureux étonnement.

— Attendez donc! dit Éleuthère; je vais aller chez mon marchand de tabac de la rue Saint-Jacques. Je suis très-bien avec la *tabatière*; si c'est elle qui est au comptoir, nous sommes sauvés.

Et, en un clin d'œil, il eut fourré ses pieds nus dans une paire de souliers lacés d'une intégrité plus que douteuse, et passé ses jambes dans un pantalon garance garni de son charivari de cuir et de beaucoup trop long pour lui, qui retomba sur ses pieds, se fronçant par le bas en anneaux entassés comme certaines colonnes égyptiennes. Le reste de son costume se composait d'une blouse-redingote dite *polonaise*, ouverte par devant, et diaprée de taches multicolores qui s'unissaient dans un ton général sale et terne.

Ses cheveux châtains, de longueur presque décente, étaient à peu près peignés; il ne daigna pas leur donner plus de temps et s'élança dans l'escalier.

Au bout d'une minute, il rentra dans la chambre, la respiration haletante de son ascension précipitée.

— Une lettre pour M. Claudien Forget, de Moulins; quatorze sous; le port est payé. Voilà ce que les botanistes appellent un citoyen délicat!

Claudien ouvrit précipitamment la lettre : un papier en tomba.

— Messieurs, dit-il après avoir lu les premières lignes, je vous invite à un splendide repas! Éleuthère, cours vite à la poste; voici un mandat de cinquante francs... Dépêche-toi... Pourvu qu'il ne soit pas trop tard!...

Éleuthère fit un saut de joie et se cogna vigoureusement la tête au plafond.

Il saisit le papier sauveur, et il allait se précipiter dehors... — Tout à coup il s'arrêta brusquement...

Quatre heures sonnaient à la Sorbonne : les bureaux de la poste étaient fermés.

## II

### L'asphyxie.

Éleuthère poussa un gémissement lamentable :

— Dire, s'écria-t-il, que nous nous passerons de dîner aujourd'hui ayant cinquante francs dans notre poche, tandis que nous avons tant de fois dîné n'ayant rien du tout !

Ils dînèrent pourtant.

Sur l'avis de Beauplaisir, un conseil fut de nouveau tenu dans lequel, après ample discussion, on s'arrêta au seul parti qu'il y eût à prendre. L'homme de ressources, Éleuthère, fut député chez le propriétaire de l'hôtel, qui, sur la consignation du mandat, lui délivra quatre pièces de cinq francs, toute sa fortune en numéraire. On devait aller le lendemain toucher ensemble le mandat.

Éleuthère remonta triomphant, portant entre ses bras deux pains de quatre livres frais et dorés, des échantillons de porc salé accommodé de mille manières, — une boutique de charcutier en miniature, — et trois énormes bouteilles, contenant chacune un litre de vin.

A peine prit-il le temps de se décharger de son

lourd et embarrassant fardeau. En un clin d'œil, le pain était rompu, les comestibles étaient mis au jour et dépecés sur les papiers qui leur avaient servi d'enveloppe; les bouteilles circulaient gaîment, — il eût été trop long de chercher dans le désordre l'unique verre de l'établissement, — et, se vengeant de leur abstinence forcée, les convives affamés ne faisaient qu'une bouchée de trois morceaux.

Le repas fut joyeux, et il ne pouvait en être autrement. Les trois bouteilles, caressées à la ronde, animèrent la conversation et délièrent les langues.

Le nouveau venu, Pierre Grouard lui-même, dont l'abord était sérieux et froid, et chez lequel tout épanchement paraissait difficile à provoquer, Pierre Grouard, animé par l'entrain de ses compagnons et largement influencé par les trois précieuses bouteilles, se laissa aller à la gaîté bruyante de la conversation. Son caractère, au fond, n'était pas aussi sombre que sa physionomie, et démentait son extérieur grave et presque rétif. Il n'affectait une sorte de dignité et de froideur que pour cacher une plaie profonde, incurable, qui le tourmentait sans relâche, — sa gaucherie naturelle. Son grand corps maigre, sa physionomie étrange, son allure déhanchée et anguleuse, ses longs pieds, ses longues mains, tout cela l'embarrassait. Il n'eût pourtant voulu troquer ce physique malencontreux contre aucun autre, car il se trouvait on ne peut plus à son gré, et, en s'étudiant, il se dénichait des beautés auxquelles certes personne ne se fût avisé de songer.

C'est ainsi que, sous le prétexte que ses doigts osseux et décharnés, aux articulations en bourrelets, étaient démesurément longs de maigreur, il s'était ingéré, et de bonne foi, la prétention extraordinaire d'avoir de jolies mains; et le malheureux affectait de les étaler à chaque instant, le plus gracieusement possible, sans rougir le moins du monde de son énormité.

Mais ces perfections secrètes qui ne se révélaient qu'à lui seul étaient plus qu'apocryphes pour tout le monde, et Pierre Grouard le savait bien. Il n'ignorait pas qu'auprès de la majorité, — des *crétins*, comme il disait, — il ne serait jamais choisi pour modèle académique, et, comme il craignait par dessus tout le ridicule, il se drapait de son mieux pour l'éloigner dans une nature d'emprunt, — liqueur éventée sous une orgueilleuse étiquette. Ce physique bizarre et malvenu, il le caressait avec amour, il en exagérait encore certains côtés absurdes, comme pour braver ouvertement l'opinion et la fouler aux pieds, — tandis que ce dédain affecté, sa susceptibilité extrême et toute sa manière d'agir prouvaient que l'opinion était tout pour lui. C'était surtout en présence d'une femme que Pierre Grouard se hérissait de toute cette pauvreté d'esprit; il était alors plus majestueusement sombre que jamais. Il enflait ses notes de basse taille, jouait la distraction contemplative, rejetait en arrière toutes les deux minutes, par un mouvement du cou, son épaisse chevelure. Bien que craignant plus que personne la moindre douleur, il fût resté deux heures assis sur une pelote d'aiguilles oubliée sur son siége, plutôt que de déranger une attitude qu'il jugeait noble et digne. Il craignait ce regard fin, cette pénétration perspicace que possèdent les femmes et qui leur tient si souvent lieu d'intelligence, d'esprit, et j'ai même entendu dire de cœur. Grouard avait donc surtout peur des femmes. Sa gaucherie, sa timidité, plus encore que l'extraordinaire de sa physionomie, l'avaient toujours tenu éloigné de leur société, où il était de plus en plus mal à l'aise à mesure qu'il avançait en âge. Aussi feignait-il un superbe dédain tout philosophique pour ce sexe frivole, sur lequel il saisissait toute occasion de formuler son opinion nette et bien tranchée. Il était rude et presque grossier avec la femme, qu'à l'exemple de Sganarelle il dénommait *un étrange animal*, — lui, le pauvre garçon, qui aurait donné tous les trésors de son amour vierge en échange d'une caresse ou d'un sourire, et qui frissonnait à l'idée seule d'un baiser. — Toujours l'éternelle histoire du renard de La Fontaine !

Grouard était véritablement poète. Il avait du talent, et son plus grand défaut était une passion exagérée et exclusive pour les poètes de l'école moderne. Pour Grouard, à peine arrivé de sa province, la grande guerre entre les classiques et les romantiques durait toujours[1]. Il avait en portefeuille plus d'une production remarquable. Mais il n'avait que des vers, et c'est une marchandise dont le débit est difficile.

C'est pourtant sur ses vers qu'il comptait pour vivre, et il n'avait pas d'autres ressources. La carrière dans laquelle il s'était jeté devait lui être rendue plus difficile encore par sa nature si discordante, si incomplète, si faible ; par son caractère si peu parisien, ignorant de la vie réelle, malhabile devant les moindres difficultés matérielles, incapable de se tirer du moindre embarras de la vie positive.

Venu à Paris depuis un an, il avait mangé en six mois quelques milliers de francs, son unique et dernière fortune. Cet argent, il l'avait dévoré en un clin d'œil, sans plaisir, sans jouissance, sottement, niaisement, bêtement : en menant en aparté la vie de grand seigneur, en prenant pour lui seul toute une loge d'avant-scène aux premières représentations, en abandonnant à un garçon de restaurant la monnaie d'une pièce d'or quand son dîner lui avait coûté six francs. Quand il s'était vu sans un sou, alors seulement il avait un peu réfléchi ; mais il ne s'était pas corrigé, le

---

[1] 1845, — cette date dite une fois pour toutes, — bien que l'auteur eût besoin de la rappeler plus qu'à chaque page.

malheureux ! Il avait conservé tous ses grands orgueils, toutes ses immenses petites vanités. Il était destiné à souffrir cruellement. — On venait, il y avait trois jours, de le mettre à la porte d'une petite chambre garnie dont le propriétaire lui réclamait depuis deux mois le loyer, et où il avait vécu jusque-là des lambeaux de sa prospérité passée. Depuis trois jours, il était sur le pavé, — lorsque Éleuthère l'avait rencontré.

Il raconta toute son histoire, en faisant toutefois quelques réticences d'amour-propre. En terminant, il annonça sa ferme résolution de faire de la poésie en dépit de tous les obstacles qu'il pourrait rencontrer.

Ses trois hôtes l'avaient écouté silencieusement ; Beauplaisir, l'homme sceptique et railleur, qui représentait en petit dans le phalanstère une *persona* double : don Juan et Méphistophélès, Beauplaisir le considerait avec un malicieux sourire. Éleuthère, étendu sur le dos, était absorbé par les égards dus à la bouteille qu'il tenait entre ses bras, et se grisait à vue d'œil.

La physionomie de Claudien s'était assombrie en écoutant cette histoire lamentablement comique. C'est que Claudien était poète aussi, et malheureusement ce n'était pas le seul point de ressemblance qu'il eût avec Grouard. Comme Grouard, il avait une imagination féconde, étendue et puissante ; mais il n'avait pas encore su prendre le temps de s'essayer. Si cette distinction ne paraît pas trop facile, des deux intelligences qui complètent tout l'homme d'art, Claudien avait déjà l'intelligence qui comprend ; il ne pouvait savoir encore s'il possédait celle qui produit. Il avait foi en lui, parce qu'il comprenait sa valeur, et avec cela il en était encore à chercher ce qu'il devait faire.

Il perdait en tâtonnements un temps précieux. Il y a des esprits qui ont besoin de se laisser mûrir, et chez lesquels la fleur ne précède point le fruit; il y en a d'autres qui ont besoin de se briser et de se faire par l'exercice, qui n'arrivent au but qu'après s'être lassés dans leur course, et ont même quelquefois besoin de se fourvoyer en commençant, pour ne plus hésiter ensuite et aller droit. Claudien était de ceux-ci, qui sont beaucoup moins rares que les premiers. Soit insouciance, soit paresse, Claudien n'avait encore rien fait. Dans ses discussions sur l'art avec Éleuthère, lorsqu'il reprochait au jeune peintre ses exagérations de lignes et son amour exclusif pour l'école flamande, celui-ci ne manquait jamais de lui répondre qu'il valait mieux faire mal que de ne pas faire.

— Essaie donc ton instrument, disait-il, et nous verrons après.

Ce qui terminait d'ordinaire toute dispute, car Claudien ne trouvait rien à répondre.

Éleuthère aimait d'ailleurs profondément Claudien et sympathisait avec lui beaucoup plus qu'avec le caractère froid, railleur et peu expansif de Beauplaisir. Le laisser-aller plein de franchise et de naïve brusquerie du jeune peintre s'accordait on ne peut mieux avec la nature affectueuse et sentimentale de Claudien. Tous deux avaient au même degré la droiture du cœur et la pureté de principes qui n'avaient encore rien perdu de leur honnête fraîcheur. C'était parce qu'Éleuthère avait vu toutes ces qualités dans Claudien qu'il l'aimait et que, raisonnable parfois, il regrettait d'autant plus de voir son ami gaspiller ses heures et s'abandonner à l'indolence de ses rêves d'avenir.

Ce fut Claudien qui répondit à Grouard, et il se laissa aller presque malgré lui, dans un moment de sentiment profond de la réalité et peut-être de découragement, à disséquer sans pitié les misères des existences poétiques au milieu de notre société. Par un de ces bizarres caprices de la pensée que la discussion fait naître souvent, il se mit à faire du paradoxe avec lui-même, à attaquer ce qu'il avait si chaleureusement défendu tant de fois. Il fit toucher du doigt au poète le néant de ses espérances ; il prit un à un tous ses rêves et leur arracha brutalement les ailes. Il évoqua tour à tour devant lui les pâles figures des poètes morts, depuis Chatterton et Gilbert jusqu'à Hégésippe Moreau.

Grouard, anéanti devant ces révélations terribles, courbait la tête sous les paroles tranchantes et glacées de Claudien. Ce qu'il entendait le désolait et le décourageait profondément. Il n'était pourtant pas convaincu.

Peut-être Beauplaisir eut-il pitié de lui. Voyant que Grouard, atterré, ne trouvait rien à répondre à ces sanglantes prédictions, il dit à Claudien :

— Tu as un peu raison. Mais tu oublies aussi de dire que, si M. Grouard, avec ses vers, a quatorze chances pour mourir à l'hôpital, il en a à peu près une pour être un jour académicien et pair de France, sans le vouloir. — Oh ! ne vous enorgueillissez pas trop, mon poète ! une sur quinze, ce n'est guère. — Mais toi, Claudien, qui n'as rien fait, qui ne fais rien, qui ne feras rien, tes quinze chances te mènent tout droit à une infirmerie militaire. Quant à tous ces pauvres diables dont tu nous faisais tout à l'heure un panégyrique si féroce, — par dépit peut-être ou par impuissance, — ces poètes que Grouard plaint d'une compassion toute fraternelle et prévoyante, je les prends en pitié, moi, comme des gens qui ont marché droit et ferme, mais qui se sont trompés de but. — Laissez-moi parler, monsieur Grouard ; vous n'en finiriez jamais. — Ce qu'ils ont maudit en mourant, ces jeunes gens candides ou niais, c'est synonyme, ce n'est pas la société telle qu'elle est, c'est la société telle qu'ils la voyaient.

— C'est évident! dit Grouard, qui s'était résigné à charger une seconde pipe.

— Mais elle aime les poètes, notre société, monsieur Grouard ; elle les appelle, elle les flagorne, parce que leur gloire est un peu la sienne. Elle comprend, elle accepte ces natures d'exception, quant aux talents, dont elle profite ; mais, quant aux besoins, elle s'en inquiète assez peu, il faut bien le dire. Qu'ils s'arrangent : elle les a prévenus ! — Il faut ajouter en passant, pourtant, que, si ces pauvres poètes travaillaient à emplir leur bourse, elle trouverait vide ce portefeuille dont elle est si fière. — Tu prétends, toi, Claudien, qu'ils doivent travailler pour un résultat immédiat, pour manger. Sans doute, bien des faux frères le font, et c'est de cette espèce de race croisée que sortent les écrituriers à la page, les vaudevillistes élégiaques, les poètes boulangers, cordonniers, et même les poètes voleurs et assassins.

— Bravo ! bravo ! — Satané marquis, va ! dit confusément Éleuthère.

— Tu fais donc des vers, toi ? dit ironiquement Claudien à Beauplaisir.

— Pas si bête, reprit le *Marquis*, et, lorsque tu voudras, au contraire, berner les nigauds qui ont encore ce courage-là, je ferai chorus... J'appellerai même cela de l'humanité.

Trois ou quatre fois déjà, Pierre Grouard avait été sur le point de se lever pour serrer la main de Beauplaisir et le remercier de sa chaleureuse sympathie. Chaque fois, il avait été arrêté par une boutade soudaine de son défenseur. Il finit par ne plus savoir au juste si ce dernier ne se moquait pas, — et cette pensée refoula en lui toute tentative d'effusion.

— Décidément, dit Claudien en relevant la conversation, est-ce que l'on alimentera ces messieurs par souscription? ou bien veux-tu que l'on construise à leur intention une manière de pendant à l'hôtel des Invalides?

— Avec leur société comme ils la comprennent, oui; avec la nôtre, non. L'établissement serait bientôt plein de Claudiens Forgets et de neveux de députés. — Ceux qui font de l'art pour l'art, je te le répète, ne peuvent faire que cela; ils doivent mourir de faim; ils le savent, ils sont avertis : ils vont tout de même. C'est bête, mais c'est respectable. — Crois-tu donc, quoi qu'en dise monsieur, dit-il en allongeant ses cinq doigts sur le crâne de Grouard, crois-tu qu'il n'y ait pas là ce qu'il faut pour comprendre une tenue de livres ou rédiger de petits articles esquisses de mœurs, qui le feraient manger, ou à peu près? Oui, mais dès que cet homme-là pourrait vivre, il serait mort.

— Je comprends peu, dit Claudien.

— En es-tu bien sûr? dit Beauplaisir. Moi, vois-tu, — tu sais qu'on se dit tout ici, — je trouve M. Grouard vingt fois plus habile que toi. — Oui, bon Grouard, dit-il en riant, vous arriverez peut-être au moins, vous, à un résultat... posthume, mais qu'est-ce que cela fait? Tandis que toi, tu n'as pas même le mérite de raisonner ta paresse; tu n'as jamais eu seulement le projet arrêté de ne rien faire. L'important en toutes choses, c'est d'avoir un but. Vois un peu ce que tu as essayé jusqu'ici : tu t'es destiné tour à tour à l'Ecole polytechnique et au barreau; tu as fait de la littérature, de la médecine, de la peinture. Qu'y a-t-il au bout de tout cela? Rien. Tu barbotes stupidement pour te soutenir à peu près sur l'eau, sans avoir le courage de nager vers le bord ou de te laisser couler à fond. — Ton horoscope est facile à tirer. Tu as reçu une éducation distinguée, et tu es loin d'être un imbécile : avec cela, tu n'aboutiras pas. Tu croupiras toute ta vie, en vivant au jour le jour, ou plutôt en ne vivant pas, et en faisant tous les jours de magnifiques projets de travaux à commencer le lundi de la semaine suivante, irrévocablement et sans remise ! Une fois séparé de nous, — je t'avertis que nous te laisserons tous ici, — tu continueras le phalanstère avec d'autres pauvres diables comme toi. Tu seras doyen : c'est un titre. Tu trouveras de temps en temps de petites places aux appointements de six cents francs, que tu garderas deux mois. Tu pourras encore donner des leçons à soixante-quinze centimes le cachet dans les externats d'où l'on te mettra bien vite à la porte pour cause d'inexactitude. Tu auras encore le droit de copier pour les avoués des *rôles* qu'on te paiera trois liards la page en seconde main. Tu arriveras ainsi jusqu'à trente-cinq ans; puis tu continueras jusqu'à quarante, et de quarante à quarante-cinq. A cinquante ans, comme tu t'es occupé de peinture, tu seras broyeur chez un marchand de couleurs de la rue de la Verrerie, — les arts sont frères, — et on t'enterrera dans le corbillard des pauvres.

Le cénacle se tut à ce sinistre pronostic. Claudien seul sourit d'assez mauvaise grâce et resta pensif. Beauplaisir se repentit un instant d'avoir trop bien dit ce qu'il ne pensait que trop. Éleuthère, à travers sa demi-ivresse, avait à peu près entendu, et, à ce moment, il détestait cordialement Beauplaisir.

— Et toi ? lui dit-il.

— Moi, mon petit, j'épouserai cinquante mille francs de rente et un château sur les bords du Loiret : voilà mon caractère.

— Quelle singulière odeur il y a ici ! dit tout à coup Grouard.

— C'est vrai, reprit Éleuthère ; on dirait qu'il y a le feu dans la rue.

Il courut vers la fenêtre et se pencha en dehors.
Beauplaisir le retint par les jambes.
— Prends donc garde, dit-il, tu vas tomber. Il est tout à fait gris; il faudrait le coucher.
— Je ne vois rien, dit Éleuthère.
— Silence! dit Claudien en paraissant prêter l'oreille à un bruit éloigné.

Tous se turent.

Un sourd gémissement se fit entendre, et presque en même temps un bruit plus fort et peu distinct. On eût dit une chaise qui tombait dans la chambre voisine.
— C'est à côté, dit Forget à voix basse; mais, pourtant, la chambre n'est pas occupée depuis le départ du père Vindex, le modèle.
— Si, dit Éleuthère, il y a, depuis hier, une petite femme très-gentille avec son enfant.
— Elle se trouve peut-être mal, dit Grouard.
— Je la trouve pourtant fort bien, moi, dit Éleuthère en riant tout seul aux éclats de cette plaisanterie antique.

Un second gémissement se fit entendre : cette fois, il n'y avait plus à douter.
— Viens avec moi, Beauplaisir, dit Claudien.
Et ils s'élancèrent en dehors.

Claudien poussa violemment la porte voisine, qui céda sous l'effort; il fit un pas pour entrer, mais un tourbillon de fumée et une vapeur méphitique le firent reculer. Il courut pourtant à travers cette atmosphère épaisse jusqu'à la fenêtre qu'il ouvrit. Le violent courant d'air qui s'établit chassa les nuages de fumée. Claudien put alors entrevoir, à la lueur d'un réchaud plein de charbons, qui se ravivèrent en pétillant, une femme étendue sur un misérable lit ; une autre femme était affaissée au pied du grabat.

— De la lumière, Beauplaisir ! s'écria-t-il.

Beauplaisir courut et revint aussitôt, apportant le flambeau de la chambre commune. A peine était-il rentré, qu'une des deux femmes fit un mouvement et entr'ouvrit les yeux.

— Monsieur de Simons ! murmura-t-elle avec une espèce d'effroi en apercevant Beauplaisir.

Claudien regarda Beauplaisir avec surprise. Celui-ci devint pâle, et, dans le plus grand trouble, lui remit le flambeau, en lui disant à l'oreille :

— Elle croira s'être trompée... en revenant à elle... Une hallucination... — Si elle te parle de moi, tu ne me connais pas, tu ne m'as jamais connu !...

— Quelle est cette femme ?... demanda Claudien.

— Je te dirai tout.

Et il sortit précipitamment. Grouard, envoyé par lui, arriva aussitôt.

La curiosité de Claudien était vivement excitée par ce nouvel incident. Chose étrange, les deux femmes qu'il venait d'arracher à la mort, car elles reprenaient déjà leurs sens, paraissaient ne pas se connaître et se voir pour la première fois. Leur extérieur indiquait des conditions tout à fait différentes et bouleversait toutes les conjectures possibles.

L'une, celle qui avait prononcé le nom de Beauplaisir, paraissait avoir vingt ans au plus. Elle était vêtue de noir avec une riche simplicité : sa physionomie, ses gestes, décelaient l'habitude de la haute société.

Claudien avait deviné cela d'un coup d'œil, bien qu'il se trouvât pour la première fois en face d'une femme du grand monde. Il ne pouvait détacher son regard de cette figure pâle, d'une admirable beauté, encadrée dans de soyeuses boucles de longs cheveux blonds. Il était à la fois ému et étonné de cette révélation d'un type inconnu.

Le costume de l'autre femme révélait la plus profonde misère. Ses traits réguliers n'avaient qu'une expression ordinaire et commune. Elle tenait entre ses bras un enfant à peine vêtu.

Claudien, par un mouvement instinctif, s'occupa d'abord de la première des deux femmes. Il lui donna des soins avec un empressement plein de douceur tendre et de délicatesse. Elle reprit bientôt ses sens.

Pendant ce temps-là, Grouard, malgré sa gaucherie, avait assez heureusement secondé Claudien auprès de l'autre femme. Claudien lui vint en aide, et bientôt, grâce à lui, l'enfant et la mère furent rappelés à la vie.

Lorsqu'ils furent tout à fait hors de danger, ses yeux rencontrèrent ceux de la femme vêtue de noir, qui le regardait avec curiosité et un certain intérêt.

Il y avait effectivement un étrange contraste entre la figure distinguée de Claudien, animée en ce moment d'un sentiment de compassion touchante, et le misérable aspect des haillons qui le couvraient. Le timbre de sa voix, aux modulations d'une exquise douceur, son langage pur et choisi sans être affecté, rendaient cette disparate encore plus singulière.

Au bout d'une demi-heure, Claudien sortit de la chambre, soutenant de son bras la jeune femme vêtue de noir, qui avait rabattu sur son visage un épais voile de dentelle.

Pierre Grouard, le chandelier à la main, éclairait leur route, et il s'inclina profondément lorsque la jeune dame passa devant lui pour descendre l'escalier.

Éleuthère avait passé sa tête par la porte entre-bâillée. En voyant la toilette de la femme que Claudien avait au bras, il poussa un léger sifflement, et, hochant la tête :

— Excusez! dit-il.

## III

#### L'allée des Soupirs.

Le lendemain, Éleuthère se leva de bonne heure pour aller à son atelier. — Claudien était depuis longtemps éveillé. — Lorsque Éleuthère fut sorti :

— Descendons, dit-il à Beauplaisir. J'ai à te parler. Nous irons au Luxembourg.

— Pourquoi? dit Beauplaisir; ne sommes-nous pas bien ici?

Claudien fit un signe d'impatience, en montrant Grouard enseveli sous les couvertures.

Beauplaisir se leva sans hésiter. Il alla vers le coffre dont nous avons parlé, et qui était placé dans un coin de la chambre, près de la porte, et en tira un paquet enveloppé avec soin.

Quelques minutes après, M. Beauplaisir de Simons, ganté de jaune, chaussé de bottes vernies, attendait que Claudien eût fini de se trier une toilette quelconque parmi les vêtements du fonds social. Quand il fut prêt, Beauplaisir tira de sa poche un porte-cigares élégamment brodé et prit un havane qu'il alluma.

— Tu as donc des cigares, toi? lui dit Claudien.

— Toujours, dit Beauplaisir.

Et il referma son étui sans paraître tenté le moins du monde d'offrir un cigare à Claudien.

Ils descendirent.

A peine eurent-ils dépassé la porte, que Grouard, soulevant la couverture sous laquelle il était couché, montra sa tête hérissée, et chercha d'un œil inquiet sa redingote que Claudien venait d'emporter.

— Il ne se gêne pas, dit-il à haute voix, de me prendre ainsi *mes affaires !*

Il se leva d'assez mauvaise humeur, et, sans prendre le temps de s'habiller, se mit à fureter avec curiosité dans la chambre. Il examina avec soin les livres, les papiers, jusque dans le moindre recoin, ne laissant pas un lambeau qu'il n'eût tourné et retourné. Il tomba sur un carton dans lequel était renfermé un tas de paperasses. Il y avait dans ce carton une foule de plans de drames et de vaudevilles commencés, et mille autres choses assez singulières. On y voyait sur la première page d'un gros cahier d'une entière blancheur, écrit en gros caractères de ronde :

### JÉSUS-CHRIST

*Drame-épopée en cinq époques et en sept tableaux, en vers et en prose.*

Grouard tourna la première page et lut sur la seconde :

### ACTE PREMIER
#### SCÈNE PREMIÈRE.
Dieu, *seul ;* puis le Chaos.

Le manuscrit s'arrêtait là.

Sur d'autres petits chiffons de papier de toutes grandeurs et de toutes formes, il y avait des fragments de poésies, toutes inachevées.

Grouard lut sur l'un d'eux ceci :

> Oh ! lorsque la misère, avec sa griffe ardente,
> Vous mord le cœur, ainsi que dans l'enfer de Dante,
> Quand l'or, ce vil métal. . . . . . . . . . .
> . . . . . . . . . . . . . . . . . . . . . .

Malgré ses tendances vers les exaspérations de l'école moderne, Grouard referma le carton, comme si un serpent l'eût mordu.

Un petit papier plié en quatre était à côté. Grouard, continuant ses investigations, le déplia et lut ce qui suit :

*Liste des objets qu'il faut que j'achète.*

« 1º Une table de nuit.

« 2º Deux sous de pains à cacheter.

« 3º La Vénus de Milo.

« 4º Une canne comme celle de Durut.

« 5º *La Tour de Nesle.*

« 6º Un paletot-sac, etc., etc. »

La liste ne contenait pas moins de cent dix-huit articles dont les prix variaient de trois cents francs à cinq centimes.

— Je parierais que c'est l'écriture d'Éleuthère ! dit Grouard en souriant.

Il mit ensuite la main sur une dernière feuille. Dès les premières lignes, et à la vue de la suscription, il reconnut la lettre que Claudien avait reçue de Moulins la veille, et qui renfermait le bienfaisant mandat. Grouard hésita un instant ; puis, comme il était fort curieux, il se dit que la vie en commun, fraternelle et confiante, si largement pratiquée par ses nouveaux amis, était une belle chose... Et, en conséquence, il lut ce qui suit :

« Moulins, le.....

« Je t'envoie la petite somme supplémentaire que tu m'as demandée. Je t'envoie également l'acte mortuaire de ton père, dont tu vas avoir bientôt besoin pour la conscription. Dorénavant, quand tu m'écriras, tu mettras pour adresse : « A M., etc., prote de l'*Imprimerie de l'Association*, à Moulins. » La maison a changé de propriétaire.

« Ton frère,
« Louis Armand. »

— Son frère !... dit Grouard. Ce M. Claudien ne disait-il pas hier au soir qu'il était fils unique?... Et puis ce frère qui lui écrit : « Je t'envoie l'acte mortuaire de *ton* père... » Qu'est-ce que cela veut dire?

Et Grouard replaça avec soin la lettre à l'endroit où il l'avait trouvée, puis alla s'étendre sur le lit, où il rêva, en fumant, à la singularité de sa découverte.

Cependant Claudien et Beauplaisir étaient arrivés au Luxembourg.

La contenance de Claudien était embarrassée; il semblait chercher un moyen d'entamer la conversation.

Ils approchaient de l'allée des Soupirs, cette majestueuse voûte de verdure qui aboutit à la grille de la rue de Fleurus.

Claudien se décida enfin à interpeller directement Beauplaisir.

— Tu m'as promis hier, lui dit-il, de me dire quelle est cette femme.

— C'est pour cela, dit en souriant Beauplaisir, que tu nous as fait faire cette promenade mystérieuse? Quel intérêt si grand as-tu donc à le savoir?

— Autant d'intérêt peut-être que tu en as à me le cacher.

Beauplaisir haussa les épaules.

— Tu es fou! dit-il à Claudien. Mais un seul mot avant tout. Tu es bien sûr qu'hier au soir je n'ai pas été reconnu?...

— Je te répète qu'elle n'a pas dit un mot de toi.

Beauplaisir respira plus librement.

— Écoute, reprit-il après un moment de silence, je vais te dire tout. Je n'ai pas besoin de te recommander la discrétion : c'est un secret que je vais te confier.

— J'écoute.

— Lorsque tu m'as connu au collége, ma famille était riche, influente. Mon père me conduisait dans le monde ; j'avais obtenu déjà quelques succès assez flatteurs. Peut-être les devais-je à une confiance assez solide en moi-même. Mais j'étais trop jeune pour mener à fin quelque chose, et il n'y avait là encore rien de sérieux, — rien que des ébauches insignifiantes. A peine avais-je esquissé mon prologue.

— Tout cela...

— Attends donc ! — Je quittai le collége sans achever ma dernière année d'études. Tu as dû entendre parler d'un événement désastreux qui arriva à ma famille, et sous lequel elle succomba. Un coup affreux, inattendu, nous frappait : nous étions ruinés sans ressource, de fond en comble ; à peine l'honneur de notre nom restait-il intact. Mon père était forcé de s'expatrier. Il partit, me laissant seul à Paris. — Il est mort sans que je l'aie revu.

« Je fus d'abord fort embarrassé ; mais quelques vieux amis de famille, qui savaient imparfaitement que je me trouvais pour quelque temps dans une position difficile, vinrent à moi. De nombreuses maisons me furent ouvertes. Je m'appliquai surtout dès lors à ne pas laisser deviner par mon extérieur un changement trop absolu dans ma position. Le nom que je portais me fut encore utile ici pour me ménager certains crédits plus nécessaires que jamais, et tu as maintenant — le *secret de mes habits noirs*, comme dit Éleuthère.

— Mais..

— Ne t'impatiente donc pas ainsi. — Au fond, je souffrais de cruelles épreuves. Il me fallait du courage et une résolution déterminée d'arriver au but que je m'étais fixé. Le monde brillant dans lequel je me lançais plus que jamais ne soupçonnait pas mon épouvantable misère sous un costume toujours irréprochable de fraîcheur et de bon goût. Personne ne pouvait deviner que souvent l'achat d'une paire de gants avait absorbé l'argent destiné à mon dîner du jour et du lendemain. Quand je t'ai rencontré il y a six mois, j'ai accepté l'offre que tu m'as faite d'habiter ensemble. Déjà, à cette époque, j'allais fort souvent chez Mme de Sillerey. Mme de Sillerey a trente ans. Cela ne veut pas dire quarante, tu m'entends? Elle a été une des plus jolies femmes de Paris, et elle est encore très-belle. De plus, elle est veuve depuis...

Claudien fit un signe d'impatience.

— Que diable! dit Beauplaisir, laisse-moi donc parler! S'il te faut comme aux enfants quelque chose pour te faire prendre patience, je vais te le donner : Mme de Sillerey est la sœur de Mme Regis que tu as vue hier au soir.

— Madame!... Elle est mariée?...

— Oui, — qu'est-ce que cela te fait? — Tu comprends maintenant pourquoi j'ai été surpris et décontenancé devant elle. Je suis au mieux maintenant, au mieux avec Mme de Sillerey. Bien qu'elle me sache sans fortune, je ne l'ai pas mise, comme tu le penses, dans la confidence bien précise de ma position. Camille n'est pas femme entièrement, et ce sont peut-être surtout les bons côtés de la femme qui lui manquent. Ce qui exciterait une passion plus vive chez une autre étoufferait chez Camille toute affection. L'aspect d'une misère comme la nôtre, dans toute sa hideuse réalité, éteindrait sans retour son amour et mes espérances. Juge quel effet aurait produit sur elle la découverte de cet horrible perchoir où nous cohabitons, et l'aspect de mon costume, de cet horrible sarrau bleu en guenilles! J'ai dû cacher à tous les yeux, sans exception, que je demeurais dans le petit hôtel de Normandie. Mon domicile politique, — celui où je reçois mes lettres et mes invitations, est établi chez un vieux parent qui m'aime assez et qui voudrait pouvoir me prêter de l'argent; mais il est pauvre lui-même, et il me rend le seul service qui soit en son pouvoir.

« Tu comprends maintenant pourquoi je me suis sauvé bien vite en apercevant M^me Regis. — J'aurais pourtant bien voulu savoir tout de suite par quelle étrange circonstance elle venait s'asphyxier en si étrange compagnie dans un cabinet garni de la rue Jean-de-Beauvais. Quand tu es remonté hier, après avoir accompagné M^me Regis jusqu'au pied de l'escalier, tu n'as rien voulu répondre à mes questions. — Aujourd'hui, confidence pour confidence, n'est-ce pas?

Claudien ne parut pas avoir entendu cette interrogation, et répéta machinalement, et comme absorbé par une seule pensée :

— Mariée !

— Oui, dit Beauplaisir, à un riche capitaliste. La maison Regis est une de celles où je suis le mieux reçu. Peut-être le dois-je à l'intérêt que veut bien me porter sa belle-sœur, bien que cet intérêt soit tout à fait anonyme. M. Regis est, si cela t'intéresse, un homme de quarante ans; belle tête, nez aquilin, front découvert, grand, et du ventre : ce qu'on appelle un bel homme. M^me Regis lui a apporté une fortune dont il a tiré bon parti. Il jouit d'une haute considération.

— Et... sais-tu si sa femme l'aime?

Beauplaisir, à cette question, regarda Claudien avec étonnement.

— Il n'y a pas le moindre doute, répondit-il. M^me Regis est une petite femme, ennuyée et ennuyeuse, qui est trop heureuse d'avoir son mari à adorer. C'est une personne de ménage, totalement insignifiante, quoiqu'elle soit jolie pour beaucoup de gens. Camille m'en parlé quelquefois, presque avec pitié; elle regarde sa sœur comme une pauvre intelligence...

C'était ainsi, en effet, que le monde jugeait Mme Regis. Beauplaisir raconta à Claudien ce qu'il savait, c'est-à-dire qu'il lui répéta ce que l'on disait sur M. Regis et sa femme, et les renseignements particuliers qu'il avait obtenus de Mme de Sillerey.

Mme de Sillerey n'avait pas su juger sa sœur mieux que le monde ne l'avait fait.

Voici ce qu'étaient Jeanne et M. Regis; mais ceci remonte un peu haut.

Le 15 juillet 182. avait été célébré, à l'Assomption, le mariage de Louis-Dieudonné-Privat Regis et de Mlle Jeanne de la Fourgerays, fille mineure de François-Henri de la Fourgerays, ancien capitaine des gardes du corps de Sa Majesté Charles X, et de Wilhelmine-Angèle de Figerns, tous deux décédés depuis un an.

Mme de Sillerey, plus âgée de dix ans que sa sœur, avait épousé, à la seconde rentrée des Bourbons, à une époque où sa famille était dans la position la plus brillante, un gentilhomme angevin, auquel elle avait apporté une dot assez considérable. M. de Sillerey mourut au bout de quelques mois, laissant à sa veuve une belle fortune et un grand état de maison. M. de Sillerey n'avait pas d'héritier de son nom.

Jeanne passa sous la tutelle de sa sœur aînée, chez laquelle elle vint demeurer. Mais Jeanne, dont l'âme facile aux impressions douces avait besoin d'affection, sentit que, tout en ayant sa sœur à ses côtés, elle n'en serait pas moins désormais seule au monde. — Mme de

Sillerey, jeune encore, d'une beauté remarquable, hautaine, sèche de cœur et d'esprit, égoïste par tempérament, vaniteuse et coquette, était incapable de tout sentiment sérieux, de toute tendresse intime, et surtout d'une affection de sœur comme celle que demandait Jeanne.

Celle-ci resta un an à l'hôtel de Sillerey, refoulant dans son cœur ce besoin d'épanchement qui ne trouvait pas d'issue, menant une vie calme et triste, fuyant, en dépit des exhortations de sa sœur, les joies et les plaisirs d'un monde qu'elle ne comprenait pas et dont elle ne pouvait être comprise.

M. Regis était essentiellement homme du monde, poli, froid, un peu dédaigneux même. Bien qu'âgé de près de quarante ans, jamais on ne l'avait entendu parler de projets de mariage. Il avait repoussé les propositions directes et indirectes qu'on lui avait maintes fois faites à ce sujet. Cette conduite avait beaucoup étonné.

C'est que personne ne connaissait la pensée secrète et dominante de M. Regis.

Lorsque Camille de la Fourgerays ne portait pas encore le nom de M. de Sillerey, M. Regis, bien jeune alors, avait eu l'occasion de la rencontrer dans le monde. Il l'avait aimée d'une passion sérieuse et profonde. Un caractère comme le sien ne pouvait comprendre autrement la passion. Après de longs efforts, il parvint à s'assurer que M$^{lle}$ de la Fourgerays avait deviné, et qu'il ne trouverait de ce côté aucun obstacle aux projets qu'il avait formés. Confiant dans son amour et dans son avenir, il demanda sa main.

Il aurait dû s'attendre au refus qui l'accueillit. M$^{lle}$ de la Fourgerays appartenait à une des plus hautes familles de la cour de la Restauration. Sa dot était considérable. Le père de M. Regis, ancien fermier général ruiné par la Révolution, n'avait laissé à son fils qu'une fortune médiocre. Regis n'avait pas même un nom à offrir à Mlle de la Fourgerays.

On répondit à M. Regis que la main de Camille était promise à M. de Sillerey, ce qui était, au reste, à peu près vrai, et que le mariage allait se conclure.

Ce fut un coup de foudre pour le jeune homme. Il se rejeta aussitôt en arrière, et, comme ses prétentions n'avaient pas été ébruitées, il demanda le secret sur sa démarche. La promesse qu'il reçut fut observée. Camille opposa aux volontés de sa famille une longue, mais timide résistance. Elle céda enfin, et Regis fut à peu près oublié.

Il resta longtemps sous le coup de cette déception. Tout autre que lui serait peut-être tombé, après une si rude épreuve, dans une mélancolie profonde et sans issue. Regis fit appel à toute son énergie. Désespéré, anéanti, il se releva avec un grand effort et s'occupa courageusement de détourner sa pensée du but qu'il n'avait pu atteindre. Pour ces blessures-là, si profondes et si atroces qu'elles soient, il est un dérivatif infaillible : le travail, le travail acharné, fiévreux. Regis le sentit, et, porté par la nature de son esprit vers les spéculations financières, il se créa un but dont il ne détourna plus les yeux. Soulevé par sa volonté désespérée, il parvint péniblement, peu à peu, à tirer de lui-même les éléments d'une brillante position et vint à bout des plus insurmontables difficultés. Puis, une fois dans la voie, les circonstances le servirent d'elles-mêmes, ainsi qu'il arrive presque toujours. La fortune acquise ne l'avait point lassé : l'impérieux besoin de vouloir qui le poussait n'était pas repu. Sa pensée marchait toujours.

Le riche propriétaire qui doublait et triplait ses capitaux, et augmentait chaque année dans des proportions formidables sa fortune déjà colossale, ce grand seigneur financier qui se servait à lui-même de maître Jacques et restait homme d'affaires, ne voyait déjà plus qu'un moyen dans le but qu'il venait d'atteindre. M. Regis n'était pas avare, loin de là, et pourtant il vendait, achetait, revendait, réalisait des bénéfices énormes, dans le but, ignoré de tous, de faire servir ses richesses à son élévation politique. M. Regis avait compris son époque, et il travaillait chaque jour, sans relâche, à rendre plus puissant le levier qui devait élever son avenir. Il était arrivé enfin à la moitié de sa tâche. Des deux existences qu'il s'était tracées l'une après l'autre, homme d'argent, il avait achevé la première; homme politique, il allait commencer la seconde.

Mais, quoi qu'il pût faire, cette agitation, ces fièvres ambitieuses n'étaient que factices. Il s'y rattachait avec une sorte de fureur pour y trouver un refuge contre lui-même, l'oubli de son amour désormais sans espoir.
— La plaie était toujours saignante.

Aussi était-ce avec un dédain triste et indifférent qu'il accueillit les hommages rendus à ses succès, à ses heureuses combinaisons, — lorsque, tout à coup, ces succès, cette habileté puissante se trouvèrent avoir pour lui un intérêt et un but auquel il n'aurait osé penser : — M<sup>me</sup> de Sillerey était veuve.

M. Regis, qui avait attendu sans espérer, crut alors être en droit de rappeler des souvenirs qui pour lui n'étaient que d'hier, et pouvoir se présenter en toute confiance:

Si ce monde, dont la prospérité de M. Regis excitait l'envie, eût pu lire alors dans le fond de son cœur, quelle haine jalouse n'eût-il pas conçue à la vue d'une félicité aussi grande, aussi parfaite? On eût dit que la fortune avait mis une sorte de complaisance à le conduire au bonheur au travers des écueils contre lesquels elle avait semblé briser à jamais toutes ses espérances.

Cet amour trompé qui avait empoisonné sa vie, il lui devait d'immenses richesses : l'ambition, à laquelle il demandait la veille de combler le vide qu'elles avaient laissé dans son cœur, lui promettait de prochains triomphes. Opulent désormais, puissant demain peut-être, il allait, en les mettant aux pieds de M<sup>me</sup> de Sillerey, compléter, couronner tous ces biens qui n'avaient pu la lui faire oublier.

Le plus doux sourire est celui qui vient éclairer une physionomie austère. Qu'un homme, en apparence sévère et impassible, absorbé par ce que le monde regarde comme les grandes affaires de la vie, et dont la pensée semble planer au-dessus des sentiments et des passions de la jeunesse, que cet homme révèle tout à coup, dans son cœur mûri par l'âge, une source vive de tendresse et d'amour, précieusement cachée sous le bronze dont on le croyait revêtu, un prestige indéfinissable semble devoir lui assurer tous les triomphes.

Tel apparut M. Regis à tous les yeux. Tous les regards se tournèrent vers la femme assez heureuse pour avoir été jugée digne d'un tel culte. — Seul, peut-être, M. Regis eût été un observateur assez profond pour pénétrer dans l'âme de celle qu'illustrait ainsi son amour. Mais le croyant ne sonde pas la divinité qu'il adore, et Regis était en droit de tout espérer.

Depuis la mort de son mari, M<sup>me</sup> de Sillerey avait accueilli les soins de M. Regis avec coquetterie, éludant une réponse positive, sans refuser ni promettre. Regis attendait : une complication désastreuse, inattendue, vint le réveiller tout d'un coup de ces rêves. Devant la crise qui le menaçait, le banquier ne pouvait attendre un moment de plus, et la nécessité pressante devait faire céder les délicatesses de sa passion et les répugnances que lui faisait sa position nouvelle. Nous devons expliquer ce dernier mot.

Les gains immenses de M. Regis étaient dus en partie à d'heureuses spéculations sur les emprunts étrangers. Sa haute intelligence, ses connaissances solides l'avaient heureusement guidé dans cette voie interdite à des spéculateurs vulgaires. Une véritable occasion s'était offerte à lui de mettre, par un coup d'éclat, le sceau à sa renommée de financier et d'homme politique, et d'achever l'édifice de sa fortune.

Ferdinand VII venait de mourir. L'Espagne, affaiblie sous les derniers règnes, ruinée pendant la guerre de l'Indépendance, épuisée par une administration ignorante qu'entravaient d'ailleurs des troubles sans trêve, l'Espagne semblait renaître sous un gouvernement nouveau. Une des premières mesures de ce gouvernement fut l'émission d'un emprunt devenu indispensable pour assurer les services publics, en attendant qu'on pût recueillir le fruit des réformes promises.

On ne pouvait douter que cet emprunt, émis à un taux très-élevé en présence du discrédit des finances espagnoles, ne donnât d'immenses bénéfices, et que, désormais sauvée, la Péninsule ne marchât à grands pas dans la voie de prospérité où la liberté avait conduit si loin la France et l'Angleterre. M. Regis partagea l'opinion des rois de la banque, et engagea la plus grande partie de ses capitaux disponibles.

On devine dès lors quelle effroyable perturbation dut amener dans les affaires de M. Regis la crise politique qui surprit les soumissionnaires de l'emprunt.

Cette perte énorme entraînait par contre-coup la ruine entière de cette fortune qu'il avait si laborieusement amassée. M. Regis était perdu. Son mariage avec M{ue} de Sillerey pouvait seul parer à ce terrible coup. S'il regrettait de n'avoir plus à offrir à la femme qu'il aimait une opulence royale, c'était pour lui une sorte de consolation de penser qu'il allait lui devoir son honneur sauvé. Il posa donc nettement la question à M<sup>me</sup> de Sillerey, — qui le refusa.

M<sup>me</sup> de Sillerey, heureuse de jouir de sa liberté de veuve, indépendante par tous les côtés de sa position, ne se sentit pas d'humeur à prendre de nouveaux liens dont elle n'avait que faire. L'âge de M. Regis, son caractère grave, ses habitudes sérieuses d'homme fait, ne lui pouvaient d'ailleurs aujourd'hui convenir. Elle avait oublié depuis longtemps ses premières impressions de jeune fille ; elle avait oublié ce passé qui existait toujours pour Regis, et dont il avait espéré se faire un avenir. Si elle avait joui de son triomphe lors de l'aveu éclatant de la longue et patiente passion de Regis, elle consentait bien à se laisser adorer, mais elle ne voulait rien accorder au delà.

Le banquier fut atterré de ce second refus. Du même coup, il perdait ses espérances, les rêves si longtemps caressés de son cœur, et sa vie s'écroulait avec sa fortune dans un immense désastre... — Il avait acquis par de rudes épreuves la faculté de se contraindre et de se concentrer en lui-même. Vis-à-vis de M<sup>me</sup> de Sillerey, par une volte-face suprême et en comédien sérieux, il parut prendre son parti avec une certaine résignation. Devant cette volonté immuablement exprimée, il revint sur la proposition qu'il avait faite, dit-il, d'un mariage tout de convenances, conclu entre deux amis anciens. — L'orgueil de M<sup>me</sup> de Sillerey tomba bien un peu de haut à l'annonce d'un amour semblable à tous les autres amours, banal et raisonné, elle qui avait été si fière de ce qu'elle avait pris pour une exception. Mais Regis fut assez adroit pour se servir de ce qui lui restait de son influence passée ; — et, désirant, lui dit-il, dans son malheur, se rapprocher de celle qui lui avait toujours inspiré une bonne et solide affection, — il lui demanda la main de sa sœur.

Sa situation désespérée le forçait à prendre ce parti sans tarder d'une seconde. Il n'avait que cette branche sous la main. La fortune de Jeanne était au moins égale à celle de sa sœur aînée : désormais, toute la question était là pour le banquier. — Mme de Sillerey, surprise, n'eut pas le temps de réfléchir, ni de refuser : elle consentit.

Un dernier motif, que nous aurons à expliquer plus tard, aurait pu seul amener la détermination de M. Regis.

Trop jeune encore pour réfléchir à ce qu'elle allait faire, Jeanne accepta un époux sans joie comme sans chagrin, sans aversion comme sans désir. Son existence triste et inoccupée ne pouvait que lui faire voir sans crainte, sinon avec un certain plaisir, un changement dans sa position. Elle n'aimait pas M. Regis ; mais il lui était indifférent, et c'était tout ce qu'il fallait pour la décider. La considération dont il était entouré, tout, jusqu'à la dignité et la noblesse de sa physionomie, faisaient espérer à Jeanne, non de l'aimer, mais de trouver en lui les ressources d'une affection grave et douce. Les quatre années qu'elle venait de passer depuis la mort de sa mère et de son père avaient contraint, et, pour ainsi dire, noué chez elle tout besoin du cœur, tout sentiment d'attraction. Elle se prêtait volontiers à l'espoir d'un bonheur négatif, le seul auquel elle pût prétendre. Mme de Sillerey, d'ailleurs, qui pouvait, sans en apercevoir la profondeur, pressentir le ressentiment de M. Regis, et voulait lui donner une espèce de fiche de consolation, paraissait vivement désirer ce mariage. — On laissa à peine à Jeanne le temps de réfléchir : elle se laissa conduire sans prendre la peine de regarder où on la conduisait.

Mais, une fois unie à M. Regis, Jeanne trembla. Elle

craignit d'avoir exposé sans réflexion, sur des chances inconnues et trop hasardeuses, cette tranquillité, cette vie paisible et mélancolique dont elle avait joui jusque-là et dont elle s'était contentée. Elle étudia son mari dans une anxiété cruelle, et cet examen fait, elle tomba dans un découragement profond. — Elle s'était trompée.

Elle découvrit avec horreur les nécessités qui seules avaient poussé M. Regis à s'unir à elle. Elle put se rendre compte de la position désespérée du banquier au moment de son mariage. Elle s'aperçut qu'il n'y avait plus en lui qu'une passion qui ne laisse de place à aucune autre, et aux intérêts de laquelle il devait tout faire servir, tout immoler.

Jeanne surprit avec plus de dégoût encore et plus de terreur un dernier secret. Elle apprit que M. Regis abandonnait à la misère et à la faim une malheureuse femme dont il avait eu un enfant. Jeanne dut la découverte de ce secret au hasard, qui fit tomber entre ses mains une lettre adressée à son mari par la malheureuse qu'il avait abandonnée après l'avoir séduite. Dans cette lettre déchirante, écrite par une mère à côté de son enfant mourant, M. Regis avait pu lire que, s'il ne venait ou n'envoyait le jour même au secours de ces deux victimes, le lendemain tout serait inutile. M. Regis n'était pas inhumain, et d'ailleurs la simple prudence aurait dû lui montrer la nécessité d'étouffer de pareilles plaintes. Mais, bouleversé par ses préoccupations, il avait lu cette lettre, et l'avait oubliée...

Jeanne courut à l'adresse indiquée. Il était temps. Lorsqu'elle arriva, la pauvre femme délaissée avait entendu avec terreur sonner la dernière heure de grâce, le dernier terme qu'elle avait assigné à son séducteur. Elle s'était décidée alors à faire avec son enfant quelques pas au devant de la mort qui allait venir les prendre, et elle avait préparé une double asphyxie.

Lorsque M^me Regis arriva, inquiète et agitée, dans le misérable hôtel du quartier Maubert, et qu'elle eut monté l'escalier qui conduisait à la porte de la maîtresse de son mari, elle tourna la clé que Louise (c'était le nom de celle-ci) avait laissée dans la serrure en dehors, espérant encore, malgré tout, que l'on viendrait peut-être...

Quelques instants plus tard, Jeanne n'aurait plus trouvé que deux cadavres.

Mais, tandis qu'elle portait secours à Louise, au moment où celle-ci commençait à revenir à elle, Jeanne, frappée par l'atmosphère homicide, succombant à ses émotions précipitées, Jeanne était tombée à côté de celle qu'elle venait sauver.

C'est alors que Claudien et Beauplaisir étaient entrés.

Claudien, par un sentiment exquis et peut-être exagéré de discrétion, n'avait pas cherché à demander les causes secrètes de l'étrange événement dont il avait été témoin. Grouard imita son silence.

Les premiers secours portés, lorsque Jeanne, revenue à elle, vit que sa présence n'était plus nécessaire, et craignant que sa disparition inaccoutumée ne fût remarquée chez M. Regis, elle glissa une bourse pleine d'or entre les mains de Louise, qui la regardait avec stupéfaction et sans rien comprendre au motif qui avait pu l'amener chez elle. — Puis, en se penchant à son oreille :

— C'est de la part de M. Regis, dit-elle en rougissant pour son mari.

La pauvre mère regarda son enfant, qui se mit à pleurer en embrassant les mains de Jeanne, qui partit. Claudien ni Grouard n'avaient vu ce dernier incident; il eût donc été difficile à Beauplaisir d'en apprendre plus qu'eux en les interrogeant. Il revint plusieurs fois à la charge près de Claudien; mais celui-ci tint sa résolution bien arrêtée de garder le silence sur ce qu'il avait vu dans cette soirée.

En sortant du Luxembourg, Claudien et Beauplaisir passèrent devant l'Odéon, où les Italiens donnaient le soir une représentation.

Beauplaisir montra à Claudien un magnifique landau, aux panneaux armoriés, garni de son chasseur et de ses deux cochers.

— Quand j'aurai mon landau, moi!... dit-il.

— Toi! dit Claudien distrait; et comment pourrais-tu bien avoir un landau?

— Mais quand j'aurai épousé M<sup>me</sup> de Sillerey...

— C'est une plaisanterie! Tu n'as pas le sou.

— C'est justement pour ça. Vois-tu, mon cher, continua Beauplaisir en s'animant peu à peu, il faut songer au solide. Quand je me suis vu forcé de me faire un avenir, une position par moi seul, je me suis examiné, mais sérieusement, sévèrement. Je n'ai rien trouvé en moi qui dût me placer en première ligne dans aucune de ces carrières où un homme peut marcher et avancer seul. Mon organisation n'est rien moins qu'artistique : quant au commerce, j'ai, que veux-tu? des préjugés de race, et je n'aurais jamais pu voir une facture signée Beauplaisir de Simons. Restait la Bourse; mais c'est dangereux; ensuite l'argent me salit les mains; et puis, autre raison, qui peut n'en pas être une pour d'autres, je n'avais rien pour commencer. — J'ai donc cherché autre chose. Je me suis trouvé une figure agréable, de jolies dents, un pied avantageux, une taille distinguée ; je me suis rappelé qu'au besoin je chantais la romance et que je pouvais faire danser au piano. Il n'en faut pas davantage : ma vocation a été aussitôt décidée. Claudien, c'est par les femmes que l'on parvient. Mon père le disait souvent, et il avait raison. Je n'ai plus hésité un instant dès que mon pôle a été trouvé. Je ne me suis pas amusé à me faire présenter dans des maisons de second et de troisième ordre ; je n'ai pas couru les mercredis de quelque bas-bleu de quarante ans, chez qui tout le monde peut aller avec des bottes crottées, où l'on prend du thé qui sent la fumée et où l'on brûle du charbon de terre ; pas si sot ! Je suis reçu dans trois ambassades et chez tous les pairs de France, ceux, s'entend, chez lesquels un homme comme il faut peut aller, — moi qui demeure rue Jean-de-Beauvais et qui suis trop heureux souvent de dîner avec un petit pain et du lait !... Je souffre, mais j'espère !...

— Quelle existence ! dit Claudien avec pitié.

— Tu as raison. Mais, lorsqu'un bon contrat de mariage m'aura mis à la tête de la fortune de M$^{me}$ de Sillerey...

— L'aimes-tu, cette femme ? demanda Claudien en le regardant entre les deux yeux.

— Peuh !... fit Beauplaisir avec la plus grande insouciance. — Mais oui : puisque je dois l'épouser.

Claudien le toisa avec un souverain mépris.

Beauplaisir ne s'en aperçut même pas.

— Dans un an au plus tard, s'écria-t-il avec assurance, M$^{me}$ de Sillerey s'appellera M$^{me}$ de Simons.

— Où demeure M$^{me}$ Regis ? lui demanda froidement Claudien.

— Elle habite ordinairement une maison de campagne située près de Montrouge, une charmante propriété.

— Et à Paris?
— Elle n'est jamais à son hôtel. Mais toutes ces questions?... Que veux-tu donc faire de cette femme?

Claudien s'aperçut qu'il avait trop parlé. Les confidences que Beauplaisir venait de lui faire avaient inspiré l'horreur à sa nature droite et noble.

Beauplaisir était le dernier à qui Claudien eût confié l'immense trésor de son secret. Dans ce cœur vide, il n'aurait pu trouver d'écho.

Il ne fit pas une réponse directe à la dernière question de Beauplaisir, et chercha à détourner la conversation.

Beauplaisir le regarda avec étonnement.


## IV

#### Comme quoi Grouard manqua un mariage.

— Peut-on entrer? dit Claudien en frappant à la porte de Louise.
— Tournez la clé, répondit une voix.

Claudien ouvrit et entra.

Louise, bien rétablie des suites de l'événement de la veille, s'occupait en ce moment des mille détails, interminables pour une mère, de la toilette d'un nouveau-né.

A chaque instant, elle s'interrompait pour appuyer un gros et avide baiser sur les joues pâles et amaigries de l'enfant.

— Je vous dérange, madame, dit Claudien.
— En aucune façon, monsieur. Je n'ai d'autre siége à vous offrir que le pied du lit. Voulez-vous vous y asseoir?

— Comment avez-vous passé la nuit?

— J'aurais été fort tranquille, sans mon petit Jules qui a beaucoup toussé. Ce pauvre aimé! dit-elle en l'embrassant les larmes aux yeux. Quand je pense que sans vous et cette jeune dame.... Quelle épouvantable chose que le malheur, monsieur! Je tuais mon enfant!

— Vous l'aimez bien?

— Oh! monsieur, qui m'attacherait à la vie?...

Elle raconta à Claudien l'origine de ses relations avec M. Regis, cette banale histoire, trop de fois la même.

Une femme de son pays, domestique chez le banquier, et qui voulait entrer dans une autre maison, lui avait écrit de venir à Paris. Louise était sans famille; elle arriva aussitôt. M. Regis n'avait pas eu beaucoup de peine à abuser d'elle. Quelques cadeaux, des promesses avaient tout fait; puis, quand le banquier s'était aperçu que l'état de Louise allait devenir compromettant pour lui, il l'avait renvoyée avec quelques secours.

Dès ce moment, il l'avait complètement abandonnée. Nous avons dit comment des intérêts, singulièrement plus graves, avaient détourné et absorbé ses pensées.

— Louise, après avoir épuisé ses ressources, lui avait écrit plusieurs fois sans obtenir une réponse. Seule, sans argent, sans secours, elle était allée accoucher à l'hospice. Depuis qu'elle en était sortie, elle avait épuisé toutes les privations, toutes les misères. Elle avait senti tarir en elle les sources de la vie de son enfant. — C'est alors que, désespérée, perdant la tête, elle avait écrit une dernière fois à M. Regis. Ne recevant pas de réponse cette fois plus que les autres, elle avait exécuté le funeste projet de se tuer avec son enfant.

— Heureusement, dit-elle, Dieu a fini par inspirer quelque pitié au cœur de cet homme...

Claudien tressaillit.

Evidemment, Louise ne connaissait pas celle qui était venue la secourir si fort à propos. Il était impossible que M. Regis eût envoyé sa femme chez son ancienne maîtresse. Il y avait là quelque chose d'incompréhensible pour Claudien.

La figure maigre et fatiguée de Louise s'était animée pendant ce récit.

Claudien la remarqua pour la première fois. Il y avait surtout, dans l'accent de la pauvre fille, un sentiment profond d'amour maternel.

Il était aisé de voir que cette faute qu'elle avait failli payer si cher était sa première faute.

Louise était belle, et, bien qu'elle fût arrivée depuis un an à peine de son pays, sa beauté avait un remarquable cachet d'élégance et de finesse. Claudien, qui avait fait, comme on dit, un peu de tout, s'était aussi occupé des théories de Gall et de Lavater, théories qui deviendront une science avec le temps. Il s'aperçut, en détaillant avec attention les traits de Louise, de quelques imperfections qui l'attristèrent et refroidirent un peu l'intérêt que lui inspirait la position de cette jeune fille. Les yeux de Louise étaient beaux et grands; mais ils étaient un peu trop rapprochés du nez, et à leur bord externe ils se relevaient obliquement de chaque côté d'une manière à peine perceptible. Le front était plus petit, les cheveux plus bas plantés encore qu'ils ne le sont ordinairement chez la femme. La bouche, bien qu'admirablement garnie, était grande, indice des penchants matériels. Le caractère général de cette tête, le peu de développement de l'angle facial pouvaient faire naître chez un observateur d'assez médiocres présomptions.

Mais la tendresse de Louise pour son enfant, cet admirable amour maternel qui épure tout, pouvait la sauver d'elle-même et combattre victorieusement ces symptômes, si toutefois encore les penchants qu'ils semblaient accuser étaient incontestablement indiqués.

— Pourvu que son enfant vive! pensa Claudien en jetant un triste regard sur le pauvre petit, faible et rachitique, dont la maigre poitrine laissait par intervalle échapper une petite toux aigre.

Grouard parlait en ce moment de la voisine avec Éleuthère, et il en parlait avec beaucoup de feu.

Quand Claudien rentra, Éleuthère, qui paraissait soutenir contre le poète une chaude discussion, s'écriait :

— Je te dis que tu es bête comme une boutique de poterie !

— Qu'est-ce qu'il y a donc ? demanda Claudien.

— Oh! mon Dieu! rien du tout, se hâta de répondre Grouard.

— Figure-toi, dit Éleuthère, que cet intrigant de Grouard veut se marier avec la voisine !

— Vous êtes un homme absurde et de mauvaise foi! s'écria Grouard, devenant écarlate et roulant des yeux terribles.

— Qu'est-ce que tu me dis depuis une heure, alors? répondit Eleuthère impassible.

— Je dis... je dis... Ce n'est pas une raison, parce que cette pauvre femme a été peut-être indignement séduite, pour qu'elle soit corrompue et perdue à tout jamais! — Et je soutiens qu'il y a bien de belles jeunes filles du grand monde — avec des plumes sur la tête et des domestiques pour les servir — qui n'ont jamais été une seconde hors du regard de leur mère ou de leur gouvernante, — et qui sont mille fois plus corrompues, plus perdues que... Si vous saviez le cas que j'en fais, de *vos* femmes du grand monde !

— Je te prie, dit gravement Éleuthère, de ne pas dire du mal de *mes* femmes du grand monde.

— Cet Éleuthère est singulier ! reprit Grouard, qui paraissait fort mécontent.

Éleuthère avait tutoyé Grouard dès le second jour de leur liaison. Beauplaisir et Claudien l'avaient regardé dès le premier instant comme membre du petit cénacle, l'avaient aussitôt traité tout à fait en confrère et s'étaient également mis à leur aise avec lui.

Grouard, que sa timidité empêchait de se familiariser aussi vite, se sentait fortement gêné de cette liberté de langage qui ne le fâchait pourtant pas. Il n'osait se permettre de tutoyer Claudien et Beauplaisir, et, quand il avait à adresser la parole à Éleuthère, avec lequel il était cependant plus libre, il tournait la difficulté et avait recours à la ressource de la troisième personne. Ce stratagème grammatical lui suffisait.

— Éleuthère est singulier ! s'écria-t-il. Comment peut-il jeter la pierre à une pauvre femme qui est déjà bien assez malheureuse ?

— Je ne lui jette aucune pierre ; seulement, je dis que tu as tort de vouloir l'épouser.

Grouard s'agita avec colère.

— Je n'ai jamais parlé de l'épouser.

— Parce qu'elle ne voulait pas de toi, dit Éleuthère en aparté de vaudeville, c'est-à-dire de manière à être entendu de tous ceux qui occupent la scène.

— Mais j'ai dit, continua Grouard avec feu et sans vouloir entendre l'aparté d'Éleuthère, qu'elle pourrait rendre heureux, peut-être plus que toute autre, celui qui lui tendrait la main, l'homme qui ne se laisserait pas entraîner par un injuste préjugé et viendrait la relever à ses propres yeux !

— Tu vois bien que tu veux l'épouser ! dit Éleuthère.

— Pourquoi pas ? cria Grouard poussé à bout.

— Ah !... exclama victorieusement Éleuthère.

— D'abord, elle n'a peut-être pas aimé l'homme qui a abusé d'elle...

— C'est évident, dit Éleuthère, elle ne l'a pas aimé.

— Alors elle n'est pas coupable; elle n'est que malheureuse!

— Parbleu!

— Ce serait une noble et généreuse action... Pauvre fille!...

— Tu vas voir, dit Éleuthère à Claudien, que Grouard finira par avoir découvert une Lucrèce avant Sextus.

Claudien sourit malgré ses préoccupations. Grouard haussa les épaules.

— Il est impossible de causer un instant raisonnablement avec cet être-là! dit-il avec une fureur concentrée.

Et il alla s'installer devant la petite table, où il se mit à écrire, sans trop savoir ce qu'il faisait.

— Il va lui adresser des vers pour la séduire, l'intrigant! continua impitoyablement Éleuthère. Tiens! voilà qu'il en fait! Comme c'est beau, un homme qui fait de la poésie avec une plume de fer! Dis donc, Grouard, à quand les bans?

— Laisse-le donc tranquille, dit Claudien.

Éleuthère prit sa boîte à couleurs en sifflant. Et, ouvrant la porte pour aller à son atelier :

— Hé! Grouard, s'écria-t-il, quand tu te marieras, tu me feras faire le portrait de ta femme. Je prends cinquante francs aux *bourgeois* ; mais, comme tu es mon ami, je te passerai ça à quatre-vingts francs.

Et il disparut.

— Quel animal! dit Grouard, qui n'aimait pas être plaisanté.

— C'est un bon enfant, dit Claudien ; il ne faut pas y faire attention. Ah çà! Grouard, j'ai un service à vous demander.

— Tout ce que vous voudrez, répondit Grouard.

— Avez-vous à sortir aujourd'hui ?
— Pas du tout.
— Voulez-vous me prêter votre redingote ?
— Certainement.
— Je te remercie. J'en aurai peut-être encore besoin quelquefois.
— Mon cher, elle est tout à fait à votre service. — Seulement, je vous recommande d'en avoir bien soin, n'est-ce pas ?
— Sois tranquille.

Claudien se mit à chercher parmi les chaussures mises au rebut sous le lit. Il ne put trouver qu'un soulier et une botte à peu près intacts. Il les nettoya avec soin, et se chaussa de ces deux pièces dépareillées. Cela fait, il recousit les sous-pieds déchirés de son pantalon, puis il endossa la redingote de Grouard et sortit, laissant le poète suer sur un hémistiche.

Il prit le chemin de la barrière d'Enfer et la franchit. Il traversa l'un de ces faubourgs que l'on trouve à chaque entrée de Paris, et qui attendent qu'une loi les réunisse à la capitale et les enserre dans le mur d'octroi, lierres parasites du grand arbre, villes entières et bien complètes, mieux peuplées et plus animées que bien des villes de province.

Claudien passa devant une foule d'auberges du *Cheval blanc*, du *Lion d'or*, du *Cygne de la Croix*. Plongé dans ses réflexions, il ne pensa pas à donner un coup d'œil aux poules caquetant devant le seuil de chaque maison, aux bandes joyeuses de canards piétinant et cancanant dans les boues odorantes du ruisseau, exutoire de l'écurie, aux pigeons blancs et noirs, reflétés de bleu, qui venaient s'abattre en tournoyant à ses pieds. Il ne s'occupa pas davantage d'une ou deux querelles de rouliers ivres, ni de troupeaux de bœufs et de moutons se pressant à la barrière pour entrer un à un sous l'œil des douaniers, et, absorbé par ses pensées, il faillit aller embrasser quelques charrettes qui se reposaient assises sur le derrière et les bras en l'air, devant une petite maison peinte en rouge brun sur laquelle se lisait le sacramentel : *Ici, on donne à boire et à manger à tout prix.*

Il arriva sur la grande route et marcha longtemps encore. Enfin, il atteignit une maison de campagne de riche apparence.

— Ce doit être ici, se dit-il en lui-même.

Et il se mit à examiner la maison, en s'efforçant de se cacher de son mieux aux regards de ceux qui pouvaient l'habiter.

La nuit commençait à jeter ses voiles de crêpe sur la campagne.

Claudien s'assit derrière un gros orme situé en face de la maison, de l'autre côté de la route.

Depuis le premier soir où il avait vu Jeanne, Claudien s'était senti envahi tout d'un coup par une immense passion. Un sentiment instinctif lui avait fait deviner que cette femme n'était pas heureuse, et il l'avait aussitôt aimée de toute la profondeur, de toute la violence d'un premier amour. Il se sentait appelé, lui, jeune homme pauvre et obscur, à la défendre contre un mal inconnu, à la protéger contre des chagrins qu'il ignorait. Il n'assignait pas de but à son amour; il n'avait pas d'espérances; il ne songeait pas même à formuler de désirs; il savait à peine ce qu'il venait faire là, sur cette route, sans espoir seulement d'apercevoir cette femme qui absorbait toutes ses pensées.

Un monde inconnu d'idées s'était révélé à lui. La conversation qu'il avait eue avec Beauplaisir sous l'allée des Soupirs était venue raviver encore ces impressions nouvelles.

Beauplaisir jouait sa vie sur des calculs de froide et

ignoble ambition. Pour parvenir au but honteux qu'il s'était fixé, il avait comme moyens son nom, son élégance et son imperturbable confiance en lui-même. Ces moyens pouvaient être bons ; tout semblait l'indiquer.

Claudien avait établi entre Beauplaisir et lui une comparaison presque jalouse.

— Je me sens là quelque chose, s'était-il dit, et ce monde où un Beauplaisir est accueilli et fêté, ce monde m'est fermé. C'est justice pourtant : je n'ai que le talent qui puisse m'en ouvrir la porte, et qu'ai-je fait jusqu'ici pour prouver que j'ai du talent ? Mais j'aurai mon tour : que mon œuvre se réalise, que je donne des preuves et un gage à ce monde qui me repousserait du pied aujourd'hui, et à moi fortune, célébrité ! Il n'y a qu'un moyen de combler l'abîme énorme qui me sépare de M$^{me}$ Regis, et ce moyen, je l'ai en moi. Si je n'ai fait que rêver et marcher à tâtons jusqu'ici, c'est qu'il me manquait un but, un soutien. Aujourd'hui, je suis transformé ! Dans mon amour, je puiserai des forces et du courage. Quand j'aurai forcé tout le monde à avoir les yeux sur moi, il faudra bien qu'elle me regarde, et alors !...

Claudien espérait généreusement en lui, et, dans un noble et large espoir, il amnistiait tout son passé. Il croyait, dans son exaltation, avoir à jamais vaincu sa véritable nature, molle et impuissante. Il se laissait aller aux transports enivrants de ses rêves.

Cependant la nuit était tombée tout à fait. Des lumières éclairaient à l'intérieur quelques fenêtres de l'hôtel. Le bruit d'un cabriolet qui approchait se fit entendre sur la route. La voiture entra dans la cour de l'hôtel.

Claudien vit alors un homme qu'il n'avait jamais vu, et qu'il reconnut pourtant, plus encore à sa haine instinctive qu'au portrait qu'on lui en avait fait.

C'était M. Regis.

Au même instant, une fenêtre de la maison s'ouvrit : Claudien jeta les yeux de ce côté. Deux lampes posées sur la cheminée éclairaient cette chambre. Ce devait être là que Jeanne habitait, car ce fut elle qui apparut à la fenêtre.

Claudien sentit son cœur bondir à lui rompre la poitrine. La fenêtre se referma, et tout rentra dans le silence.

Claudien se leva de sa cachette en chancelant et reprit le chemin de Paris.

Il rentra tout pensif rue Jean-de-Beauvais.

Éleuthère et Grouard dépeçaient un angle de fromage, qui faisait les frais de leur souper.

Beauplaisir dînait en ville ce jour-là. Il avait été la veille chez M^me de Sillerey, pour se rassurer et prévevenir l'attaque, au cas où il aurait été reconnu par M^me Regis, le soir de sa singulière rencontre avec elle. M^me de Sillerey l'avait retenu à dîner pour le lendemain.

Claudien ne put manger. Il avait l'âme trop pleine pour écouter les besoins du corps. Brisé de fatigue, il s'assit sur le lit et resta silencieux, son front brûlant entre ses mains.

Éleuthère tenta en vain de l'arracher à ses réflexions.

Quant à Grouard, doué d'un appétit gigantesque, il était trop pressé de — *tomber en attaques de nerfs* sur le pain de quatre livres, comme le lui avait plusieurs fois déjà reproché Éleuthère, et d'analyser ses sensations d'homme qui mange et digère à la fois, pour s'occuper beaucoup d'autre chose.

Neuf heures sonnèrent. Claudien fit un soubresaut et sortit sans parler.

— Que diable a-t-il donc aussi, celui-là ? dit Éleuthère. Est-ce qu'il serait amoureux — comme toi ?

— Est-ce que ça va recommencer? dit sèchement Grouard.

— Tu te fâches? Il paraît que ta visite de ce matin à ton amante...

Grouard avait, en effet, rendu le matin visite à la voisine. Grouard, avec ses vingt-trois ans, en était à savoir ce que c'est qu'une femme. Il avait trouvé Louise fort belle, et l'incident romanesque qui la lui avait fait connaître avait éveillé en lui des idées nouvelles.

La position toute particulière de Louise devait lui aplanir, pensait-il, les voies pour parvenir jusqu'à elle. Heureux de s'être découvert un moyen, quel qu'il fût, d'arriver à la possession d'une femme, il s'était cramponné de toutes ses forces dans sa pensée à Louise, dont il avait déjà fait mentalement sa prise de possession.

Il n'aurait pas même hésité à lui donner son nom, à cette femme qu'il ne connaissait que d'un jour, mais qu'il poétisait outre mesure et pour laquelle il se montait la tête fort bénévolement.

En épousant une femme, on est sûr d'être son mari. Cet aphorisme, tant soit peu niais au premier abord, était une très-puissante considération aux yeux de Grouard. S'exagérant des difficultés qu'il n'avait jamais abordées, c'était un moyen tout trouvé, et c'était le plus facile.

Pierre Grouard aurait mieux aimé avoir à gravir deux fois la Yung-Frau, ou lire les œuvres complètes de Paul de Kock, son antechrist littéraire, qu'à emporter d'assaut un cœur de femme.

Mais, lorsqu'il était entré le matin chez Louise, la jeune femme, effrayée au premier abord par la maigreur velue et l'aspect bizarre du poète, n'avait pu s'empêcher de pousser un cri de surprise et de reculer d'un pas.

Grouard, décontenancé par ce premier accueil, écrasa, en s'asseyant, une collerette plissée déposée sur l'unique siége de la chambre. En voulant réparer sa maladresse, il renversa à moitié le fourneau sur lequel cuisait le déjeuner de la voisine.

La visite ne fut pas longue. Louise s'était montrée fort embarrassée devant Grouard, qui lui faisait presque peur.

Grouard était rentré chez lui, mécontent de Louise et de lui-même. Il avait longtemps cherché quelque moyen pour combattre et vaincre cette première impression fâcheuse, et un expédient adroit pour se présenter de nouveau chez Louise.

Après quatre heures entières de réflexion, il n'avait rien trouvé de mieux que d'aller demander du feu à la voisine.

Mais il avait trouvé la porte ouverte et la chambre vide.

Louise avait quitté l'hôtel.

— Cette fille, dit Grouard à Éleuthère avec un majestueux dédain, cette fille est une femme sans cœur et sans esprit. Je m'étais trompé !

Le pauvre poète avait l'air si cordialement vexé, qu'Éleuthère ne se sentit pas le courage de s'acharner sur un ennemi si bien en déroute.

Le jeune peintre sortit pour aller à un rendez-vous de camarades d'atelier, et Grouard se consola de ses peines de cœur en faisant dans sa soirée cent cinquante vers intitulés *Déception !*

## V

### Jalons.

Nous avons dit que Beauplaisir était allé rendre une visite à M<sup>me</sup> de Sillerey.

L'hôtel de M<sup>me</sup> de Sillerey était un bel et vaste hôtel : une grande porte cochère fermée le jour comme la nuit, de larges pavés plats dans la cour : un de ces hôtels comme on en voit de moins en moins tous les jours.

La maîtresse de la maison était aussi une de ces femmes comme on en voit de moins en moins tous les jours ; les Fœdora s'en vont. Haute distinction dans la taille et le geste, grande habileté dans le regard, prudent toutefois et ménagé ; une belle et aimable veuve, douce à l'abord, comme les gens qui, n'ayant pas souffert, n'ont jamais haï ; sans pitié, comme ceux qui n'ont jamais pleuré. Les proportions de son corps un peu maigre étaient nobles, mais sèches ; l'alignement de sa conduite était irréprochable comme le menu de ses dîners ; l'intérieur de son cœur, régulièrement pavé de pierres carrées comme la cour de son hôtel. Son visage était presque sans ride, mais elle avait une affreuse patte d'oie morale.

Si M<sup>me</sup> de Sillerey n'avait pas été M<sup>lle</sup> de la Fourgerays, elle aurait été quelque chose comme M<sup>me</sup> Pichard. Son nom, son hôtel et les convenances qu'imposent ces choses-là avaient fait de cette femme une haute et aimable dame.

Les madames Pichard, nées Durand ou Dubois, portent toujours des trousseaux de clés dans leur poche.

Durant tout le temps que nous avons eu l'honneur de connaître M^me de Sillerey, il nous a semblé toujours que c'était une femme cadenassée, et que nous entendions sonner au dedans d'elle un cliquetis froid et sonore de serrures et de ferrures.

Ce soir-là, on prenait le thé chez M^me de Sillerey. Malgré son habitude de maîtresse de maison, la conversation languissait, et les gens commençaient à se regarder un peu les uns les autres, comme ils font quand ils sont trop nombreux pour que chacun puisse placer son mot et apporter son écot d'esprit, pas assez pour peupler les embrasures des fenêtres de causeries particulières.

Il manquait un homme d'esprit, habile à plaire et à contenter tout son monde, un homme comme il y en a peu, souple, varié, qui sait parler à chacun son langage et parfois déroger gracieusement sans manquer à sa dignité d'emprunt; un de ces hommes qui rallient les conversations et les partis, présentent les gens les uns aux autres, agents matrimoniaux de toutes les sectes et de tous les esprits; charmants optimistes dont chacun n'a qu'à se louer, et que leur myopie clairvoyante empêche de voir les verrues de certains hommes et le pied de certaines femmes.

Les deux battants de la porte s'ouvrirent, et on annonça :

— M. de Beauplaisir de Simons!

Beauplaisir, que nous n'avons pas encore eu le temps d'esquisser, avait la chevelure d'un blond ardent et triomphant, des yeux fauves, le regard aigu, un sourire indécis et flottant.

Sa toilette était celle d'un homme d'esprit, sans prétention : le linge et la chaussure exquis; il marchait très-bien sur un tapis et sans y penser. Toute sa personne respirait une bonne odeur de gentilhommerie qui allait tout d'abord aux odorats fins. Nous avons vu quelquefois de ces types dans les vignettes de Tony Johannot et de Gavarni.

Beauplaisir fut exactement l'homme dont nous parlions tout à l'heure. Dans la réunion, les gentilshommes lui étaient acquis : il traitait avec eux d'égal à égal. Son savoir-faire et son savoir-vivre le rendaient maître de ceux qui ne l'étaient pas, — et tout cela le menait droit en effet à la conquête de M^me de Sillerey.

Pour aborder cette femme, il fallait être entouré d'un cortége. Elle était fière et jouissait des succès de grâce et d'esprit de Beauplaisir, et la faveur visible de la maîtresse de la maison, par un égal et réciproque retour, rendait à celui-ci ces succès plus faciles.

Quand M. Regis et sa femme parurent, M^me de Sillerey accueillit le banquier avec une familiarité affectueuse et presque craintive. Bien qu'elle eût été pipée comme tout le monde à la fausse résignation de M. Regis quand elle lui avait refusé sa main, elle sentait qu'il y avait là quelque chose à craindre comme quelque chose à réparer, et qu'on ne marche pas impunément sur des espérances.

Jeanne fut reçue avec une indifférence polie. La sœur aînée l'embrassa vivement sur le front comme une insignifiante cadette. Jeanne était pensive et retirée en elle-même plus encore que d'habitude.

Aux égards profonds qui entourèrent le banquier, il était clair qu'on le regardait comme un personnage important, dont l'importance devait encore croître et grandir. Derrière l'homme d'affaires et d'argent, on avait deviné le profond politique inédit.

Beauplaisir examinait M^me Regis avec une anxiété défiante ; Jeanne regardait Beauplaisir à la dérobée ; il lui semblait que l'aspect de cet homme lui rappelât quelque aventure douloureuse, un souvenir pesant. Cette impression était trop confuse pour qu'elle confrontât l'homme avec ses souvenirs ; elle ne se rappelait même pas : elle sentait instinctivement qu'il y avait là quelque chose à deviner. La scène de la rue Jean-de-Beauvais avait passé pour elle comme un rêve, et, dans ce rêve, l'apparition du personnage de Beauplaisir était la figure la plus vague et la plus confuse.

Beauplaisir était inquiet. Son masque tenait encore; mais il sentait son manteau lui glisser lentement des épaules et trahir aux yeux dédaigneux de M^me de Sillerey, la femme nécessaire de ses rêves ambitieux, la blouse sale et déchirée du phalanstère.

Le regard de Jeanne l'épouvantait. Il se crut reconnu, et il allait droit à elle, quand M. Regis vint l'entretenir. M. Regis faisait à Beauplaisir l'honneur d'être familier avec lui. Il avait deviné en lui l'homme d'avenir : outre cela, Beauplaisir avait l'oreille de M^me de Sillerey. Du reste, ces deux hommes s'étaient pénétrés et savaient à peu près à quoi s'en tenir l'un sur l'autre.

Ce contre-temps désespérait Beauplaisir. Il brûlait de savoir si son secret était connu, et, s'il était connu, de parer aussitôt le coup autant qu'il était possible. Il put enfin aborder M^me Regis et lui dit :

— Madame, me permettez-vous de vous complimenter sur un acte de bienfaisance mystérieuse, d'autant plus exquise qu'il vous a fallu hasarder vos pieds dans un grenier inaccoutumé à d'aussi nobles visites?

Jeanne parut ne pas comprendre; mais, sentant que Beauplaisir avait un motif quelconque pour lui parler ainsi, elle répondit à tout hasard, un peu surprise :

— Le secret et le silence, monsieur, peuvent seuls donner du mérite à une aussi humble action, et en faire une jouissance.

— Je suis découvert! se dit Beauplaisir. — Sans doute, madame, reprit-il, si votre bienfaisance n'avait eu d'heureux témoins, parfaitement décidés, d'ailleurs, à se soumettre aux exigences de votre modestie.

Jeanne le regarda fixement et se rappela tout.

A ce regard, Beauplaisir comprit qu'il venait de faire une école. Jeanne ne savait rien, et il venait de tout lui apprendre, de découvrir ce qu'il voulait cacher.

De son côté, M<sup>me</sup> Regis parut un peu embarrassée de cette reconnaissance. Elle ne voulait pas faire rougir son mari, et elle eût voulu cacher qu'elle courait les mansardes pour guérir les maux qu'il avait faits.

Beauplaisir fut un peu étonné de l'espèce d'insistance qu'elle mit à lui demander le secret.

— Je croyais, dit-elle, m'être trompée, et j'avais oublié, comme on oublie un rêve, votre présence, si étrange et si inattendue dans ce lieu. Vous avez disparu si rapidement...

— C'est moi, madame, reprit Beauplaisir, c'est moi qui eus l'honneur de vous porter les premiers secours. Lorsque je vous vis hors de danger, je m'aperçus que mon costume ne me permettait pas de me présenter devant vous, et je me retirai.

Jeanne le regarda avec un certain étonnement, fort innocent d'ailleurs. Les angoisses de Beauplaisir redoublèrent. Il eut la force de vaincre son trouble et reprit avec aisance :

— Dans la mansarde voisine du misérable grenier que vous étiez venu visiter, j'étais aussi venu visiter quelqu'un. Il y a là un pauvre garçon avec qui j'ai fait mes études. C'est une triste histoire. Il avait devant lui le plus bel avenir, et, au moment où il mettait le pied dans la vie, au moment où un soutien et une fortune sont le plus nécessaires à tout jeune homme, il s'est vu privé de sa fortune et de son honnête famille. Il est resté sous le coup, sans éléments d'agir, avec une éducation d'autant plus nuisible dans sa position qu'elle était plus brillante. Il est tombé dans une extrême misère. Ses anciens camarades vont le voir de temps à autre pour l'encourager et lui porter des secours. Nous finirons par le tirer de là et lui faire la position qu'il mérite. — Ce jour-là, c'était mon tour.

— C'est bien, monsieur, ce que vous faites là ! dit Jeanne un peu émue.

— Lorsque je vais le voir, reprit Beauplaisir, ce pauvre garçon est d'une joie qui me réjouit et m'attriste. Sa pensée le transporte alors hors de sa misère présente. On dirait que, pendant quelques instants, il vit de sa vraie vie, de celle à laquelle il était appelé. La dernière fois, il me força à dîner avec lui : il eût fallu du courage pour lui refuser ; et, pris d'une fantaisie sentimentale que vous comprendrez facilement, pour me mettre à l'aise au milieu de la poussière de son galetas, il me fit quitter mes vêtements et prendre un costume à lui.

Beauplaisir examina sur les traits de la femme du banquier l'effet de son explication.

Jeanne ne pensait pas en ce moment à la blouse de Beauplaisir, mais à celle du malheureux dont Beauplaisir lui parlait.

— Ne serait-ce pas, dit-elle, un jeune homme qui m'a donné les soins les plus empressés ?

— Oui, madame, répondit Beauplaisir ; il y a de l'or sous ses haillons.

— Mais je ne puis comprendre encore qu'avec son éducation ce jeune homme ait pu tomber dans une pareille misère !...

— Il s'est vu privé de tout, de parents et de fortune, juste au moment où il faut aux poètes de l'argent et de la famille ; à l'âge où l'on commet le plus innocemment du monde, certaines natures surtout, les plus énormes bévues, et où il faudrait des amis vrais pour les réparer et les redresser avec une généreuse douceur. Il y a bien des génies forts et puissants aujourd'hui qui seraient morts phthisiques en naissant au monde, s'ils n'avaient pas été soulevés à leur insu, ne fût-ce que par une mère.

— Pas de mère? dit Jeanne.
— Il est seul!
— Pauvre jeune homme!
— Le monde a la cruelle habitude de faire aux misérables un crime de leur misère. Comment vaincre sans épée? comment spéculer sans argent? comment marcher les pieds nus? Il y a bien une certaine déesse qu'on nomme Poésie qui ouvre de temps en temps aux malheureux de larges avenues d'espérances, comme le soleil qui se précipite généreusement dans les plus tristes mansardes. Mais cette poésie trompeuse me fait plutôt l'effet d'un breuvage de malade que d'un vin fortifiant : c'est un faux calmant qui laisse d'affreuses courbatures et ne guérit rien. L'ignoble, la hideuse, la risible réalité saisit l'homme au collet, au sortir de ses promenades aériennes, et lui colle brutalement le nez sur l'estomac. Voilà la vie de beaucoup de jeunes gens malades. C'est la vie de Claudien.

— Le malheureux! dit Jeanne après un moment de silence. Et vous, monsieur, reprit-elle, vous qui avez de plus que lui la tactique des choses de ce monde, vous qui l'aimez, il faut le tirer de cet abîme.

Elle allait presque dire : « Et moi? »

Beauplaisir, qui avait le regard net et perçant des gens prompts à l'œuvre et à l'exécution, Beauplaisir eut un trait de lumière qui lui éclaira nombre de recoins dans l'avenir. Il sentit que de ce moment il avait besoin de Claudien.

Voici comment Beauplaisir raisonnait : « Une femme qui m'interroge quatre fois de suite dans une soirée sur un jeune homme qu'elle n'a vu qu'une fois; Claudien qui m'entretient toute une longue matinée, mélancoliquement, dans l'allée des Soupirs, d'une femme qu'il n'a vue qu'une fois. Claudien est presque poète ; Jeanne est très-femme, et, de plus, elle est mal mariée. Elle est la sœur de M^me de Sillerey, que j'aimerais épouser ; elle est la femme d'un banquier dont j'aurai besoin. Tout ceci est net et clair. »

Et Beauplaisir se mit à l'œuvre. Entre un homme tel que lui et une femme aussi simple que M^me Regis, le plan était de facile exécution.

Beauplaisir, dans ses combinaisons, était éminemment logique. Il ne voyait rien de plus légitime au monde que de reprendre et reconquérir, avec de l'adresse, de petits ou de grands moyens, selon le cas, ce qu'il pensait lui être dû dans le grand partage. Il voyait un but au bout d'une carrière, et, comme les concurrents étaient nombreux, il n'hésitait pas à jouer de ruse et à les bousculer sans façon lorsqu'il le pouvait. Il appelait cela de l'habileté, et il était content de lui et dormait bien quand il avait été habile.

Il recommença donc à parler à Jeanne rayons, misère, espérance, soleil réchauffant, Hégésippe Moreau, Gilbert, hideuse faim et royale poésie...

Il est facile d'exciter et d'allumer un auditoire qui vous aide.

Il chargea énormément les couleurs, et poétisa outre mesure le caractère et la vie de Claudien.

Mais tout cela fut agréablement composé et élégamment dit. Il mit certains détails de côté et laissa des parties du tableau dans une ombre nécessaire. Il ne savait pas assez parfaitement le terrain pour risquer plus qu'il ne fallait et compter sur un trop grand fonds de sensibilité.

Si bien qu'au bout d'une demi-heure l'image de Claudien posait dans une splendeur chattertonienne, auréolé d'une misère décente et propre, qui eût pu intéresser d'autres femmes qu'une femme de banquier malheureuse.

Lorsqu'il fut arrivé là, qu'il vit Jeanne convenablement montée au diapason nécessaire, lorsqu'il put être sûr que cette conversation était grosse de pensées et peut-être d'événements, il choisit habilement, pour quitter Jeanne, le moment où chez elle, rêveuse, commençait ce travail lent et progressif que Stendhal a ingénieusement appelé la *cristallisation*.

C'était justement l'heure habituelle du départ de Beauplaisir. N'ayant pas de voiture, il sortait à dix heures d'une maison où chacun avait la sienne.

Nous savons des lecteurs qui comprendront cela.

En reprenant le chemin du phalanstère, il réfléchit aux fruits de cette soirée, arrêta la situation, et se formula nettement le plan qu'il venait d'improviser.

Si les événements suivaient le courant de la vraisemblance, et si rien ne les contrariait, il espérait que Jeanne et Claudien se joindraient, malgré l'abîme ouvert entre eux. Leur secret dans sa main, il tiendrait alors les rênes de ce couple attelé au char de sa fortune.

Après sa rencontre étrange avec Jeanne au petit hôtel de Normandie, il comprenait mieux que jamais que le moindre incident pouvait faire écrouler le château de cartes de son avenir, et sentait la nécessité de presser son mariage. Avec les nouveaux éléments qu'il se créait, il agirait sur Claudien et se servirait de lui sur Jeanne. En posant, par des procédés à trouver, celle-ci vis-à-vis de sa sœur aînée avec une personnalité moins effacée et plus énergique, il se réservait en elle un moyen d'action sur M<sup>me</sup> de Sillerey.

Enfin, par tous ces personnages dont il allait tenir tous les fils, il étendait indirectement sa main sur M. Regis lui-même.

— Eh bien ! dit-il à Claudien en rentrant au phalanstère, je viens de la voir.

— Qui? demanda Claudien se dressant du coup sur son séant.

— Mme Regis, répondit Beauplaisir, qui feignait de ne pas remarquer l'agitation de son ami.

Il continua en se déshabillant :

— Nous avons beaucoup parlé de toi.

— Que peux-tu avoir dit de moi à une femme qui ne me connaît pas?

Et il s'efforçait de paraître indifférent.

— Quelle femme! reprit Beauplaisir sans répondre. Je l'avais mal jugée! Un ange! tout le cœur d'un ange et toute l'intelligence du cœur! Elle méritait mieux que ce qu'elle a, car je me suis aperçu qu'elle n'est pas heureuse avec son mari. Tu lui plais beaucoup, dit-il légèrement et comme sans conséquence. Cette femme-là, reprit-il avec plus de gravité, a besoin d'aimer et d'être aimée : elle est malade de solitude. Elle aimera avec passion le bien avisé qui aura l'idée de la regarder.

— Mme Regis, un amant? Je ne le crois pas, dit Claudien très-ému.

— Bah! mon cher, fit Beauplaisir en se fourrant sous la couverture, la femme est toujours femme. Bonsoir.

Claudien ne dormit pas.

Le lendemain, il alla reprendre sa place derrière l'orme de la grande route, vis-à-vis de la maison de M. Regis.

Vers les onze heures du soir, la fenêtre de la chambre à coucher de Jeanne s'illumina, et une ombre se dessina à plusieurs reprises derrière les rideaux épais.

— Elle est là! se dit Claudien.

Au bout de quelques instants, la lumière s'éteignit.

Jeanne dormait.

Claudien passa la nuit tout entière les yeux fixés sur cette fenêtre.

Vers le matin, il rentra chez lui harrassé, mourant de fatigue et de besoin, et alla, le soir même, reprendre sa place derrière l'orme de la route, son unique et discret confident.

Il passa plusieurs nuits dans cette contemplation extatique de la fenêtre de Jeanne. Quelquefois il l'entrevoyait elle-même : que n'eût-il pas donné pour prolonger ces instants-là !

Mais sa santé ne pouvait résister longtemps à de pareilles secousses morales et physiques.

Ses trois amis s'inquiétaient de le voir ainsi morne et sombre. Sa figure amaigrie changeait à vue d'œil.

Un soir, il se traîna plutôt qu'il ne marcha jusqu'à la place tant aimée. Il vit M. Regis sortir de la maison, dans son cabriolet, et prendre la route de Paris.

Presque aussitôt la lumière parut à la fenêtre de Jeanne, et, comme tous les soirs, s'éteignit quelques instants après.

Claudien resta sur la route, seul avec sa pensée.

Depuis deux jours il n'avait pris aucune nourriture, car la misère avait été plus terrible que jamais, ce jour-là et la veille, au phalanstère.

Claudien frissonnait par instants. Une chaleur dévorante le consumait. Des idées bizarres et fantastiques traversaient son cerveau fatigué. il parlait tout haut dans quelques moments, comme si quelqu'un eût été là pour l'entendre.

Puis il se taisait tout à coup, et regardait avec effroi autour de lui, craignant d'avoir été écouté.

Les images de Jeanne, de M. Regis, de Beauplaisir, la scène de l'asphyxie, Grouard, Éleuthère passaient tour à tour devant ses yeux, fixés au milieu des ténèbres et effrayamment dilatés, sur ce kaléidoscope d'hallucinations que tourne et retourne la fièvre en battant la charge aux artères des tempes... Un instant il crut entendre des cris de détresse; il lui sembla voir la maison de M. Regis en feu...

Jeanne était penchée hors de sa fenêtre, d'où la fumée sortait à flots...

Claudien s'élança vers la maison avec la rapidité d'une flèche ..

En traversant la route, une pierre le fit trébucher. Il tomba avec violence.

Quelques heures après, M. Regis revenait de Paris, comme il le faisait chaque soir. Il sommeillait sous la capote de son cabriolet, et sa main appesantie soutenait à peine les guides.

Le domestique s'était endormi sous les plis de son carrick.

Tout à coup, le cabriolet s'arrêta brusquement.

M. Regis ouvrit les yeux et vit son cheval les jambes en arrêt, la tête dressée, les naseaux haletants.

Un homme était étendu sans mouvement sur la route.

Le domestique, éveillé par la secousse, avait déjà sauté à terre et retournait le corps de Claudien.

— Est-il mort ou ivre? demanda M. Regis.

— Ma foi! monsieur, répondit le domestique, ses mains sont bien froides, et sa figure est bien pâle. Il a de la terre dans la bouche et dans les yeux; mais il me semble qu'il n'est pas tout à fait mort. Pour être pris de vin, je jurerais qu'il ne l'est pas.

— Appelle quelqu'un, et fais-le transporter chez le concierge.

Quelques minutes après, Claudien, toujours évanoui, était déposé dans un lit, et le domestique courait à franc étrier chercher un médecin à Paris.

## VI

### Fièvres.

L'agitation causée dans la maison par cet événement éveilla M<sup>me</sup> Regis. Elle se leva, et, au moment où elle allait sortir de son appartement, M. Regis entra.

— Qu'y a-t-il donc, monsieur? lui demanda-t-elle avec inquiétude.

— Presque rien : un jeune homme qui était évanoui sur la route, et que mon cheval a failli écraser.

— Oh! mon Dieu!

— Je l'ai fait mettre dans la petite chambre verte. Je suis fâché de vous donner, ma chère amie, le voisinage d'un malade; mais on n'a trouvé pour le moment que cette chambre où on eût pu le transporter.

— Est-ce qu'il est blessé? Il faudrait faire venir un médecin.

— C'est fait.

Presque au même instant, en effet, la femme de chambre annonça le docteur.

— Attendez, dit M. Regis; je vais voir ce pauvre garçon avec lui.

Et il sortit.

La chambre où l'on avait déposé Claudien était placée au bout d'un couloir sur lequel s'ouvrait une des portes de l'appartement de Jeanne.

Jeanne attendit longtemps le retour de M. Regis avec une certaine impatience. Elle eût désiré savoir tout de suite le résultat de la visite du docteur. Par une espèce de pressentiment assez étrange et dont elle ne pouvait se rendre compte, il lui semblait qu'elle était pour quelque chose dans l'événement qui venait d'avoir lieu.

Enfin M. Regis parut.

— Eh bien! monsieur? lui demanda-t-elle avec une expression d'anxiété qui la surprit elle-même.

— C'est une fièvre chaude, répondit fort tranquilment M. Regis. Le malade est encore évanoui; mais le docteur en répond.

— La famille de ce jeune homme est peut-être inquiète?

— Sa famille, s'il en a une, n'est sans doute pas à Paris. Le costume de ce pauvre diable est déplorable!... Vous n'avez pas l'idée d'une misère pareille. Pourtant sa physionomie ne m'a pas paru commune.

— Je vais m'assurer moi-même que rien ne lui manque, dit Jeanne. Dans l'état où est ce malheureux...

— Voulez-vous que je vous conduise?

Claudien, en ouvrant les yeux, aperçut auprès de lui une femme de service qu'on avait chargée de sa garde. Il voulut parler.

— Taisez-vous, monsieur, lui répondit cette femme. C'est l'ordre du médecin.

Claudien obéit comme un enfant, sans comprendre. La souffrance le rendait incapable de toute pensée, de toute réflexion. Il faisait d'incroyables efforts pour s'expliquer sa présence dans cette chambre qu'il ne connaissait pas, où il n'était jamais venu, pour se rappeler les circonstances qui avaient pu l'y conduire. Mais c'était en vain. Il y avait un point où sa mémoire lui faisait totalement défaut, et, fatiguée de poursuivre une idée, son imagination, exaltée par la fièvre ardente qui le consumait, se répandait en divagations bizarres et incohérentes. — Il lui semblait entendre dans le lointain le son d'un orgue des rues répétant sans relâche et sans fin un même air triste et lent dont il cherchait à saisir une phrase entière. Chacune de ses notes laissait dans sa tête une longue vibration, comme si les parois de son crâne eussent été d'airain, et y produisait un bourdonnement confus, tandis que l'effroyable battement du sang dans les artères venait rompre douloureusement, et à coups pressés, toute idée suivie. Puis ces idées semblèrent prendre un corps : il ne les sentait plus ; il les voyait se produire sous mille formes absurdes, impossibles, mobiles, insaisissables. Tout ce qu'il pouvait vaguement apercevoir autour de lui lui paraissait inhérent à son être. Les meubles, les rideaux étaient autant de parties de lui-même et devenaient tour à tour dans son imagination le siége de douleurs aiguës et intolérables.

Il eut un moment d'indéfinissable torture : tous ces objets se mirent à tournoyer ; — son lit, avec lequel il s'identifiait complètement, comme entraîné par ce mouvement de rotation, lui semblait vouloir pivoter sur lui-même ; mais il était arrêté par la cloison de l'étroite alcôve où il se trouvait enserré. Or, ce lit, c'était Claudien ; il sentait cette pression de l'acajou sur le mur ; il sentait le bois entamer et faire grincer le plâtre devenu sa chair : l'alcôve même semblait se rétrécir pour mieux l'étreindre et l'étouffer. Il ne pouvait plus avancer ni reculer, et restait immobile, oppressé dans cette gêne, — en proie à cette angoisse à la fois physique et morale d'un homme qui voudrait retirer d'une bague trop étroite son doigt déjà gonflé, ou qui aurait passé sa tête entre deux barreaux de fer et ne pourrait plus se dégager.

Tout à coup, le grincement d'une porte qu'on ouvrait, une bouffée d'air frais qui envahissait la chambre semblèrent réveiller Claudien

Une image nouvelle lui apparut ; il poussa un cri...

Jeanne venait d'entrer avec M. Regis.

Jeanne pâlit en reconnaissant Claudien, qui s'était évanoui. Vivement émue, elle lui donna les premiers soins, s'assura que rien ne lui manquait, et le quitta en le recommandant aux soins de la garde-malade.

Claudien avait à peine eu le temps de la voir. L'apparition s'était enfuie.

Jeanne avait été vivement émue en retrouvant ce jeune homme, qu'elle n'avait jamais pensé revoir.

Sa première impression avait été toute de terreur et d'embarras. Bien que sa visite à la rue Jean-de-Beauvais n'eût qu'un motif hautement avouable quant à elle-même, elle pensait avec raison que Claudien avait pu apprendre les causes de l'étrange événement qui l'avait mis en contact avec elle et l'ancienne maîtresse de M. Regis. Elle songeait qu'elle aurait à rougir devant un étranger de la conduite de son mari.

Mais elle n'hésita pas à se dire qu'après ce qui était arrivé, elle devait tous ses soins à celui qui l'avait elle-même sauvée.

Vivement intéressée, d'ailleurs, par ce que lui avait révélé Beauplaisir, elle demanda à son mari de laisser à l'hôtel le malade jusqu'à son entier rétablissement.

M. Regis accéda à ce qu'il regardait comme un désir de femme inoccupée et sensible.

Jeanne, alors seule pendant les longues journées que M. Regis passait à Paris pour ses affaires, se décida à ne pas quitter le chevet du malade.

L'état de celui-ci était plus grave que le médecin ne l'avait jugé au premier abord. Le délire dura plusieurs jours, pendant lesquels Jeanne fut pour ainsi dire constamment auprès de lui. Les paroles désordonnées qu'il laissait échapper rappelaient à Jeanne ce qu'elle savait de son histoire. Elle se sentait touchée d'une profonde pitié en pensant à l'affreuse misère, aux cruelles privations que le malheureux avait dû souffrir.

Un soir que Claudien avait été beaucoup plus agité qu'à l'ordinaire, elle voulut veiller une partie de la nuit auprès de lui.

Au moment où la garde-malade sortait de la chambre pour aller hâter la confection de quelque médicament, Claudien, tiré par le bruit de l'assoupissement où il était plongé, se leva brusquement sur son séant.

Jeanne, effrayée, voulut appeler.

— Oh! restez! par grâce, restez! lui dit Claudien en la regardant avec amour : il y a si longtemps que je vous cherche!... Est-ce bien vous?... Ne vous en allez pas, je vous en prie les mains jointes... N'ayez pas peur de moi; je ne vous ferai pas de mal : vous savez bien que je vous aime... Si vous m'abandonnez, que deviendrai-je?...

Jeanne s'était levée avec effroi. L'accent plein de douceur de Claudien calma ses craintes et la fit hésiter.

Claudien parlait toujours : il lui racontait avec des paroles brûlantes son amour, les nuits qu'il avait passées à regarder sa fenêtre.

Jeanne découvrait malgré elle un secret qu'elle avait pressenti déjà, et sur lequel elle avait voulu fermer les yeux. Il n'était pas possible de ne pas voir dans ce que disait Claudien autre chose que des paroles inspirées par la divagation fébrile.

Jeanne en avait pitié : elle l'écoutait.

Elle s'efforça de le calmer, craignant qu'il ne continuât à parler ainsi devant la garde-malade, qui pouvait arriver à chaque instant. Embarrassée, inquiète, elle lui abandonna sa main, qu'il étreignit avec passion sur ses lèvres.

Puis, brisé par des émotions si fortes, il retomba haletant sur son lit, et s'endormit de ce sommeil sans repos qui donne la fièvre.

Elle le regardait.

La garde-malade rentrait. Jeanne retira précipitamment sa main...

Lorsqu'elle avait revu Claudien malade et presque mourant, la première pensée de Jeanne s'était reportée, ainsi que nous l'avons dit, sur la scène de la rue Jean-de-Beauvais, au moment où Claudien l'avait elle-même arrachée à la mort.

Tout entière alors à ses émotions personnelles, elle avait prêté trop peu d'attention aux acteurs secondaires de ce drame lugubre pour ne pas les oublier aussitôt.

La vue de Claudien lui avait rappelé la dette qu'elle avait contractée envers lui. Un sentiment mystérieux d'invincible sympathie, excitée encore par ce que lui avait dit Beauplaisir, l'attirait d'ailleurs vers Claudien, et elle se laissait aller à cette affection désintéressée.

A mesure qu'elle avait levé le voile de l'existence de Claudien, cette affection s'était accrue encore. La misère de celui à qui elle devait la vie lui avait inspiré une profonde et sainte pitié. Dans un généreux élan de cette tendresse presque maternelle qu'elle portait à Claudien, elle s'était sentie appelée à lui servir d'ange protecteur. Elle n'avait pas songé un instant au danger qu'elle pouvait courir elle-même en s'imposant ce rôle, si beau qu'il pût être.

Elle recula pourtant devant sa tâche, lorsque, dans le délire de la fièvre, Claudien lui fit l'aveu de son amour.

Jeanne ne pouvait aimer son mari; mais son caractère, comme son éducation, l'attachait étroitement à ses devoirs.

Jusqu'à ce jour, sa vie retirée et paisible, la dignité et la pureté de sa conduite l'avaient garantie de toute épreuve dangereuse, et avaient repoussé jusqu'aux tentatives banales de la galanterie du monde. L'âme de Jeanne était vierge. Aussi ne put-elle apprécier le péril secret de ce qu'elle voulait tenter. Les confidences que les circonstances l'avaient forcée de faire à Claudien rendaient ce péril plus imminent encore. Jeanne ne le vit pas. Elle se dit qu'elle ferait tout pour étouffer dans le cœur de Claudien une passion qu'elle ne pouvait partager sans se perdre, et qu'elle y parviendrait. Elle attendit surtout du temps, l'imprudente! les moyens d'éteindre cette passion.

Cependant l'inquiétude était grande au phalanstère.

Depuis un mois, Claudien n'avait pas reparu. Éleuthère surtout, ému par sa disparition, avait déployé la plus grande activité de corps et d'esprit à la recherche de son ami. Toutes ses démarches, toutes ses informations avaient été inutiles. Il avait fait avec Beauplaisir et Grouard mille commentaires sur cet événement, et, voyant que ses recherches n'amenaient pas de résultat, il s'était mis à ses travaux d'atelier, se résignant avec tristesse à attendre, puisqu'il ne pouvait en être autrement, des nouvelles de Claudien.

Beauplaisir continuait ses fréquentes absences, et Grouard — dévoré d'inquiétudes sur le sort de sa redingote que Claudien avait emportée — entassait, pour se consoler, rimes sur rimes.

Un matin que tous trois étaient réunis dans leur petite chambre, se partageant un frugal déjeuner, la porte s'ouvrit, et Claudien, à peine convalescent, pâle et défait, apparut sur le seuil.

Grouard poussa un cri de surprise.
Beauplaisir lui serra la main.
Éleuthère s'était déjà jeté à son cou et l'avait embrassé avec effusion.

— Te voilà donc enfin! lui dit-il. D'où sors-tu?
— Je viens de l'hôpital, dit Claudien, qui avait préparé son mensonge avant d'entrer.

— Et à quel hôpital étais-tu donc? demanda Éleuthère.

— A l'Hôtel-Dieu, répondit Claudien.

Beauplaisir regardait Claudien sans rien dire.

— Moi, reprit Éleuthère, qui ai visité les listes d'entrée dans tous les hospices et qui ne t'y ai pas trouvé! Tu avais donc pris un autre nom que le tien?

— Oui, j'avais changé de nom.

— Et pourquoi nous as-tu laissés si longtemps dans des transes pareilles? continua Éleuthère avec mécontentement. Pourquoi ne nous écrivais-tu pas?

— Je pensais ne rester là que deux ou trois jours au plus, et je ne voulais pas vous inquiéter.

— Bon moyen, ma foi!

— Mais, reprit Claudien, qui paraissait vouloir couper court à cet interrogatoire, je suis un peu fatigué, et je voudrais bien me coucher.

— Attends, dit avec empressement Éleuthère; je vais t'arranger le lit. Aide-moi donc un peu, toi, monsieur Grouard!

Et il se mit à retourner avec ardeur la paillasse et l'unique matelas, gourmandant de temps en temps le malheureux Grouard quand celui-ci disposait maladroitement un drap où était trop longtemps à tendre la couverture. Quand ce fut terminé :

— Là! couche-toi maintenant, mon vieux Claudien. Veux-tu que je te déshabille?

— Merci, mon ami, répondit Claudien en quittant sa redingote. Mon pauvre Grouard, dit-il, je vous ai gardé votre redingote plus longtemps que je ne pensais.

— Il n'y a pas de mal, répondit Grouard qui, comme le père de l'enfant prodigue, était trop heureux de revoir son unique vêtement pour ne pas tout pardonner.

Éleuthère, pour débarrasser Claudien, prit la redingote d'entre ses mains.

— Comme c'est lourd! dit-il. Qu'est-ce que tu as donc dans ta poche?

— Rien du tout, dit Claudien avec insouciance.

Éleuthère tira brusquement le mouchoir qui gonflait et chargeait cette poche.

Un petit paquet sauta avec le mouchoir et tomba lourdement à terre. Le papier qui l'enveloppait creva sous le poids de la chute, et une douzaine de doubles louis roulèrent dans la chambre...

Grouard et Éleuthère étaient restés la bouche béante, les yeux grands ouverts.

Beauplaisir seul ne s'étonna pas.

Claudien, qui allait se mettre au lit, se retourna.

Ses joues pâles s'animèrent sous une vive rougeur. Il comprit d'où cet or pouvait lui venir.

C'était Jeanne qui l'avait glissé dans ses vêtements sans qu'il s'en aperçût.

Claudien éprouva un indicible sentiment de gêne et d'irritation en touchant les pièces que ses amis avaient ramassées et qu'ils lui remettaient. Le contact de cet or glaçait ses mains. En réfléchissant, il ne pouvait cependant en vouloir à Jeanne pour ce don qui froissait si fortement son orgueil, mais qu'un affectueux intérêt avait seul pu provoquer.

— Quand je la reverrai, pensa-t-il, je lui ferai un reproche tel...

Il devait, en effet, la revoir...

— Mets cela de côté, dit-il à Éleuthère : c'est une commission dont un malade de l'hôpital m'a chargé.

— Pas plus que ça de monnaie! dit Éleuthère en comptant les pièces. Dire qu'il y a des gens qui ont ça dans leur poche, et qui vont se faire soigner à l'hôpital!

Au bout de quelque temps, un sommeil réparateur

Éleuthère sortit, fermant la porte avec précaution, et emmenant Grouard et Beauplaisir.

En s'éveillant, Claudien vit Beauplaisir seul, assis à son chevet.

— Comment te trouves-tu? lui demanda celui-ci.
— Très-bien. — Où est donc Éleuthère?
— Il est allé demander un bouillon pour toi au propriétaire. — Ah ça! maintenant que nous sommes seuls, dis-moi un peu ce qui t'est arrivé.
— Rien autre chose que ce que je vous ai dit, répondit Claudien, bien décidé à ne faire aucune confidence — à Beauplaisir surtout.
— Vraiment! tu sors de l'hôpital?
— Je sors de l'hôpital.
— Ah! fit Beauplaisir avec un certain mécontentement.

Il voyait tous les jours M$^{me}$ de Sillerey, et souvent M. Regis, et nous savons qu'il avait un intérêt à tout connaître. Il avait appris l'accident arrivé, le séjour d'un étranger recueilli à l'hôtel Regis, et il avait reconnu Claudien.

Éleuthère et Grouard entraient au même instant, portant un consommé parfumé, un pain de gruau et un vase plein de tisane.

Claudien mangea avec appétit.

Puis Éleuthère, qui avait demandé au propriétaire d'occuper un ou deux jours la chambre voisine restée vacante, s'y retira avec Beauplaisir et Grouard, pour laisser reposer *son* malade.

Éleuthère, le lendemain, voulut absolument lâcher son atelier pour passer la journée auprès de lui, bien que cela fût tout à fait inutile.

Éleuthère, s'exagérant la gravité de la maladie de son ami, maladie bien et dûment terminée, Éleuthère avait remué ciel et terre, et s'était procuré l'argent dont on pourrait avoir besoin.

Voyant Claudien bien rétabli, il fit monter un dîner copieux ; Claudien en prit sa bonne part, bien que de temps à autre Éleuthère élevât de vives réclamations sur les dangers d'une nourriture trop abondante pour un malade.

Après le dîner, Claudien demanda à Grouard sa redingote.

— Pourquoi faire? dit Éleuthère.
— Parbleu! pour la mettre, répondit Claudien.
— Tu veux sortir?...
— Mais oui.

Éleuthère leva les mains au ciel avec indignation.

— Mais tu es donc fou? s'écria-t-il. Sortir dans l'état où tu es!
— Dans quel état suis-je donc? demanda Claudien en riant de la figure effrayée d'Éleuthère.
— Dans quel état, malheureux! tu me le demandes! Mais tu veux donc te tuer?
— Le fait est, mon cher, dit Grouard, très-accessible de sa nature à la contagion de la crainte, et que ce nouveau départ de sa redingote n'enchantait que médiocrement, le fait est que vous feriez mieux de rester ici.
— Allons donc! dit Claudien.
— Mon ami, insista Éleuthère, je t'en prie, ne sors pas!
— Il le faut absolument.
— Pourquoi faire?
— Pour... aller remettre cet argent.
— Tu le remettras demain.
— J'ai promis pour ce soir.
— Eh bien! je vais le porter.
— Cela ne se peut pas, dit Claudien, qui finissait par s'impatienter tout en endossant la redingote; j'ai promis de le porter moi-même, et j'y vais.

Il se leva résolument, prit son chapeau et descendit.

Éleuthère réfléchit un moment, puis il sauta sur sa casquette.

— Je ne veux pas l'*abandonner* comme cela, dit-il à mi-voix à Beauplaisir et à Grouard.

Et il descendit à pas de loup l'escalier derrière Claudien.

Celui-ci passa la porte de l'allée, sans se douter qu'il était suivi.

Éleuthère ne le perdait point de vue.

Ils descendirent ainsi ensemble jusqu'au bas de la rue Jean-de-Beauvais.

Claudien se dirigea vers le quai par les petites rues noires et bourbeuses qui y conduisent. Puis il traversa le pont Notre-Dame, et s'avança vers l'endroit où s'élevait l'ancien archevêché, et qui était encore encombré des matériaux provenant de la démolition de l'édifice.

— Que diable va-t-il faire par là? se disait Éleuthère. Où porte-t-il cet argent? Il n'y a pas un chat par ici.

Au bout de quelques instants de marche, Claudien s'arrêta et regarda autour de lui. Le lieu où il se trouvait était désert.

Éleuthère s'était dissimulé de son mieux derrière un énorme fragment de colonne.

— Il veut attraper le *mal de la mort*, se dit Éleuthère avec angoisse en voyant Claudien s'asseoir sur une pierre. Aller s'asseoir sur une pierre humide, au bord de l'eau, à cette heure-ci! S'il avait mis son mouchoir sous lui, encore! Je ne peux vraiment pas le laisser ainsi.

Et il allait s'avancer vers Claudien, sans plus s'inquiéter de mécontenter celui-ci et de lui montrer qu'il l'avait suivi, lorsqu'il le vit se lever brusquement et courir dans la direction du pont.

A la lueur douteuse d'un réverbère qui dansait en

grinçant, pendu à sa potence de fer, Éleuthère vit Claudien s'arrêter auprès d'une femme.

— Tiens, tiens, tiens! dit-il tout étonné et tranquillisé subitement sur le compte de son malade, il n'est pas aussi bas que je le croyais! Ce dissimulé-là, qui ne me disait rien, et qui fait des cachotteries avec les amis!... Je voudrais bien qu'il sût que je suis là. — Oh! une idée!... je vais leur faire une peur atroce...

Il se glissa, courbé, le long du parapet, dont l'ombre l'empêchait d'être aperçu.

— Que je vous remercie d'être venue! dit Claudien à la femme qu'il avait abordée.

Jeanne — c'était elle — ne répondit pas. Elle saisit le bras de Claudien, et s'y appuya avec force, comme si elle eût craint de tomber.

— Qu'avez-vous? dit Claudien, effrayé de l'émotion violente qui agitait Jeanne.

— J'ai peur!... répondit-elle d'une voix étouffée.

— Que pouvez-vous craindre? Vous êtes avec moi, et nous sommes seuls.

— Si l'on m'apercevait...

— Pardonnez-moi de vous avoir tant priée de venir, dit Claudien avec regret, et ému de l'agitation de Jeanne.

— J'ai hésité longtemps pour me décider à venir; mais je vous l'avais promis : j'ai pensé à vous, et je suis venue.

— Oh! merci, dit Claudien, de ce souvenir qui a parlé plus haut que vos craintes et vos terreurs. Que d'amour il faudra pour vous rendre tout cela!

— Ne parlez pas d'amour ici, dit Jeanne avec un mouvement; vous me donneriez un remords.

— Un remords, vous?

— Devrais-je être ici?

— Mais vous y êtes venue parce que vous saviez qu'un malheureux devait vous y attendre, et que, pour lui, une heure passée près de vous était une éternité de bonheur; vous êtes venue comme vous allez partout où il y des maux à faire oublier et des larmes à tarir. Vous vous êtes dit que, si je ne vous voyais pas, je m'en retournerais avec une douleur de plus et une espérance de moins. Vous avez pensé tout cela, et vous êtes venue, malgré tous les dangers et toutes les craintes. Et vous parlez de remords! comme si la Providence se repentait d'être la Providence!...

Et Claudien, en parlant ainsi, avait mis dans sa voix tout l'amour qu'il avait dans son âme. Mais ce lyrisme paradoxal qui, dans un autre moment, et surtout dans un autre lieu, eût peut-être fait oublier à Jeanne ses inquiétudes, ne pouvait ici la convaincre ni l'empêcher de trembler. L'exaltation même de Claudien l'effrayait.

— Comment vous êtes-vous trouvé depuis hier matin? dit-elle pour changer la conversation. Qu'avez-vous fait depuis que vous m'avez quittée?

— J'ai pensé à vous.

— Ce n'est pas assez, Claudien. — Écoutez-moi. — Un triste événement, dont j'aurais voulu cacher le secret à tous les yeux, vous a fait connaître à moi. Vous vous êtes révélé tel que vous êtes, plein de bons et de généreux sentiments. Vous avez toute l'intelligence nécessaire pour vous créer un bel avenir. Si vous m'aimez, Claudien, prouvez-le-moi, et rendez-moi heureuse en travaillant à votre propre bonheur. Promettez-le-moi, et tenez votre promesse : ce sera la meilleure preuve d'affection que vous puissiez me donner, et c'est la seule que je vous demande. Je vous suivrai de mes vœux — de mes vœux bien ardents — dans la carrière que vous embrasserez. Je viendrai vous soutenir dans vos travaux et dans vos espérances aux heures du doute et du découragement. Je serai la confidente de vos travaux; j'y applaudirai tout bas, jusqu'à l'heure où je pourrai applaudir tout haut à vos succès. Vous ferez ce que je vous demande, n'est-ce pas, Claudien? Un jour, vous me donnerez cette suprême joie de vous voir heureux. — Et alors, dit-elle plus bas et en penchant la tête, si mes remords me parlent trop haut de votre amour, en songeant que votre bonheur aura été son ouvrage, la faute de vous avoir écouté me paraîtra moins grande, et je pourrai peut-être m'absoudre à mes propres yeux. Je vous estime assez pour ne pas craindre de vous confier ma tranquillité, ma réputation, mon honneur.

— Oh! Jeanne! que je vous aime! Votre affection pure et sainte m'élève. Je serai digne de vous.

— Travaillez, mon ami; que les obstacles matériels de votre position ne vous arrêtent pas...

Claudien ne songeait en ce moment qu'au bonheur de contempler Jeanne, de la sentir près de lui.

Pour venir à ce rendez-vous, dans ce lieu isolé et désert, seule, à une heure pareille, elle avait mis de côté toutes les craintes, toutes les préoccupations de son caractère timide, tout sentiment de sa position. C'était le plus immense sacrifice qu'elle pût faire, si immense que toutes ses forces avaient à peine pu y suffire. Elle donnait à Claudien la mesure de son abnégation et de son dévoûment, et le cœur de Claudien n'était pas au-dessous de l'intelligence de ce dévoûment.

Mais les paroles qu'elle venait de prononcer réveillèrent en lui une pensée que de plus douces émotions lui avaient fait oublier. Son front s'assombrit.

— Je me sens, dit-il, assez de force maintenant pour vaincre seul les obstacles dont vous me parlez. Je ne vous demande qu'une chose, Jeanne, de vous revoir encore; que votre voix aimée vienne me soutenir et m'encourager dans ma route. Mais, je vous en prie, rien de plus!

Il venait de remettre dans la main de Jeanne l'or qu'elle avait glissé dans ses vêtements.

Jeanne resta la main ouverte; une larme brillait dans ses yeux.

Claudien sentit son cœur se serrer à ce reproche muet. Il regrettait presque en ce moment d'avoir froissé par une délicatesse brusque et peut-être excessive, pensait-il, ce cœur si tendre, si dévoué.

— Je vous afflige, lui dit-il, et je vous demande pourtant de ne pas insister. Ce serait pour nous deux un débat aussi pénible qu'inutile. Vous me donnez un trésor infini auprès duquel tout le reste n'est plus rien. Cet or est de trop.

— De l'orgueil! murmura Jeanne, douloureusement affectée. Vous ne m'aimez pas.

— Je ne vous aime pas! moi!... s'écria Claudien.

— Non, Claudien, vous ne m'aimez pas. Qu'est-ce donc que ce misérable service que vous repoussez si absolument? Non, vous ne m'aimez pas, puisque vous l'appréciez si haut. Si j'étais à votre place et que vous fussiez à la mienne, comment accepteriez-vous un refus?..

Claudien persistait, blessé et triste. Il eût donné sa vie pour épargner à Jeanne le moindre chagrin, la plus insignifiante contrariété; mais son honneur se révoltait à l'idée d'accepter un service de la femme même qu'il aimait.

Jeanne se soumit avec peine à cette volonté qu'elle ne pouvait vaincre, et, si elle fut blessée par ce refus, peut-être n'en aima-t-elle que davantage Claudien.

S'il est faux que l'amour ne puisse exister sans l'estime, il est à croire que l'estime doit augmenter l'amour.

Jeanne et Claudien parlèrent longtemps encore, lui de son amour, de l'immensité de sa reconnaissance pour la femme qui s'était baissée vers lui et lui avait tendu la main; Jeanne de ses projets, de ses espérances. Lorsque arriva le moment de se quitter :

— Séparons-nous ! dit Jeanne avec une émotion plus forte qu'elle ne l'aurait cru.

Les quelques instants qu'elle venait de passer, les dangers qu'elle courait en venant à ce rendez-vous, avaient fait faire à son cœur un pas immense vers Claudien.

— Déjà ? dit-il.

— Je devrais être partie depuis longtemps. Songez à ce qui arriverait si l'on s'apercevait...

— Je ne vous retiens pas, dit Claudien avec tristesse. Adieu !

— Adieu et courage, dit Jeanne en lui serrant la main.

— Vous reverrai-je ? demanda Claudien.

— C'est impossible, répondit-elle ; je ne puis vous le promettre.

— Au moins, dit Claudien suppliant, m'écrirez-vous ?

Jeanne réfléchit un instant.

— Je vous écrirai, dit-elle.

— Bientôt ?

— Bientôt.

Elle s'éloigna avec effort.

Claudien, cloué à la place où elle l'avait quitté, la suivait du regard.

Lorsqu'elle tourna le coin de l'église, des miaulements et des aboiements se firent entendre avec fracas... Jeanne recula effrayée ; des glapissements de toute nature, imitant avec plus ou moins de vérité les cris de différents animaux, se succédaient dans un vacarme affreux. — Jeanne s'enfuit, tremblante.

Claudien accourut, mais tout avait disparu. Il entendit seulement des éclats de rire prolongés, et il lui sembla voir de loin la blouse et la casquette d'Éleuthère qui s'enfuyaient vers le pont Notre-Dame de toute la vitesse de celui qui les portait...

## VII

#### Les deux mères.

Six mois se sont écoulés depuis le premier rendez-vous de Claudien et de Jeanne au palais de l'archevêché, et nous voilà forcé de conduire le lecteur bien loin du phalanstère. Il faut environ une heure de marche pour aller du quartier Saint-Jacques au Marais ; mais, pour qui veut observer la différence ou plutôt le contraste qui existe entre ces deux parties de la grande ville, il y a une distance de cent lieues à franchir.

En allant vers la Bastille par le boulevard Beaumarchais, on laisse à sa droite nombre de petites rues silencieuses et désertes où le passage d'une voiture est presque un événement. Le privilége d'une fenêtre sur la rue n'est là qu'un avantage très-mince comme distraction. Chaque heure de chaque jour voit les quelques mêmes figures éclore au même point, suivre la même direction, traverser le ruisseau sur le même pavé, et enfin disparaître au même endroit que la veille. C'est quelque chose comme une cour, comme une impasse ou une rue de province. Parfois, à l'abri d'une borne, une giroflée jaune a le temps de laisser assez grandir ses tiges spongieuses et velues pour que le baiser d'un soleil de printemps vienne en dorer les pétales. Les maisons sont petites, à un ou deux étages, trois au plus. Ce n'est que plus loin, vers la place Royale, que l'on rencontre encore ces grands hôtels, bâtis de briques alternées et encaissées dans la pierre de taille, ouvrage du XVII<sup>e</sup> siècle que le temps a respectés.

Plusieurs de ces maisons n'ont pas de rez-de-chaussée sur la rue, ou bien les fenêtres en ont été murées, et la maison ne commence qu'au premier étage.

Il est trois ou quatre de ces rues que l'on parcourrait de suite sans trouver une boutique; fruitiers et blanchisseuses de fin semblent à jamais bannis de ce quartier discret.

C'est dans une de ces maisons que nous allons retrouver Claudien.

Celle-ci, semblable, du reste, à ses voisines, s'en distingue peut-être par une apparence plus retirée, j'allais dire plus mystérieuse encore.

Reculée par suite de sa réédification récente, elle semble vouloir se blottir et s'effacer derrière les autres.

En face d'elle, un petit café-estaminet cherche à se mettre en évidence, en laissant se balancer au-dessus de sa devanture sombre et enfumée une grosse lanterne carrée, aux verres dépolis et huileux par endroits.

Des rideaux blancs, jaunis, sont soigneusement tendus derrière les vitres ternes, sans doute pour dissimuler aux curieux le vide perpétuel de l'établissement, triste et à l'air malheureux comme un dépôt de la Compagnie hollandaise. Quelques tasses dépareillées avec leurs soucoupes, un bocal de cerises qui ont vu plus d'un printemps, de vénérables croquets artistement édifiés sur un plateau de fer-blanc qui fut verni en rouge, un bol en plaqué cuivreux aux bords rougis, trois verres à vin de liqueur : tout cela s'étale et s'épanouit lugubrement au-dessus des rideaux, et *orne* la devanture. Un gros chat, triste et ennuyé, roulé sur lui-même, s'abandonne sur la même tablette aux douceurs d'un sommeil qui serait perpétuel sans les escouades de mouches qui pullulent aux vitres, et dont l'insolence le force quelquefois à leur livrer des escarmouches acharnées.

L'appartement de Claudien est situé à un troisième étage.

L'ameublement en est à la fois simple et élégant. Il se compose d'un meuble vert en acajou, de quelques belles gravures encadrées dans de larges bordures de chêne, d'une pendule formée d'un gros cube de marbre noir, portant en relief aiguilles et chiffres d'or, et enfin de candélabres de bronze d'un goût parfait. Mais, chose singulière et que pourtant l'on comprendra bientôt, dans ces petits mille riens accessoires qui sont souvent, pour le luxe et le prix, la partie la plus importante d'un mobilier parisien, rien n'annonce un appartement de garçon.

Ces ornements secondaires n'ont pas même la prétention d'être utiles à quelque chose.

Éleuthère, le phalanstérien positif, se fût écrié après une heure d'examen :

— Ah ça ! mais il n'y a rien ici.

Évidemment, une main de femme avait présidé au choix de ces puérilités.

Claudien se promène dans sa chambre, en marchant de la porte à la fenêtre. Il reste dans l'ensemble de ce personnage peu de chose du Claudien Forget que nous avons trouvé autrefois fumant dans le cabinet garni de la rue Jean-de-Beauvais.

Sa mise est élégante, trop élégante peut-être pour un homme qui reste chez lui. Son visage a perdu cette maigreur bistrée et cette expression de rêveuse insouciance dont le type semble contagieux dans la grande bohême parisienne. Son regard est assuré ; son sourire a perdu cette amertume que l'on plaint et que l'on excuse ; c'est à présent chez lui le signe d'un bonheur si parfait, qu'on serait presque tenté de le trouver insolent.

Sur une causeuse est étendue une femme qui le contemple. Cette femme est Jeanne Regis.

— Mais encore, que fais-tu? à quoi penses-tu? dit-elle en souriant.

— Vraiment, je ne sais pas, répondit Claudien; je dors tard, je ne vois personne autre que toi, je sors très-peu...

— Et... franchement, tu es heureux... tout à fait?

Claudien ouvrait la bouche pour répondre à cette question par les protestations qu'elle semblait provoquer, lorsqu'il rencontra le regard brillant et interrogateur de Jeanne.

Rapide comme un éclair, saisissante comme un frisson, passa en lui l'amère révélation de son engourdissement moral. Et ce n'était pas la première fois qu'il entendait en lui ces appels souverains de sa conscience.

Enivré de la possession de cette femme jeune, belle, exquise de distinction dans sa taille, dans son visage, exhalant le délicieux parfum de femme du monde même au milieu du plus voluptueux abandon, Claudien laissait passer les heures et les jours, plongé dans une torpeur léthargique.

Depuis six mois, il se donnait tout entier à d'énervantes sensations : il ne voulait pas envisager l'avenir et détournait avec terreur ses pensées du présent.

Jeanne était aussi faible que lui. Elle l'aimait trop cependant pour ne pas s'inquiéter sérieusement de son avenir, et elle se promettait chaque jour de l'aider à ouvrir les yeux. Mais, une fois auprès de lui, elle n'avait plus le courage d'assombrir ce bonheur rayonnant. Les nécessités de sa position lui laissaient à peine quelques rares instants pour voir Claudien, et ces instants bien courts étaient dévorés par les longues caresses, les mots à voix basse, et toutes les adorables niaiseries du tête-à-tête.

Jeanne était, d'ailleurs, plus sérieusement encore préoccupée par une autre pensée...

— Je te demande si tu es heureux, lui dit-elle, parce qu'il y a en moi des désirs qui surpassent encore mon bonheur. Sais-tu, Claudien, que, lorsqu'une femme n'a pas d'avance calculé froidement sa chute, lorsque, comme moi, il a fallu, pour la faire céder, un immense amour et une minute d'égarement, sais-tu qu'elle compte sur une somme de chagrins et de misères; qu'elle l'espère presque, peut-être pour y trouver l'oubli ou l'expiation de sa faute? Depuis six mois, l'air calme et confiant de M. Regis est mon plus grand supplice. Lorsque je le vois me parler avec un sourire bienveillant, je me prends à songer qu'une vie à nous deux, rien qu'à nous deux, Claudien, serait un paradis!...

Claudien, sérieux, la regardait parler. Il ne répondit pas.

— Oui, continua-t-elle, une existence dans laquelle personne ne pourrait plus se placer en tiers; moi, ta femme, près de toi, tous les jours, à toute heure; n'interrompant plus nos paroles ou nos rêveries pour consulter la pendule; à cent lieues, à mille lieues de Paris...

— Y penses-tu? dit Claudien effrayé et stupéfait. Que dirait-on de toi?

Jeanne releva la tête et reprit avec mélancolie :

— Tu as raison, Claudien. C'est moi qui ai tort de venir te débiter toutes les folles idées qui me passent par la tête... Mais je ne sais, j'ai peur... Il me semble qu'un malheur va nous frapper. Le départ de M. Regis m'avait rendu quelque tranquillité; quand je l'ai revu, je me suis crue devant mon juge. Depuis deux jours, il me semble le voir plus sombre qu'à l'ordinaire; je tremble en le regardant... Il ignore tout, j'en suis sûre, et pourtant... Tiens, maintenant, je me sens défaillir à l'idée qu'une fuite pourrait être nécessaire, moi qui te parlais tout à l'heure d'aller vivre en pays étranger. Tu vois que je suis folle et qu'il ne faut pas prendre au sérieux mes divagations !

Claudien se taisait. Ces idées de fuite possible, nécessaire, traînant inévitablement à sa suite la misère pour tous deux, ces idées assombrissaient son front.

Pour la première fois s'offrait à lui cette pensée : vivre avec Jeanne, la soutenir et la défendre ! Et il osait à peine s'avouer qu'il doutait de lui-même devant cette tâche : son courage était moins grand que son amour.

Le silence qui régna quelques minutes permit tout à coup d'entendre un bruit de pas dans l'escalier.

— Quelqu'un monte ! dit Jeanne effrayée.

— Oh ! reprit Claudien avec indifférence, un pas lent et calme qui ne cherche même pas à se dissimuler. N'aie donc pas peur...

— Mon ami, il est tard, et je ne suis pas tranquille.

En disant ces mots, Jeanne posait son chapeau sur sa tête et ramenait sur ses tempes et ses joues les boucles de ses cheveux. Tout à coup, elle tressaillit et resta immobile au milieu d'un geste commencé...

L'homme dont les pas s'étaient fait entendre venait de s'arrêter sur le palier, et bientôt un coup de sonnette annonça à Jeanne que ses pressentiments ne l'avaient pas trompée, et que cette visite était bien pour Claudien. Elle lui jeta un regard de détresse qui semblait lui dire : « Vois-tu que j'avais raison ? »

Claudien, souriant de sa frayeur, lui indiqua par un geste un petit cabinet où elle s'enferma, et, lorsqu'il se fut assuré d'un coup d'œil circulaire que rien ne pouvait trahir la présence d'une femme, il fit jouer le pêne de la porte d'entrée, en s'étudiant à donner à sa physionomie une expression de mauvaise humeur.

Mais, quelque soin qu'il eût pris de se composer un visage capable de faire reculer le plus intrépide visiteur, il ne put conserver ce masque quand il se trouva face à face avec l'homme qui avait sonné.

Claudien recula d'un pas et s'appuya des deux mains sur un guéridon.

L'inconnu restait sur le seuil.

— Est-ce que tu ne me reconnais pas, Claudien? dit-il avec une simplicité affectueuse.

— Si, vraiment, répondit Claudien reprenant peu à peu son sang-froid; mais l'étonnement... Il est si extraordinaire de vous voir à Paris...

Et il s'approcha enfin pour presser la main que l'étranger lui tendait avec une cordialité calme et touchante; puis, avec l'assurance embarrassée d'un homme ivre qui veut conserver une contenance digne, il fit rouler bruyamment deux fauteuils, et il dit :

— Asseyons-nous, Armand.

Armand était un homme de petite taille. Son costume, d'une simplicité puritaine, peu soucieuse de suivre le corps dans ses formes, s'adaptait mal à un buste et à des membres grêles.

Le visage d'Armand, maigre et souffreteux, semblait porter ce signe caractéristique de misère chlorotique que conservent en grandissant les enfants étiolés dans l'air raréfié des mines et les travaux des manufactures. Cette expression de douleur continuelle, causée peut-être aussi par quelque chagrin secret, donnait à ses yeux d'un gris clair une mélancolie douce et grave. Son front bas, presque vertical, indiquait une conception droite et comme inflexible. Il semblait que les rides qui le sillonnaient eussent seules déuri né et rétréci ce front ombré et terreux. Sur sa tête énorme, ses cheveux, d'un noir douteux, étaient clair-semés. Ses mains épaisses, aux doigts courts, se cachaient à moitié sous la manche de l'habit.

Armand avait trente ans à peine, et on lui en eût donné plus de quarante; mais trente années encore pouvaient passer sur lui sans laisser de traces.

— Asseyons-nous, dit-il, et causons vite, car je serai probablement forcé de retourner ce soir à Moulins.

Claudien se sentit heureux de cette nouvelle.

— Y a-t-il longtemps que vous êtes arrivé? reprit-il presque aussitôt.

— Depuis hier. Mais ne perdons pas de temps, frère : causons de toi. Pourquoi ne m'as-tu donc pas parlé de ton changement de domicile ?

— C'est que je n'étais pas bien sûr de rester longtemps ici, et...

Armand considérait avec étonnement la chambre où il se trouvait.

Claudien, qui s'en aperçut, comprit que sa réponse n'était plus que d'un médiocre intérêt devant ce que cet examen pouvait soulever de tempêtes.

Néanmoins, Armand reprit avec la satisfaction d'un homme à qui on vient de donner le mot d'une énigme :

— Ah! tu n'es pas chez toi! Tu dois être mieux ici pour travailler que dans l'horrible grenier où je suis allé te chercher ce matin.

— C'est là qu'on vous a donné mon adresse?

— Oui... mais je n'ai pu m'expliquer l'embarras qu'ont causé mes questions à tes amis.

— Oh!... mes amis! dit Claudien du bout des lèvres, et avec un sourire légèrement dédaigneux.

— C'est un grand jeune homme dont le visage amaigri est couvert de barbe, qui m'a répondu. Il semblait d'abord me regarder avec méfiance; puis,

7

lorsque je lui ai dit que j'arrivais de Moulins, il a consenti à me dire enfin où je pourrais te trouver.

— Est-ce qu'il n'était pas seul dans la mansarde ? demanda vivement Claudien.

— Non ; il y avait un autre jeune homme qui fumait, et qui est parti dès que je suis arrivé, pour aller, a-t-il dit, je crois, à un atelier.

Claudien respira.

Beauplaisir ne s'était pas trouvé là quand Grouard avait donné son adresse.

Claudien redoutait surtout Beauplaisir. La réponse d'Armand le tranquillisa.

Il ignorait que Beauplaisir connût les moindres détails de sa nouvelle existence, et qu'il sût depuis longtemps où il pourrait le trouver — quand il le faudrait.

— Je n'avais pas donné mon adresse à tout le monde, dit Claudien. Vous comprenez : je désirais travailler ici, à mon aise, n'être pas dérangé, et cependant je voulais que vos lettres me parvinssent...

— Et quel est le nouveau genre de travail que tu as adopté ?

— Oh ! un genre de travail dont on ne peut se faire une idée en province, répondit Claudien avec un ton léger de supériorité. Cela rentre toujours dans la littérature.

— Et où cela doit-il te mener ?

Cette dernière question, qui n'avait rien d'ironique, était dictée par un intérêt si affectueux, que Claudien se sentit mal à l'aise pour y répondre.

— Mon but, dit-il enfin, quoique bien dessiné dans mon esprit, peut paraître un peu vague à qui ne l'envisage pas de mon point de vue. Il serait trop long de vous expliquer cela.

Armand sourit.

— Tu me juges mal, dit-il. Depuis que nous nous sommes vus, j'ai plus exercé mon intelligence que mes bras, et je crois qu'aujourd'hui l'ouvrier Armand pourrait te comprendre. Qu'importe! Je ne veux point t'arracher ton secret. Tu as l'espoir de réussir : cela suffit pour me tranquilliser. Mais au moins ton travail te rapporte-t-il de quoi vivre?

— Non, pas encore, répondit Claudien; mais bientôt, je l'espère...

— Écoute, dit Armand, je suis pas fâché que tu n'habites plus dans la rue Jean-de-Beauvais, avec ces jeunes gens que tu sembles ne pas aimer beaucoup...

— Je n'ai pas dit cela, Armand, interrompit Claudien, qui ne pouvait oublier le fraternel partage du modique revenu d'Éleuthère; ce sont de bons garçons, mais je voulais m'isoler.

— Je te comprends. D'ailleurs, il doit y avoir dans ce tableau de misère persistante quelque chose de décourageant pour l'homme qui travaille. Mais, si tu ne peux encore assez gagner pour suffire à tes besoins, tu dois aussi être gêné, contraint dans la société d'un ami plus riche que toi. Nous pouvons faire autrement. Depuis que je t'ai écrit, ma position a changé... Je ne suis pas bien riche; mais, à présent, tu peux puiser dans ma bourse sans craindre de me gêner. Nous allons louer une chambre plus modeste que celle-ci, mais où tu seras chez toi; avec peu d'argent, nous la meublerons des choses indispensables, et tu ne dépendras plus de personne.

— Mais vous vous méprenez... je suis ici... seul!...

Claudien, en faisant cette réponse, était devenu pâle, et sa voix tremblait. Capable plus que tout autre d'analyser sans passion le caractère d'un homme, il avait depuis longtemps apprécié l'inconnu qu'il appelait son frère. Les rapports entre eux avaient pourtant dû être rares, car ce lien qui les unissait semblait avoir quelque chose de mystérieux et de fatal; mais ils avaient suffi à Claudien pour juger cette âme bonne jusqu'à la simplicité, mais aussi austère jusqu'à être inflexible.

Jamais Claudien ne s'était trouvé dans quelque embarras sans songer aussitôt à réclamer de son frère aide et secours; mais jamais aussi il n'avait vu Armand venir à lui sans scruter instinctivement sa propre conduite. Il savait que cet homme n'avait jamais reculé devant une vérité, quelle qu'elle fût : c'était, d'un mot, sa conscience faite chair.

Claudien avait eu quelques moments la pensée de laisser Armand dans son erreur. Mais il ne pouvait accepter la nouvelle offre de celui qui lui avait déjà tant donné. Ensuite, cette autorité qui lui pesait, bien qu'il ne l'avouât pas, c'eût été la reconnaître que de mentir pour s'y soustraire.

Jeanne était là; elle entendait tout. Pouvait-elle être témoin d'une semblable lâcheté?

Armand, pour toute réponse, recommença l'examen de l'élégant mobilier, mais avec lenteur, comme s'il eût voulu faire l'estimation de chaque objet; puis, sans que sa voix subît la moindre altération, sans changer de visage ni de posture, il dit à Claudien :

— Tout cela est à toi?

— Oui, répondit bravement Claudien, décidé à accepter la lutte.

— Mais si tu gagnes si peu d'argent...

— Mon Dieu! je ne l'ai pas acheté : on me l'a donné.

— Donné?

— Oui, donné. Mais voilà bien des questions...

— Si tu crois n'avoir pas besoin d'y répondre, tant mieux! reprit Armand ; n'en parlons plus.... Adieu, Claudien, je te jure que, si tu ne me rappelles pas, je m'en irai le cœur vide de soupçons.

Et Armand tendait la main à son frère et se dirigeait vers la porte.

Claudien se trouvait petit en face de cette belle et simple confiance; son orgueil se révolta à l'idée d'en abuser. Il arrêta Armand par le bras.

— Oui, lui dit-il vivement, cet appartement, ces meubles, et jusqu'à ces habits, m'ont été donnés, donnés par une femme! Je le cacherais à tout autre que vous, parce que tout autre que vous ne saurait comprendre tout ce qu'il y a de pur et saint attachement entre cette femme et moi. Un autre que vous, Armand, ne peut me connaître comme vous me connaissez. Je me suis trouvé au monde seul et dénué de toute espèce d'affection, aussi bien que de fortune...

— Tu ne me comptes pas!

— Si; vous m'aimez, je le sais, et c'est pour cela que vous seul pouvez me comprendre. J'étais séparé de vous, Armand. Il fallait à mon ambition, alors démesurée, un vaste théâtre comme Paris. Tant que l'ambition m'est restée, c'était bien. Mais quand elle fut éteinte, quand le découragement l'eut tuée, je me trouvai chétif et perdu dans cette fourmilière. Votre amitié est venue là bien à point pour me soutenir; mais on arrive à un âge où l'amitié ne suffit plus. Cet âge est venu pour moi. J'avais le cœur trop vaste pour qu'il pût rester vide. Que me restait-il? L'amour, un amour saint et profond, qui fût à la fois le but et les moyens de mon avenir. Cet amour, je l'ai trouvé. Mais un pareil sentiment est-il donc si commun, si bien dépendant de la volonté qu'on puisse s'arrêter à choisir? Non, Armand, ne le croyez pas. J'aime cette femme comme je n'ai jamais aimé, comme je n'aimerai jamais : je l'aime encore de l'amour qu'elle a pour moi. Devais-je la repousser parce qu'elle est riche, elle qui, pour venir à moi, a traversé tout cet abîme qui sépare l'extrême opulence de la plus hideuse misère? C'eût été de l'ingratitude et de la folie.

— Et si elle t'aimait ainsi, qu'avait-elle besoin de t'enrichir?

— Armand, soyez sévère, mais soyez bon comme vous l'avez toujours été, et surtout soyez juste envers elle et envers moi. — Il y a dans la vie des nécessités qu'il faut subir. Ce n'est pas pour moi qu'elle a meublé cet appartement; c'est pour nous deux : nous ne pouvions nous voir dans la rue. Pour elle-même, je ne pouvais, moi, habillé le plus souvent comme le dernier des vagabonds, saluer seulement, sans la compromettre, une femme dont la toilette est élégante.....

— Claudien, ne raisonne pas ainsi, dit Armand avec douleur. Toute honte peut avoir son prétexte et son excuse. Que dirais-tu d'une fille qui, pour enrichir sa mère, se ferait courtisane?

— Je vous parle comme à un frère, Armand, dit Claudien avec une rage concentrée, et vous me répondez en juge d'instruction. Mais vous-même, est-ce que c'est la morale écrite, le code que vous proposez comme règle de conduite? Est-ce que votre caractère droit et énergique ne repousse pas toujours toute prévention? N'écartez-vous pas de votre route ce que le monde a entassé de maximes faites et de préjugés comme entrave à tout ce qui existe ici-bas de grand, de noble, de généreux? Eh bien! notre amour est ainsi : il est né en dehors de toutes convenances sociales; mais il est nécessaire à notre existence, à notre bonheur. Pour lui, nous foulerons aux pieds toute vaine loi du monde, car nous avons en nous la conscience de sa pureté. Ah! si l'un de nous avait calculé, moi ce que je pouvais recevoir, elle ce qu'elle pouvait donner, là serait la honte! La sincérité de notre amour purifie tout; notre dévoûment est mutuel. Ne croyez-vous donc pas que j'aie fait cent fois plus pour elle en acceptant, qu'elle n'a fait pour moi en me donnant? — Armand, vous n'avez d'armes contre nous que ces étroits préjugés que vous méprisez vous-même !

Armand hocha la tête. Son regard tombait sur Claudien plus triste que courroucé. On aurait reconnu dans ses yeux la pénible compassion avec laquelle le médecin contemple le malade qu'il va condamner.

— Tu plaides, mon pauvre enfant, lui dit-il. Je ne suis guère en état de répondre à tout cela. Moi, vois-tu, à ta place, j'aurais aimé cette femme dans ma mansarde.

Claudien fit un signe d'impatience.

— J'aurais été à nos rendez-vous avec mes habits troués... C'est ce préjugé-là que j'aurais voulu fouler aux pieds... avant l'autre !... Écoute, Claudien, je crois entrevoir dans tout cela une triste vérité que tu m'as cachée. Tu me trompais : tu n'as jamais rien fait à Paris...

Claudien baissa les yeux.

— Et tu n'y feras jamais rien. Il faut venir à Moulins avec moi ; je ne peux pas te laisser ici. Tu auras près de moi l'aisance et le bien-être, l'indépendance, l'estime de toi-même et l'affection de ton frère. Tu disais tout à l'heure que ton amour t'avait purifié. Pauvre ami !... Il n'y a que le travail pour cela. Tu dois avoir besoin de te réhabiliter à tes propres yeux. Tu veux écrire : eh bien, si tu as vraiment du génie, tu seras là-bas comme à Paris. Il faut partir aujourd'hui même.

— Vous n'avez pas aimé, reprit Claudien avec passion. Vous ne pouvez comprendre que cette femme est mon ange gardien, qu'en elle est tout mon courage, qu'elle m'aime pour moi, qu'elle me presse de me faire un avenir...

— Et que ne l'épouses-tu ? dit simplement Armand.

— Mais elle n'est pas libre... Oh ! sans cela !...

Claudien ne put continuer : involontairement sa

bouche se ferma, et ses yeux se baissèrent devant le regard fixe de son frère.

— Mariée! s'écria celui-ci.

Puis il traversa la chambre, prit son chapeau en ajoutant :

— Alors, c'est l'argent de son mari qu'elle te donne?

— Au nom du ciel, ne parlez pas ainsi! dit Claudien avec une colère suppliante, mais terrible.

Armand, en prenant son chapeau, vit sur la cheminée une paire de gants qui ne pouvaient appartenir qu'à une femme. Il surprit au même instant le regard plein d'angoisses que Claudien jetait sur la porte par laquelle Jeanne avait disparu.

Quelque ignorant qu'il fût en ces matières, Armand comprit qu'il n'était pas seul avec son frère.

— Écoute, lui dit-il en s'efforçant de vaincre son émotion, vous marchez, cette femme et toi, dans une route déplorable, au bout de laquelle il n'y a pour tous deux que honte et malheur. Si tu aimes cette femme pour elle-même, songe que tu lui fais trahir le plus saint, le plus nécessaire des devoirs de la femme. Pense que tôt ou tard elle se méprisera, car elle se déshonore en te déshonorant, et elle te méprisera toi-même.

— Elle, me déshonorer? Non, non, pas plus qu'elle n'est déshonorée, elle, la pauvre femme, mariée à un homme qui l'a prise comme on acquiert un cheval ou une maison... Allons donc!... C'est à mes yeux qu'elle serait méprisable si elle pouvait aimer cet homme, lier son cœur qui vit à ce honteux cadavre!

— Malheureux! reprit Armand; mais cet homme peut venir te dire : « Vous me volez deux fois! »

Claudien tremblait de tout son corps. Il fit un immense effort sur lui-même.

— Armand, dit-il, je ne veux pas que vous emportiez de moi une pareille idée! Je vous ai expliqué ce que, pour Jeanne elle-même, j'avais été contraint d'accepter... Mais savez-vous quel est le premier chagrin que j'ai causé à cette femme? Et cependant je donnerais tout mon sang pour lui épargner une larme! Il y a six mois de cela, au moment où elle faisait à notre amour le plus grand des sacrifices, j'étais à peine convalescent d'une affreuse maladie ; j'étais sans pain, faible et souffrant encore. Cette femme avait glissé un rouleau d'or dans ma poche, à peine ce qu'elle peut en un mois dépenser pour sa toilette. Mais, là, il ne s'agissait que de moi !... Rien ne me forçait à accepter. J'ai refusé, Armand, j'ai refusé !...

— Oui, répondit Armand avec une ironie sèche ; — mais il y a six mois de cela !...

Puis il ouvrit la porte et descendit pas à pas l'escalier sans détourner la tête.

Claudien, exaspéré par cette réponse et par le regard de pitié méprisante qui l'avait accompagnée, s'élançait pour rejoindre Armand ; mais un bruit sourd lui fit détourner les yeux du côté du cabinet.

La porte s'en ouvrit comme poussée avec violence, et le corps roide et inanimé de Jeanne roula dans la chambre.

Claudien se précipita vers elle.

— Je le tuerai, le misérable bâtard! s'écria-t-il avec la rage du désespoir quand il vit le visage pâle et décomposé de Jeanne.

## VIII

### Histoire d'un imprimeur.

Dès que son mariage lui avait permis de mettre ordre à ses affaires, de réparer ses pertes énormes, M. Regis s'était rejeté avec une sorte de rage désespérée dans la vie factice qu'il s'était déjà une fois créée; son cœur avait été brisé sans pitié par la femme qu'il aimait; son amour pour elle s'était changé en haine.
— Il n'avait plus que deux pensées qui désormais devaient résumer son existence entière : se venger de celle qui l'avait si cruellement trompé, réaliser ses rêves d'avenir politique.

Nous avons dit que Beauplaisir et lui s'étaient devinés.

Regis avait pénétré les mystères de l'existence de Beauplaisir. Il avait vu en lui un homme intelligent et adroit; il était au fait de ses desseins sur M$^{me}$ de Sillerey, et — chose étrange pour qui n'eût pas connu le fond de l'âme du banquier — il assistait sans envie, calme et indifférent, aux progrès de Beauplaisir auprès de celle qu'il avait aimée. Il avait même, en mainte occasion, donné à Beauplaisir des preuves d'un intérêt amical et flatteur. Celui-ci, qui savait mieux que personne l'histoire de M. Regis avec M$^{me}$ de Sillerey, croyait voir un piège dans chacune des prévenances du banquier, et se tenait sur ses gardes.

Les élections devaient avoir lieu à la fin de l'année.

Les vastes propriétés que M. Regis possédait à Moulins, la haute considération dont il était entouré, lui donnaient dans cet arrondissement de grandes chances de succès. Il résolut d'y faire un voyage pour prendre une résolution définitive et décider s'il devrait se porter à la candidature ou attendre encore.

Il offrit à Beauplaisir de l'accompagner.

Beauplaisir fut surpris de cette proposition ; mais il l'accepta, et ce fut même avec un certain empressement. Ce voyage servait parfaitement ses desseins.

Il s'éloignait momentanément de M^me de Sillerey, qu'il avait adroitement montée au diapason nécessaire, et qu'il devait retrouver à son retour plus rapprochée de l'idée de se donner à lui. L'absence aurait agi en sa faveur.

Il voyait aussi avec satisfaction que le départ de M. Regis allait laisser Jeanne seule, livrée à elle-même. L'isolement devait forcément la rapprocher de Claudien.

C'était enfin une belle occasion pour lui de se faire apprécier comme homme sérieux par le banquier. Cette occasion qui s'offrait d'elle-même, depuis longtemps Beauplaisir la désirait, car il était nécessaire à ses plans que M. Regis pût connaître toute sa valeur et toute sa portée.

Puis, tout en ayant l'air d'aider M. Regis comme secrétaire officieux, il allait étudier un terrain électoral et apprendre comment se font les députés. Cela pouvait lui épargner un apprentissage difficile, lorsqu'un jour peut-être il lui faudrait se mettre à l'œuvre pour lui-même. Son mariage conclu avec M^me de Sillerey devait lui permettre d'aspirer à tout. Beauplaisir voyait de loin.

Il partit donc dans la chaise de poste du banquier.

Nous avons vu qu'une partie des prévisions de Beauplaisir s'était déjà réalisée, lorsque nous avons retrouvé Jeanne et Claudien dans le petit appartement du Marais.

Pendant la route, M. Regis dévoila à Beauplaisir ses plans et ses ressources. Beauplaisir ne savait que penser de toutes ces preuves de confiance. Défiant et soupçonneux par sa position même vis-à-vis du banquier, il ne devinait pas que, dans les vues de celui-ci, il était un auxiliaire et non un ennemi. Il n'avait pu comprendre toute la portée du ressentiment de Regis contre M<sup>me</sup> de Sillerey et le plan atrocement simple de sa vengeance.

En arrivant à Moulins, M. Regis fit visiter à Beauplaisir ses terres, ses maisons, ses manufactures. Il lui expliqua le parti qu'il avait su tirer des difficultés mêmes d'une position à faire et lui fit lire dans ces biens, laborieusement amoncelés, toute l'histoire de sa vie.

Beauplaisir étudiait ces combinaisons, nouvelles pour lui.

— Voici une de mes fautes, dit M. Regis en lui montrant, dans une des rues de la ville, une maison sombre et noire comme sont les ateliers. — Cette imprimerie m'appartenait, et, dans un de ces moments de crise qui forcent un homme à faire feu des quatre fers, comme disent nos paysans...

M. Regis pensait en ce moment à son opération espagnole.

— Je l'ai vendue, et c'est une bien grande perte. Vous ne connaissez pas la valeur d'une imprimerie dans une ville de province et les puissantes ressources qu'on en peut tirer.

— Mais, répondit Beauplaisir, ce n'est pas là, ce me semble, un mal irréparable. Vous pouvez la racheter.

— Non, dit le banquier ; ceux à qui elle appartient aujourd'hui ne s'en dessaisiront pas. Si l'homme qui la dirige le voulait, pourtant !... Mais j'ai essayé, et je n'en ai rien pu tirer. C'est un singulier personnage que cet homme, et une curieuse étude à faire. Vous le connaîtrez, au reste, car j'ai besoin de le voir. Il a été ouvrier chez moi, et aujourd'hui peut-être ma candidature dépend-elle de lui.

Le lendemain, Beauplaisir déjeunait avec M. Regis. On annonça M. Louis Armand.

— C'est l'homme dont je vous parlais hier, dit le banquier. — Faites entrer.

Armand salua M. Regis avec une certaine gaucherie qui n'était pas sans noblesse. Il en reçut l'accueil d'une familiarité flatteuse et refusa de se mettre à table.

— Je venais pour parler d'affaires, dit-il en regardant Beauplaisir.

— Vous pouvez tout dire devant monsieur, mon cher monsieur Armand, répondit le banquier.

— L'imprimerie que nous vous avons achetée marche bien, monsieur Regis, reprit Armand. J'ai pensé cependant que les rapports en pourraient être plus considérables. Mes associés et moi, nous voulons étendre nos opérations. Ce qui nous a arrêtés jusqu'ici, c'est la difficulté de se procurer, comme on le désirerait, certaines matières premières. Dans une ville comme la nôtre, il y a des industries qui sont forcément monopolisées, et il est d'autres qui souffrent par contre-coup du monopole. Nous sommes dans ce cas. Aujourd'hui, par exemple, nous sommes forcés de passer par vos mains, monsieur Regis, lorsque nous avons besoin de papier. C'est pour cela que nous avons pensé à acheter votre fabrique de papier, et je suis venu vous exposer nos propositions.

— Quel ambitieux vous êtes, messieurs ! dit Regis en souriant ; une imprimerie d'abord, une papeterie ensuite. Vous voulez donc faire de Moulins un second centre intellectuel ?

— Nous ne sommes pas des ambitieux, répondit

Armand avec gravité. Nous ne voulons rien qui ne soit légitime.

— Sans doute, dit le banquier, sans doute. Eh bien ! mon cher monsieur Armand, je réfléchirai, et nous reparlerons de cela.

Armand se leva pour sortir.

Beauplaisir l'avait examiné pendant cette conversation. Il n'avait trouvé en lui qu'un homme fort ordinaire, et il s'était attendu à autre chose, d'après ce que lui avait dit M. Regis.

Il était même surpris de l'estime singulière que le banquier paraissait avoir pour un homme qui venait d'exposer, avec une simplicité si dénuée d'adresse, le but d'une entrevue importante.

Au même instant, et comme pour répondre à sa pensée, Armand reprit en s'adressant à M. Regis :

— Au reste, s'il ne vous convenait pas, monsieur, de vous dessaisir de votre fabrique, — et vous savez que c'est nous en grande partie qui la faisons vivre, — comme nos besoins sont urgents, nous prendrions le parti d'en monter une autre nous-mêmes. Je crois devoir vous en avertir loyalement, car ce serait une concurrence fâcheuse, et, personnellement, je ferai tout pour qu'il soit pris un autre moyen. Nous sommes disposés à céder tout ce que vous pourrez demander avec justice.

Il salua et partit.

— Eh bien ? dit à Beauplaisir M. Regis.

— Eh bien ! dit Beauplaisir, qu'allez-vous faire ?

— Je leur vendrai tout ce qu'ils voudront, répondit le banquier.

— Mais vous regrettiez déjà de vous être dépossédé de votre imprimerie. Vous leur donnez de nouvelles armes.

— Nous avons pensé à tout cela, dit Regis avec satisfaction. Ils parlent de concurrence, et ils doivent se dire pourtant que, d'un jour à l'autre, quand cela me sera nécessaire, j'élève à Moulins, en face d'eux, une imprimerie forte trois fois comme la leur. Je les écraserai quand je voudrai : c'est une simple question d'argent, et j'ai les reins plus forts qu'eux. Je peux leur vendre ma fabrique ; c'est de l'enfantillage, et je les laisse s'amuser à cela. Et puis, je vous l'ai dit, j'ai besoin de cet Armand ; il faut que je le ménage. Je le fais appeler demain pour lui rendre une réponse affirmative, et je l'emmène avec nous à Paris, où sont les titres de propriété et où se conclura la vente. Quand il sera là-bas, nous le tiendrons !

Ici M. Regis se trompait. C'est qu'il connaissait mal l'histoire d'Armand.

Armand avait été élevé comme orphelin à l'hospice de Moulins. Il sortit de l'hospice à l'âge de douze ans et entra comme apprenti dans une fonderie appartenant à M. Regis.

A cette époque, M. Regis mettait déjà en œuvre son système financier de groupement et de concentration. Il agrandissait et étendait ses propriétés dans l'Allier. Il joignit bientôt une imprimerie à sa fabrique.

Armand, qui s'était appris seul à lire et à écrire, obtint de passer à l'imprimerie pour s'essayer dans la composition.

En même temps que, par un travail soutenu et grâce à son intelligence pratique, il devenait un des meilleurs ouvriers de l'atelier, il utilisait ses veilles et ses moindres instants à acquérir les connaissances qui lui manquaient. Armand avait l'amour fanatique du travail.

C'était un de ces caractères si heureusement doués, si bons, si simples, que chacun, sauf quelques bien rares natures instinctivement mauvaises, leur pardonne toute supériorité. Il y avait en lui des dons inappréciables et rarement réunis. Ainsi, cette inépuisable bonté qui faisait l'un des plus beaux côtés du caractère d'Armand avait, dans sa douceur et ses tendresses, quelque chose de calme, de réfléchi, presque de sévère. Elle n'allait en rien à l'étourdi ; elle ne courait au devant de rien ; mais on la trouvait toujours là, veillant, la main ouverte.

Dans cette sagesse discrète, conservant son trésor toujours plein et inaltérable, était peut-être le charme tout-puissant qui attirait invinciblement vers Armand.

Nul autre qu'Armand et Claudien ne connaissait ce qu'ils étaient l'un pour l'autre et le lien mystérieux qui les unissait. On ne savait à Armand ni parents, ni famille. On ne lui avait même jamais connu aucune préférence d'affection pour quelqu'un de ses camarades d'atelier, aucune amitié spéciale, rien qui ressemblât à une liaison. Ce fait, qui pourrait paraître étrange, était logique et nécessaire dans Armand.

Ainsi que la loi sacrée prescrit le célibat au prêtre, il semblait que cet épanchement, cette fécondité d'amour avaient besoin de se concentrer en eux-mêmes et n'en débordaient que plus largement.

Sans qu'il s'en doutât, Armand se créait peu à peu par cette sagesse chaste une grande puissance. Il inspirait autour de lui une confiance, un dévoûment profonds. Il s'était fait sans le vouloir cette influence sur des intelligences à peine secondaires, souvent même sur des instincts grossiers et inintelligents. On l'aimait avec ferveur ; on le respectait presque religieusement.

Il ne s'étonna pas en se découvrant cette puissance, et il la découvrit dès qu'elle lui fut venue, car il avait plus que la modestie : il avait la simplicité des grandes âmes. Il se servit de ce pouvoir pour ceux-là mêmes qui le lui avaient décerné. Sa haute raison, fécondée par les jours et par les heures, s'éleva à l'intelligence de tous les besoins, de toutes les idées.

Ses idées, qu'il répandait en chaleureux rayons autour de lui, s'étendirent avec un singulier bonheur. Cette victoire peut s'expliquer : l'application déterminait et, pour ainsi dire, formulait la théorie.

Armand prêchait aussi avec la langue la plus éloquente : l'exemple.

Tout en lui était incompatible avec le caractère de chef de parti ; il y avait plutôt du chef de secte.

Bientôt se groupa autour de lui une association morale, corps d'élite de travailleurs, fils conducteurs de ses idées. Ces idées s'étendirent bientôt au delà du premier cercle par de progressives ramifications, et bientôt Armand, l'orphelin abandonné, l'apprenti compositeur, ouvrier, puis chef d'atelier, devint le centre générateur d'une grande communauté de pensées.

Par ses soins, des sommes furent prélevées sur les salaires et réunies dans une caisse commune de secours. Elles atteignirent, au bout d'un temps prévu, un chiffre qui permit de donner suite à l'idée depuis longtemps conçue par Armand d'acheter à M. Regis son imprimerie et de la constituer en propriété commune aux acquéreurs.

Les circonstances le servirent heureusement cette fois, lui qui avait toujours été obligé de lutter contre elles et de les dompter. C'était quelque temps avant le mariage de M. Regis, dans un moment où celui-ci cherchait à réaliser ce qui était resté sain et sauf de ses biens, pour sauver sa fortune si gravement compromise.

La proposition des imprimeurs réunis fut pour lui un coup de bonheur, et la négociation ne fut pas longtemps à s'accomplir.

Administrée par un chef intelligent, exploitée à moins de frais par des ouvriers intéressés à son succès, l'imprimerie entra dans une voie plus large et plus féconde. Elle fit bientôt une si rude concurrence aux autres imprimeries de Moulins, que, vaincus, plusieurs imprimeurs demandèrent de se joindre à l'association. Ils furent accueillis avec joie par les ouvriers, fiers de leur succès. Un traité fut conclu, et Armand se trouva à la tête de cette vaste entreprise. Il avait voulu refuser par modestie et par défiance de ses forces ; mais les ouvriers, qui l'avaient vu à l'œuvre, le forcèrent à l'accepter.

La société voit quelquefois s'élever de ses derniers rangs des hommes d'énergie et de volonté, qu'un sens droit, une intelligence native, font dominer les circonstances et conduisent à la plus haute fortune.

Armand avait été un de ces élus. Semblable à ces esprits vigoureux qui, par la route du bien et de la vérité, marchent sans hésitation jusqu'aux dernières limites, il n'était pas de ceux qui se reposent avec complaisance sur une œuvre encore imparfaite.

Il ne pouvait, malgré sa modestie, ne pas voir le bien qu'il avait fait autour de lui. Il n'avait pas édifié sur des ruines.

Les moyens de sa fortune avaient été, non des instruments sacrifiés, mais des agents rendus par lui intelligents et libres, émancipés, rachetés par lui de l'esclavage du salaire, affranchis de la misère et des maux qu'elle traîne à sa suite. Il leur avait donné la propriété, qui dans notre ordre social établi doit moraliser l'homme de travail.

Doué de la logique inflexible de la justice et du cœur, Armand avait conçu un large et vivifiant système, utopie sérieuse et réalisable, de tolérance, de paix, de travail, de charité et de résignation. Il s'était dit que, dans le cercle le plus large, une puissance, ayant entre les mains les ressources accumulées d'une grande nation, pourrait réaliser pour des millions d'hommes ce que lui, ouvrier obscur, avec des éléments imparfaits ou contraires, avait pu accomplir avec quelques hommes, ouvriers comme lui.

Ces réflexions marquèrent une phase décisive dans la vie d'Armand.

Jusque-là, ses études n'avaient forcément embrassé que les connaissances relatives aux besoins de son œuvre primitive.

Ce jour-là, son esprit s'élança avec ardeur à la suite des conceptions généreuses de son cœur. Il voulut étudier le mécanisme de la société, et savoir au juste ce que c'était qu'administration, économie sociale, gouvernement.

Un gouvernement, ainsi qu'il est le plus souvent conçu par les classes inférieures, ne lui était jamais apparu que comme une providence lointaine et mystérieuse, représentée par le souverain ou le magistrat, comme Dieu l'est par le prêtre.

Armand alla plus loin et analysa les nombreuses et importantes questions que soulève la conduite des peuples. Il se rendit compte des systèmes qui en donnent la solution. Il comprit toute l'importance de la science politique, et dit qu'il y avait devoir pour tout homme d'apporter sa pierre au grand édifice. Ses idées, répandues, trouvèrent d'ardentes sympathies auprès de l'opposition libérale de Moulins.

Armand crut alors le moment venu d'exposer à ses coassociés son projet d'acquérir avec eux l'usine de M. Regis, qui fournissait leur papier. Ce plan présentait des combinaisons successives d'une certaine importance.

Armand voulait arriver, par la propriété première d'un matériel nécessaire, à la création d'un journal, organe de ses idées, au chef-lieu même du département.

M. Regis, après un examen approfondi, après avoir fait la statistique de ses forces, reconnut qu'il avait besoin du secours d'Armand plus encore qu'il ne l'avait d'abord supposé.

La puissance morale de l'ouvrier imprimeur était immense sur les électeurs de second ordre et les petits propriétaires. — Le banquier vit clairement qu'il ne pouvait rien faire sans lui.

Il connaissait vaguement les opinions radicales d'Armand, et résolut de les vaincre à tout prix ou de dérouter ses répugnances. Il comptait apprivoiser, par ses caresses, cette nature froide et rude.

Il y avait nécessité, pour les affaires de la société des imprimeurs, qu'Armand allât à Paris.

Un autre motif le poussait à faire ce voyage: il n'avait pas depuis longtemps reçu des nouvelles de Claudien, et il éprouvait le besoin de se tranquilliser en le voyant.

Il accepta donc une place dans la voiture de M. Regis, et ils partirent avec Beauplaisir.

Beauplaisir poursuivait le cours de ses observations.

## IX

#### Un tête-à-tête à trois.

Armand était installé dans l'hôtel que M. Regis habitait à Paris, et où était le siége de sa maison de banque. Bien qu'il eût manifesté son intention positive de ne pas rester plus de deux jours à Paris, les intérêts de sa société le rappelant à Moulins, M. Regis comptait bien le garder plus longtemps près de lui, dût-il pour cela faire naître des lenteurs dans la conclusion de leur marché.

En attendant, il ne négligeait aucune occasion de

formuler devant lui des déclarations de principes. Il est inutile de dire qu'il avait compris la nécessité de modifier singulièrement les théories politiques qu'il partageait avec Beauplaisir, et de se mettre au point de vue d'Armand. Pour l'intéresser au succès de sa candidature, il exposait avec chaleur ses intentions revues et corrigées, à l'usage d'Armand; il s'animait en parlant de son rêve d'un gouvernement paternel et conciliateur; puis, prenant Armand par la flatterie, il lui disait qu'entre ses mains était le sort de son élection. Il avait aussi essayé de faire jouer un ressort bien puissant d'ordinaire, en faisant entendre à Armand que son intérêt personnel était attaché à ce que lui, Regis, parvînt à la députation, en lui faisant entrevoir tout ce qu'il pourrait attendre d'un homme qu'il aurait mis à même de le servir. Sa nomination, en même temps qu'elle était utile au pays, devait être la source d'une haute fortune pour l'imprimeur obscur.

Armand fronça significativement le sourcil quand M. Regis toucha cette corde. Celui-ci vit qu'il s'était trompé, et qu'il n'y avait rien à faire de ce côté-là. Il se reporta alors avec une force nouvelle sur la loyauté et la pureté de ses opinions politiques.

Armand écoutait froidement, sans se prononcer.

Le lendemain de son arrivée de Moulins au phalanstère, Beauplaisir sauta à bas du lit d'assez bon matin, courut à son coffre magique, le coffret de Peau-d'Ane, et procéda à sa transformation en dandy.

Souvent déjà Grouard avait assisté à ce changement à vue dont il ne comprenait ni le but ni les fils; et, bien qu'il sût à peu près que Beauplaisir allait dans le monde, cette explication ne lui paraissait pas suffisante. Il se brisait la tête à chercher quelles pouvaient être, hors du phalanstère, les mystérieuses occupations de Beauplaisir,

Chaque fois que la chenille déployait les ailes du papillon, Grouard restait ébahi, pétrifié.

A son étonnement habituel se mêlait ce jour-là une inquiétude vague.

Le *Marquis* venait de se lever en chantant à pleine voix un air de bravoure de quelque opéra italien.

Or, depuis plus d'un mois avant son départ, à peine Beauplaisir avait-il desserré les dents. Ses absences avaient été plus fréquentes et plus longues que jamais. Il rentrait fort tard, soucieux et sombre, comme si de graves intérêts l'eussent absorbé tout entier. Cet inattendu et bruyant éclat de gaîté ne pouvait manquer de faire réfléchir Grouard et de réveiller ses curieux soupçons.

Il était évident pour lui que Beauplaisir était satisfait de son voyage. Comme si ce n'était pas assez, tant Grouard, une fois lancé, allait loin dans ses observations, suppositions et déductions, l'arrivée de l'étranger qu'Éleuthère et lui avaient reçu la veille l'intriguait vigoureusement, et il n'était pas très-éloigné d'y voir une coïncidence mystérieuse avec le brusque changement opéré dans Beauplaisir.

Celui-ci était habillé. Il tira derrière lui la porte de la chambre en criant à Grouard:

— Je dîne en ville.

Et il descendit brusquement l'escalier.

Le poète se pencha sur le toit pour voir le chemin qu'allait suivre le *Marquis*; mais Beauplaisir était descendu trop vite: il ne put même l'apercevoir. Abandonnant alors, non sans peine, des recherches qui ne le conduisaient à rien, Grouard alla s'installer devant la table; ce meuble lui avait été cédé à l'unanimité par ses cohabitants. Mais, préoccupé, malgré qu'il en eût, de la sortie de Beauplaisir, il resta longtemps infécond, et ce ne fut qu'après avoir pétri une heure quelques idées dans sa cervelle qu'il parvint à les faire entrer dans le moule de son vers.

— M. Claudien Forget est chez lui, n'est-ce pas? cria Beauplaisir au concierge.

Celui-ci parut fort étonné, comme si c'était chose extraordinaire qu'un visiteur vînt demander Claudien. Il examina Beauplaisir et hésita longtemps avant de répondre. Il ne s'y décida que lorsque celui-ci, à force d'aplomb et d'adresse, fut parvenu à lui imposer, en déclarant qu'il savait positivement que Claudien, son ami intime, demeurait dans la maison, et l'attendait pour une affaire de la plus haute importance. Pour lui, en effet, cette visite était motivée par de graves intérêts et préparée depuis longtemps.

Pendant que le concierge donnait à Beauplaisir les indications de porte et d'étage, celui-ci fit tout à coup un brusque mouvement, et laissa échapper une exclamation de surprise.

Il venait d'apercevoir derrière les vitres du petit estaminet qui faisait face à la maison, à moitié cachée par le rideau soulevé, une figure bien connue qui l'observait. Il eut à peine le temps de la voir, car le rideau retomba sur-le-champ.

Cet incident jeta Beauplaisir dans un trouble tel, qu'il s'arrêta au premier étage pour rassembler ses idées et examiner ce qu'il devait faire d'après cette complication nouvelle.

Après quelques instants de réflexion, son visage s'éclaircit, et il monta d'un pas délibéré jusque chez Claudien.

Celui-ci, empressé de porter secours à Jeanne après le départ d'Armand, n'avait pas pris le temps de fermer la porte.

Beauplaisir entra.

Il traversa le cabinet servant d'antichambre, et se

présenta à l'entrée du petit salon. Il vit Jeanne assise sur le divan, et ne put retenir un mouvement de joie.

— Elle ici ! se dit-il. Le hasard me sert vraiment trop bien.

Claudien, à genoux près de Jeanne sur le tapis, les yeux fixés sur les siens, essuyait silencieusement avec ses lèvres les larmes qu'elle laissait échapper.

Après la scène qui venait d'avoir lieu, il leur eût été pénible de se communiquer leurs pensées ; ils n'avaient qu'à les lire dans leurs deux cœurs, si cruellement mis à jour.

Beauplaisir, qui s'était avancé sur la pointe du pied, recula d'un pas, et, remettant à un autre moment de tirer des déductions de ce qu'il voyait, il frappa trois légers coups sur la boiserie.

Claudien, étonné, se leva.

Beauplaisir entrait.

Il fut exquis de distinction discrète avec Jeanne, dont les joues pâles étaient devenues pourpres. Il n'y avait plus moyen de rien lui cacher ; mais, avec une finesse et une habileté ravissantes, il eut l'air de ne rien voir. Il parut profondément désolé de son indiscrétion, mais il ne s'en excusa pas. Il ne sembla ni s'étonner, ni rien apprendre.

Sans dire un mot qui eût trait à leur situation présente à tous trois, il rassura Jeanne par une affectation soutenue d'affectueuse bonhomie.

Claudien, qui avait, en l'apercevant, froncé le sourcil d'une manière terriblement significative, Claudien était désarmé lui-même par le ton simple de Beauplaisir, par l'explication singulière et cependant naturelle qu'il sut d'abord donner de sa visite.

— Je t'avais déjà pardonné, mon bon Claudien, dit Beauplaisir en lui serrant la main, d'avoir fait le mystérieux avec moi, quoique tu n'aies pas, crois-le bien, d'ami plus fidèle et plus sincère.

— Tu comprends... dit Claudien.

— N'en parlons plus. J'ai été pourtant bien vivement contrarié de ne savoir où te trouver ces jours-ci. Je suis enfin parvenu à découvrir ton adresse.

— Comment cela? dit Claudien.

— Ce serait trop long à te raconter, répondit Beauplaisir, et j'ai bien d'autres choses à te dire.

— Qu'y a-t-il? demanda Claudien, désireux de se débarrasser au plus vite de la présence de Beauplaisir.

— C'est un service que j'ai à te demander, répondit celui-ci ; mais ce sont des détails d'affaires, et je crains d'ennuyer madame.

Jeanne, sans lever les yeux, fit un signe négatif.

Claudien, qui l'avait regardée pour la consulter, dit à Beauplaisir :

— Je t'attends.

— Je viens te faire un emprunt, dit Beauplaisir, enchanté dans l'âme que Jeanne assistât à cet entretien. Je t'ai dit autrefois, et madame sait que je faisais la cour à M<sup>me</sup> de Sillerey. Aujourd'hui, ma position près d'elle est bien dessinée, bien établie : je suis agréé. Il ne s'agit plus, pour ainsi dire, que de signer. Maintenant, Claudien, nous n'avons pas besoin de nous rien cacher l'un à l'autre, et madame me pardonnera si, pour être bref, j'aborde nettement la question. Je touche à mon but, et pourtant je suis arrêté dans un étau de fer. Sans toi, je ne puis faire le dernier pas. Il y a les dépenses inévitables en pareil cas qui m'arrêtent. Je ne puis m'aviser de tomber un beau matin chez M<sup>me</sup> de Sillerey en apportant mes pantoufles et en disant : « Me voilà! » J'ai besoin d'une dizaine de mille francs au moins, et j'ai compté sur toi.

Claudien regarda fixement Beauplaisir, on ne peut plus surpris d'une telle demande à lui adressée.

— Tu es fou, répondit-il. Comment peux-tu t'imaginer que je sois à même de te donner dix mille francs ?

— Tu dois sentir, continua Beauplaisir sans s'arrêter à ce qu'il regardait comme un prétexte de non lieu, tu dois sentir toute l'importance de ce que je te demande. C'est pour moi une question de vie ou de mort.

— Mais je n'ai pas dix mille francs ; je ne les ai jamais eus.

— J'ai bien pensé que tu ne les aurais pas chez toi, à l'heure dite où je viendrais te les demander; mais tu peux me les faire trouver.

— Et où cela? demanda Claudien impatienté.

Beauplaisir resta un instant sans répondre.

— Je croyais que, dans un cas comme celui-là, reprit-il avec un air de confiance blessée, tu aurais fait pour moi ce que je ferais à ta place.

— Mais que puis-je donc faire?

— A ta place, continua Beauplaisir, il me semble que je trouverais bien autour de moi, si j'en avais envie, les moyens de tirer d'embarras l'ami qui s'adresserait à moi.

Claudien le regardait sans comprendre. Beauplaisir, promenant son regard, l'arrêta un instant, comme sans intention, sur Jeanne.

Claudien bondit sur sa chaise, étouffant sous cette insulte. Il fit un violent effort pour ne pas éclater.

— Je ne puis te procurer cette somme, dit-il glacialement à Beauplaisir.

— Mais.... insista celui-ci.

— Pas un mot de plus! dit Claudien les dents serrées. Je ne veux pas te demander compte de ce que tu viens de me dire. Tu pourrais agir autrement à ma place, je le sais fort bien; mais nos idées, tu le sais aussi, ne sont pas les mêmes. Est-ce tout ce que tu avais à me dire? demanda-t-il en se levant.

— Je ne te comprends vraiment pas, dit Beauplaisir sans vouloir s'arrêter à cette attaque. Laisse-moi t'expliquer...

— Mais qu'as-tu donc à la place du cœur? s'écria Claudien en se dressant de toute sa hauteur devant Beauplaisir, qui suivit son mouvement et se leva du même coup.

La colère de Claudien allait déborder : Jeanne lui lança un coup d'œil suppliant. Il se contint encore.

— L'amitié a de beaux priviléges! se contenta de dire Beauplaisir avec le plus grand calme. Mais ne déplaçons pas la question. Je suis venu te demander un service. Je pensais, je devais penser que tu pouvais me le rendre, sans qu'il t'en coûtât beaucoup. Mais si je me suis adressé à toi, ce n'a été que pour être à même d'épouser une femme que j'aime. Tout cela n'a rien que de fort simple et de fort honorable.

Ce qui, avec l'accentuation qu'y mit Beauplaisir, voulait dire tout simplement : « Tu te fais entretenir; moi, j'épouse : j'ai la morale pour moi. »

— N'en parlons plus, poursuivit Beauplaisir; nous ne nous sommes pas compris, voilà tout! Je n'ai plus qu'une demande à te faire. Je vais, en te quittant, aller chez un homme d'affaires que l'on m'a indiqué : il me faut trouver cet argent à tout prix. Je pense que tu ne refuseras pas de me prêter ton appartement pour traiter cette affaire.

— Vous vous trompez, dit sèchement Claudien : je refuse!

Beauplaisir le regarda quelques instants.

— *Vous* me refusez? dit-il avec ironie.

— Sortirez-vous enfin? s'écria Claudien hors de lui.

— Enfant! dit Beauplaisir avec un calme qui arrêta Claudien : ce que tu me refuses, dans un instant tu me prieras à genoux de l'accepter. Tu me chasses de chez toi, et vous étiez perdus tous deux si je n'étais venu. M. Regis attend, dans le café qui fait face à cette maison, que madame sorte d'ici.

— Mon Dieu! mon Dieu! murmura Jeanne en cachant son visage entre ses mains. Le châtiment déjà!...

— Est-ce vrai? dit Claudien atterré.

Beauplaisir ne daigna pas répondre à cette question.

— Ne perdons pas un instant! dit-il. Madame, je vous offrirai mon bras pour sortir de cette maison. Toi, va t'assurer de ton concierge : s'il n'a pas été interrogé, tout peut se réparer. Lorsqu'il sera prévenu et payé, je crois qu'on pourra compter sur lui. Dis-lui que je demeure ici, seul, tout seul, et qu'il a vu madame aujourd'hui pour la première fois. A ce prix, je puis vous sauver; je ne le pourrais autrement.

Claudien hésitait. Même dans ce moment terrible, il lui répugnait d'avoir une obligation à cet homme qu'il méprisait.

Jeanne le regarda avec désespoir; il descendit.

— Envoie aussi chercher une voiture! lui cria Beauplaisir.

Jeanne, accablée, pouvait à peine se soutenir.

Beauplaisir l'aida à compléter sa toilette. Quand elle fut prête, elle lui prit machinalement le bras.

Claudien rentrait.

— C'est fait, dit-il.

— Partons donc, dit Beauplaisir. Seulement, madame, veuillez prendre une contenance plus assurée, quand nous serons en bas surtout. Il le faut! Adieu, Claudien. Je ne t'en veux pas. Sois sans inquiétude : je réponds de tout!

Claudien prit la main que Beauplaisir lui tendait. Il ne pensait qu'à une chose : sauver Jeanne.

Il les suivit de l'œil jusqu'à la dernière marche de l'escalier.

Une voiture de place était arrêtée devant la maison.

Lorsque Jeanne s'y fut placée, Beauplaisir jeta par

la portière un regard oblique vers l'estaminet. Le petit rideau venait de retomber : il remuait encore.

— A merveille! dit Beauplaisir; l'identité a été bien constatée.

La voiture partit.

Jeanne était atterrée et ne pouvait parler. Le châtiment de sa faute commençait.

Beauplaisir la rassura. Il parvint, le premier moment d'angoisse passé, à lui faire envisager sa situation avec une sorte de sang-froid. Les émotions trop violentes laissent après elles l'esprit dans une sorte de torpeur qui lui permet de s'habituer à une position désespérée, et de chercher même les moyens d'en sortir.

Jeanne put enfin penser à remercier Beauplaisir de son étrange dévoûment, offert avec une si singulière abnégation.

Beauplaisir lui répondit qu'entre amis ces choses-là ne devaient pas étonner. Il se borna à se plaindre légèrement de Claudien.

— Claudien est extrême toujours et en tout, dit-il. Comment peut-il croire que j'irais lui demander une bassesse? Il ne s'agissait que d'une chose fort simple.

— Oui, dit Jeanne, si la volonté la plus ardente eût pu la rendre possible, car je n'oublierai jamais tout ce que je vous dois aujourd'hui. Auprès de mon mari seul je pouvais avoir cette somme; mais comment lui en expliquer l'emploi? comment la lui demander seulement? Je n'ai jamais exprimé une volonté ni seulement un désir devant lui, et aujourd'hui moins que jamais...

— Pensez-vous que j'aurais souffert.... dit Beauplaisir en renonçant forcément à un espoir impossible. (Jeanne était évidemment une femme dont on ne ferait jamais rien.) Ne connaissant pas la position actuelle de Claudien, je lui supposais des ressources qu'il n'a pas ; mais lui demander de s'adresser à vous, oh ! c'eût été odieux ! Mais, dit-il tout à coup et comme frappé d'une lueur subite, je pense à un parti beaucoup plus simple que tout cela. Je vais tout bonnement demander mes dix mille francs à M. Regis !

Jeanne le regarda avec surprise. Elle ne pouvait comprendre ce calme et cette facilité qui se jouent des obstacles.

— Mon Dieu ! oui ! dit Beauplaisir en réfléchissant. C'est clair !... Et, pour ce qui vous regarde, madame, reprit-il après un silence en relevant la tête, voici ce que vous direz à votre mari...

## X

#### Grouard baissé.

Après la sortie de Beauplaisir, nous avons laissé Grouard courant après la rime devant sa petite table. Le froid lui fit quitter la place, et, comme il n'avait pas de bois à brûler, il se coucha.

Mais, par malheur, lorsqu'il n'eut plus froid, la faim l'entreprit. Il quitta le lit pour dépister quelques croûtes de différentes dates oubliées dans les coins.

Puis il se recoucha, et, émondant avec un couteau son butin avarié, il commença un modeste déjeuner.

On frappa tout à coup à la porte, et, avant que Grouard eût eu le temps de dissimuler ses croûtes sous la couverture, il vit entrer l'inconnu de la veille.

— Je suis heureux de vous trouver seul, monsieur, lui dit celui-ci, car je viens causer avec vous.

— A vos ordres, monsieur, répondit Grouard en

s'étouffant avec une dernière bouchée, et en poussant dans la ruelle les reliefs de son festin.

Le cœur d'Armand saignait devant cette misère. Il eut l'idée d'emmener Grouard déjeuner. Ce qui l'arrêtait, c'était la crainte de blesser l'amour-propre de celui-ci par une invitation à brûle-pourpoint. Il se décida pourtant et, faisant un effort pour dérider son front, il dit au poète avec une certaine rondeur :

— Notre entretien peut être long, et j'ai grand'faim. Voulez-vous me faire le plaisir de déjeuner avec moi ?

Grouard puisa dans son amour-propre la force de résister quelques instants à cette invitation alléchante. Il parut ne céder que par condescendance, et s'habilla.

Comme ils descendaient :

— Diable ! dit-il tout à coup en rougissant malgré lui de ce petit mensonge, j'allais oublier d'avertir le propriétaire. J'attends quelques fonds ce matin, une centaine de francs... Il faut que je dise qu'on les reçoive pour moi.

Et il entra effectivement dans la salle de l'hôtel, en s'excusant auprès de son amphitryon de le laisser à la porte. Tout autre qu'Armand n'eût pu s'empêcher de sourire intérieurement en voyant tout le mal que se donnait Grouard pour ne pas être cru.

Ils arrivèrent chez un restaurateur de confortable apparence.

Armand commanda un menu suffisant pour calmer les inquiétudes d'estomac du poète.

Lorsqu'on servit, celui-ci avait déjà dévoré nonchalamment, et par manière d'acquit, le petit pain placé devant lui.

Après lui avoir laissé les premiers moments pour satisfaire à son appétit, Armand, que sa préoccupation poursuivait, dit à Grouard :

— Vous avez eu la complaisance de me donner hier l'adresse de Claudien, que j'ai vu ce matin. Vous êtes son ami ; je le suis aussi, et j'ai quelque chose à vous demander encore, vous donnant, au surplus, ma parole que ce n'est absolument que dans l'intérêt de Claudien. Connaissez-vous la femme qu'il a pour maîtresse ?

— Ma foi, non, dit Grouard. Il a été là-dessus très-discret avec nous. Beauplaisir en saurait peut-être là-dessus plus long que moi. Mais il est fin, et il serait difficile de lui tirer les vers du nez.

Le nom de Beauplaisir ne put frapper Armand. Il ne connaissait, en effet, Beauplaisir que sous le nom de Simons.

— C'est, d'ailleurs, répliqua sérieusement Armand, ce qu'il ne me conviendrait pas d'essayer.

— Pardon ! dit Grouard embarrassé, je voulais dire...

— Y a-t-il longtemps que Claudien connaît cette femme ?

— Je ne le sais pas davantage. Est-ce que vous ne buvez pas de vin, monsieur ?

— Je ne l'aime pas.

— Cependant, reprit Grouard, d'après... certaines choses... je crois qu'il peut bien y avoir six à huit mois... à peu près lorsque son oncle de Moulins lui a envoyé de l'argent.

Armand savait mieux que personne qui était l'*oncle de Moulins.*

— Ah ! fit-il avec un étonnement interrogatif.

— Oui, il est venu nous dire qu'il achetait des meubles...

— Et, dit Armand après un instant de silence, Claudien travaille-t-il ? a-t-il une occupation suivie ?

— Claudien ! Est-ce qu'il a le temps de travailler ? Il est toujours trop occupé à ne rien faire. Il est paresseux d'abord, et puis c'est un garçon qui en est encore à se chercher un but. C'est triste! ajouta solennellement le poète inédit en hâtant les morceaux.

— Mais alors comment vit-il? demanda Armand, qui ne voulait pas encore croire à ce qu'il avait vu.

Grouard, que sa langue avait souvent emporté trop loin, hésita un instant. Mais, regardant la physionomie honnête et franche de son amphitryon, il lui dit mystérieusement en se penchant sur la table :

— Je crois pouvoir vous parler à cœur ouvert, d'après l'intérêt que vous portez à Claudien... Vous ne buvez pas de vin, décidément?

— Merci.

Le poète jaugea du regard le fond de la bouteille et se résigna sans trop de peine à l'achever seul. Ses yeux étaient légèrement allumés.

— Eh bien, reprit-il, puisqu'il faut tout vous dire, il paraîtrait que cette femme *aide* Claudien. Beauplaisir me l'a donné à entendre.

Armand soupira douloureusement.

— Après cela, continua Grouard, peut-être ne faudrait-il pas croire tout à fait Beauplaisir... Il en veut à Claudien, qui, depuis qu'il nous a quittés, s'est montré très-froid avec lui et n'a même pas voulu lui dire son adresse. Et puis, voyez-vous, j'ai toujours eu l'idée que Beauplaisir pouvait connaître la femme de Claudien, et qu'il était pour quelque chose dans tout ça. J'ai souvent sondé Louise là-dessus, mais elle n'a jamais rien voulu me dire.

— Quelle est cette demoiselle Louise?

— Louise! dit cavalièrement Grouard, c'est ma maîtresse.

— Et vous pensez qu'elle connaît...

— Je l'ai toujours cru, parce que, voyez-vous, voilà comme tout cela a commencé...

Il raconta à Armand l'aventure de l'asphyxie, avec

quelques variantes, et en dramatisant, suivant son habitude, le petit rôle qu'il avait eu à jouer dans cet événement. Ainsi, c'était lui qui, aide de Claudien, avait arraché Louise à la mort, et, depuis ce jour-là, Louise — une petite vraiment charmante, disait-il, — était devenue folle de lui. Il en faisait tout ce qu'il voulait. En se résumant, et en réunissant diverses indications que sa curiosité naturelle et son indiscrétion lui avaient obtenues, Grouard pensait avoir de fortes présomptions pour croire que la jeune dame en noir et la maîtresse de Claudien n'étaient qu'une seule et même personne.

— Pourrais-je parler à cette demoiselle Louise ? demanda Armand.

— Parbleu ! dit Grouard, venez avec moi ; elle demeure à deux pas...

— Mais elle ne me connaît pas, et ma visite pourra l'étonner.

— Allons donc ! dit Grouard triomphateur, vous plaisantez. Avec moi !...

— Eh bien, allons-y tout de suite, dit Armand en soldant l'addition.

Grouard se mordait déjà les lèvres pour son imprudente invitation ; mais il ne pouvait plus reculer.

Le fait est qu'il n'avait jamais été l'amant de Louise et que, selon toute probabilité, il ne devait jamais l'être. Il avait débuté par être amoureux fou d'elle, comme de toute femme avec qui il pouvait se trouver en contact ; puis, comme on le sait, il l'avait tout à coup perdue de vue.

Quelques mois après, il l'avait rencontrée, et elle lui avait parlé. Après plusieurs rencontres, qu'il s'était peut-être ménagées, il était allé chez elle.

Louise, en le connaissant davantage, lui avait accordé d'autant mieux son amitié qu'elle le regardait comme un homme tout à fait sans conséquence et qu'on pouvait traiter sans façon.

Grouard avait été très-content d'accepter le peu qu'on lui donnait. Il gardait l'enfant quand la mère avait à sortir, et rendait à Louise de petits services de ménage, trop récompensé lorsqu'il disait à Éleuthère, en se rengorgeant avec un petit air d'insouciance :

— Je vais chez Louise ; je viens de chez Louise.

Et comme Louise lui disait depuis bien longtemps : « Pierre, faites ceci ; Pierre, allez me chercher cela ! » il s'était même une fois hasardé à lui dire à elle-même Louise tout court. Elle n'avait pas paru s'apercevoir de cette monstrueuse tentative.

Cette nuit-là, Grouard avait épanché trois sonnets sur l'*amour heureux*.

Il passait donc la plus grande partie de son temps auprès de Louise.

Dans la maison, au reste, la charité toute chrétienne des bonnes et des locataires des étages supérieurs lui faisait une part plus belle que celle de sigisbée honoraire.

Louise n'avait pas même l'idée qu'on pût soupçonner quelque chose entre elle et lui, et Grouard laissait chuchoter, l'heureux coquin !

Ils étaient arrivés.

— Y a-t-il quelqu'un là-haut? demanda lestement Grouard au portier.

— Donne la clé à M. Pierre, dit le portier à sa femme ! tu vois bien que je suis occupé. — M<sup>lle</sup> Louise est sortie, dit-il à Grouard. Elle a dit que vous l'attendiez et que vous fassiez boire le petit. Il y a du lait en bas de l'armoire.

— C'est bon ! c'est bon ! répondit vivement Grouard, assez mortifié de recevoir ces instructions devant Armand.

— Ah! dites donc, monsieur Pierre ! cria le portier à Grouard qui s'en allait, M<sup>lle</sup> Louise a dit aussi que vous fassiez sécher les couches du petit.

Grouard était écarlate.

— Bien! mon brave! dit-il au portier de sa pleine voix de basse.

Et il précéda Armand en faisant sonner ses talons sur les marches.

— Il t'a appelé *son brave,* ton M. Pierre, dit la portière au portier. Tu te laisses appeler *mon brave* par ce monde-là, toi? J'avais fièrement envie de le retourner un peu, ce grand...

Elle chercha une épithète et n'en put, à ce qu'il paraît, trouver d'assez véhémente pour rendre sa pensée, car sa phrase resta suspendue.

Le portier aimait beaucoup Grouard, qu'on appelait dans la maison M. Pierre, et qui, disait-il, était un bon enfant.

Mais la portière, comme pour ne pas faillir à l'animadversion instinctive que Grouard inspirait généralement au beau sexe, la portière avait voué au poète une haine féroce, une véritable haine de portière.

La barbe inculte, les longs cheveux hérissés et l'allure étrange de Grouard avaient peut-être motivé cette antipathie de crocodile.

Grouard avait d'abord tâché, mais en vain, d'apprivoiser son ennemie, qu'il craignait comme le feu et qui ne négligeait avec lui aucune occasion d'insolence sanglante.

Pour la contenir, il l'enveloppait de son regard le plus majestueusement sombre, le plus fatalement dominateur : c'étaient peine et regards perdus.

— Ce bonhomme est fort drôle! dit Grouard avec un sourire forcé, en introduisant Armand dans la chambre de Louise. — Prenez donc la peine de vous asseoir.

Et le poète courut vers un berceau où un petit enfant maigre et chétif venait de s'éveiller et criait. Il lui donna à boire. L'enfant se tut.

— Quel âge a *votre* petit enfant? demanda Armand.

Grouard était dans une trop belle récolte de mensonges pour ne pas cueillir encore celui qu'on lui mettait si bénévolement sous la main. Il n'eut pas le courage de récuser la paternité.

— Il a sept mois, répondit-il, un peu ému en songeant à l'abîme d'impostures dans lequel il s'enfonçait jusqu'au cou, tandis que l'arrivée de Louise pouvait, d'un moment à l'autre, faire tout découvrir.

Il cherchait dans sa tête un moyen pour prévenir cette catastrophe et éloigner Armand.

Celui-ci s'aperçut que l'allure de Grouard perdait sensiblement de son laisser-aller et devenait d'instant en instant plus gênée et plus contrainte.

Louise, d'ailleurs, ne se pressait pas de rentrer. Il allait se retirer lorsqu'on frappa à la porte.

— Je suis flambé! pensa Grouard, croyant que Louise arrivait.

Il alla ouvrir.

Ce n'était pas Louise; c'était une jeune femme dont la tournure et la mise simple semblaient indiquer une femme de chambre. Elle parut tout interdite en voyant deux hommes devant elle.

— Mademoiselle Louise? demanda-t-elle.

— C'est bien ici, mademoiselle, dit Grouard. Elle est sortie pour le moment.

— Je lui apportais une lettre...

— Je la lui remettrai, dit Grouard en prenant la lettre.

La jeune femme la suivit de l'œil dans les mains de Grouard et parut indécise.

— C'est que... c'est à elle-même...

— Oh! mademoiselle, dit Grouard avec aplomb et se tournant vers Armand, vous pouvez être certaine que c'est la même chose!

Elle se retira.

Grouard mit la lettre sur la cheminée. Il y eut un instant de silence.

Armand, profondément préoccupé, songeait à ce que Louise pourrait lui apprendre.

Grouard regardait, immobile, la lettre sur la cheminée ; puis il la prenait, la tournait et la retournait entre ses mains.

L'inviolabilité du cachet avait à lutter contre trois ennemis vivaces, acharnés : l'indiscrétion naturelle de Grouard, sa jalousie, et cette vantardise qui lui avait déjà fait faire tant de faux pas. Il lui semblait qu'Armand, qui ne pensait guère à lui en ce moment, devait s'étonner de ne pas le voir lire cette lettre.

Une circonstance tout à fait accidentelle vint porter le dernier coup : le cachet, peut-être mis précipitamment, se rompit.

La lettre était ouverte.

Grouard regarda Armand et déplia le papier d'un air délibéré. Mais, dès les premières lignes, sa physionomie prit la plus singulière expression d'étonnement. Cette lecture semblait bouleverser toutes ses idées.

— Qu'avez-vous donc? lui demanda Armand.

— Voilà bien, répondit Grouard, la chose la plus extraordinaire... Qu'est-ce que cela veut dire?...

Puis, réfléchissant qu'il en avait trop dit pour ne pas pousser la confidence plus loin :

— Tenez, lisez, dit-il à Armand en lui présentant la lettre.

Armand lut à haute voix ce qui suit :

« Ce soir, à sept heures, il part... Viens à l'hôtel, — à l'hôtel, tu m'entends bien? — A onze heures, pas avant !

« Tu n'auras qu'à pousser la petite porte de l'enclos, qui sera ouverte. Je serai là.

« Oh ! mon ami, quelle affreuse scène depuis toi !..

« Deux heures.

« Il faut partir, partir tous deux, — tout de suite. Jamais je ne pourrai revoir cet homme.

« A peine croyais-je avoir le temps de t'écrire ces trois lignes. J'ai quelques instants encore.

« Il n'était pas revenu lorsque je suis rentrée. J'ai couru me renfermer chez moi, et je me suis mise au lit. Il est arrivé presque aussitôt. Je l'ai entendu venir. Cécile lui disait :

« — Mais, monsieur, madame est malade; elle re-
« pose en ce moment. »

« J'ai espéré un instant; mais il est entré.

« Il m'a parlé pendant une heure... J'ai cru mourir cent fois... Il m'a dit que j'étais la maîtresse de ce Beauplaisir. — Comprends-tu cela? — Je n'ai rien répondu.

« Il était livide... Si tu avais vu cette fureur concentrée et froide... Oh! mon ami, il faut partir bien vite; je ne puis plus rester ici! Il m'a traitée comme la dernière des créatures! Il m'a parlé de ma sœur : que sais-je ce qu'il m'a dit! Je n'ai pas répondu un seul mot. J'étouffais... A la fin, je me suis trouvée mal. Je pense qu'il a eu peur, car j'ai cru le voir encore s'approcher vivement de moi... Puis il a sonné. Quand je suis revenue à moi, il n'était plus là.

« Cécile vient de me dire que l'autre — Beauplaisir — est dans son cabinet avec lui. Je crois que cette fille se doute de ce qui se passe... Je suis brisée, anéantie!

« Cécile revient. — Il part toujours, car il a envoyé demander des chevaux pour sept heures. Elle est accourue m'annoncer cela mystérieusement. — Sens-tu bien tout ce que je souffre?

« Ce Beauplaisir me fait peur. Je n'aime pas cet homme-là...

« Tu pousseras la porte de l'enclos, au fond du jardin, tu sais! J'aurai la force de m'y traîner. — N'oublié-je rien ?

« Oh! mon ami, qu'il faut t'aimer! »

Grouard et Armand s'entre-regardèrent.

Armand sentait qu'un intérêt puissant pour lui était en jeu dans cette lettre, et qu'un mot allait maintenant suffire pour tout lui apprendre et le guider.

Grouard se cassait la tête, et, d'instant en instant, comprenait de moins en moins.

— C'est étrange! disait-il en regardant pour la dixième fois la suscription de la lettre. Il n'y a pas eu erreur; il y a bien là : « A mademoiselle Louise Royer. » Bien qu'il n'y ait pas de signature, je crois qu'on peut, sans témérité, affirmer que c'est une femme qui a écrit cela... D'un autre côté, je suis convaincu d'être le seul homme qui vienne ici. Y comprenez-vous quelque chose, vous, monsieur?... Ah! dit-il tout à coup en exclamant, comme si une lueur subite venait l'éclairer.

Et il relut précipitamment la lettre d'un bout à l'autre. — Il venait de lui passer par le cerveau la pensée baroque que l'épître pouvait peut-être bien lui être adressée, à lui, Grouard. Il n'eut garde de faire part à Armand de cette supposition que déroutaient sensiblement plusieurs passages de la lettre.

— C'est bien sûr une femme qui me connaît, se disait-il, puisqu'elle parle de Beauplaisir. — Cet animal-là se fourre partout! — *Quelle affreuse scène depuis toi...* — Depuis moi? — *Cette fille* — la Cécile — *se doute de ce qui se passe.* — Ce doit être sa bonne... Ce sont des gens comme il faut, à ce qu'il paraît... Cependant je vois ici : *Viens à l'hôtel!* — A l'hôtel!... des gens qui demeurent en garni, qui ont une bonne — la Cécile — et qui demandent des chevaux !... Qui diable ça peut-il être ? Si Beauplaisir était là !...

Et il regardait encore la suscription de la lettre.

— Si c'était pour moi, cependant, on n'aurait pas mis : *A mademoiselle Louise...* Cependant... Décidément, ça n'est pas pour moi. — Mais qu'est-ce que cela veut dire ?

Cette lettre, le lecteur l'aura deviné sans doute, était adressée à Claudien.

Jeanne, après avoir sauvé Louise et son enfant, n'avait pas voulu laisser son œuvre incomplète. Elle avait acheté à cette malheureuse femme un mobilier modeste, mais suffisant, et avait dès ce moment subvenu à ses besoins. En venant en aide à une autre infortune, elle avait trouvé une mélancolique consolation à ses propres chagrins. Le malheur, comme le bonheur, rend l'âme meilleure : c'est dans le calme plat que le cœur est tiède et indifférent.

M$^{me}$ Regis avait voulu mettre Louise au-dessus d'une seconde faute, et peu à peu une espèce d'intimité affectueuse s'était établie entre ces deux femmes, autant du moins qu'elle pouvait exister entre elles. Il y avait chez Louise une reconnaissance sans bornes pour M$^{me}$ Regis, un dévoûment presque fanatique ; et, comme toutes les femmes ont cette intelligence particulière qui leur fait comprendre le cœur des femmes, la fille déchue avait compris qu'elle souffrait moins que sa bienfaitrice.

Lorsque les nécessités de sa position firent par la suite à Jeanne un besoin de confier à Louise le secret de sa vie, celle-ci la servit avec une sorte de ferveur. La reconnaissance étendait la pensée dans cette âme étroite et l'épurait. Ce mobile, si puissant pour les femmes, l'accord de défense contre l'ennemi commun et le ressentiment qu'elle ne pouvait manquer d'avoir de l'odieuse conduite du banquier, l'influencèrent à peine secondairement dans l'aide qu'elle prêta à M^me Regis.

L'immense affection qu'elle lui avait vouée suffisait, et au delà, pour la faire agir. Nous croyons inutile de dire que Louise ne pouvait être arrêtée par la nature du rôle qu'elle jouait. Il est des questions de moralité qu'avec son éducation la pauvre fille ne pouvait comprendre.

Elle servit donc d'intermédiaire entre Jeanne et Claudien. Leur secret ne pouvait être mieux confié qu'à elle, et il fallait un coup du hasard comme celui qui venait d'arriver, pour que Grouard pût mettre le nez dans leur confidence.

Afin d'éviter tout soupçon, tout commentaire d'un domestique, M^me Regis adressait à Louise les lettres qu'elle écrivait à Claudien et les lui faisait remettre par sa femme de chambre, qui avait plusieurs fois porté du linge, de l'argent et des provisions pour la mère et l'enfant.

Grouard était resté plongé dans ses réflexions, l'œil braqué sur l'épître mystérieuse.

Un nouvel incident vint brusquement le tirer de sa contemplation. Une clé tourna bruyamment dans la serrure, et Louise apparut.

Elle salua l'étranger avec une certaine curiosité et en interrogeant Grouard du regard. Elle vit celui-ci horriblement mal à l'aise. Avec sa perspicacité de femme, elle aperçut du premier coup d'œil la lettre qu'il essayait de cacher jusqu'à ce qu'il eût pu dissimuler les preuves de son indiscrétion.

— C'est une lettre pour moi? dit-elle en le regardant entre les deux yeux et en lui prenant le papier d'entre les mains.

Les longues jambes de Grouard flageolaient sous lui.

Louise jeta les yeux sur la lettre et devint pâle de colère.

— Monsieur Pierre, dit-elle, ne vous avisez jamais de remettre les pieds ici...

Elle prit brusquement le chapeau de Grouard, le lui jeta entre les mains, et courut ouvrir la porte.

Armand s'était déjà levé, assez contrarié, au milieu des pensées plus graves qui l'occupaient, d'assister à une scène de cette nature.

Grouard le suivit, l'oreille basse. Louise éclatait en reproches insultants, d'autant plus sanglants pour Grouard qu'ils établissaient irréfragablement pour Armand tout l'exquis du platonisme de ses amours.

La porte se referma sur eux avec violence.

— Elle est un peu vive, dit piteusement Grouard. C'est drôle! Ordinairement, je lisais tout ce qui arrivait là-haut.

— Il paraît que c'était sans autorisation, répondit Armand en le saluant avec froideur.

Grouard, contristé, déconfit, resta quelques instants dans la rue, devant la maison, l'œil fixe, ne sachant que faire...

Il vit Louise, tenant à la main la fatale lettre, passer rapidement à côté lui.

## XI

#### Cours de stratégie à l'usage du monde.

En apercevant M. Regis dans le petit estaminet du Marais, Beauplaisir ne put douter qu'il ne fût là en observation. Ceci compliquait singulièrement la situation.

Beauplaisir n'avait qu'un but en venant chez Claudien : lui faire connaître qu'il était en possession de son secret, et dès lors l'intéresser au succès de ses plans, en obtenant de lui la somme dont il avait besoin pour se constituer un domicile réel et parer aux nécessités imprévues que sa position précaire pouvait amener.

Lorsqu'il aperçut le banquier, il fut évident pour lui que celui-ci avait surpris le secret de Jeanne.

Malgré sa pénétration, et quoiqu'il n'eût pas quitté M. Regis pendant le voyage, Beauplaisir ne s'était même pas douté que celui-ci eût des soupçons. Il s'agissait de deviner maintenant si M. Regis savait tout et s'il connaissait Claudien.

Avec sa promptitude habituelle de réflexion, Beauplaisir jugea que, si M. Regis était entièrement au fait, sa présence dans ce lieu serait à peu près inexplicable. Qu'y serait-il venu faire? Un homme d'énergie et de résolution, comme l'était le banquier, devait agir immédiatement sur une certitude. Il était évident, dans la pensée de Beauplaisir, que M. Regis était venu voir si ses soupçons étaient fondés et constater la faute de Jeanne, pour prendre une décision sur ce qu'il aurait appris.

Beauplaisir ne se trompait pas dans ses conjectures.

M. Regis observait depuis longtemps sa femme. Il avait remarqué sa conduite mystérieuse, ses absences fréquentes et nouvelles.

Jeanne n'était pas arrivée encore au point de masquer ses impressions et sa vie d'un voile impénétrable.

Le banquier avait été frappé de son trouble lorsqu'il était arrivé de Moulins, sans avoir annoncé son retour. Ce fut pour lui presque une certitude. Il fit suivre Jeanne et put s'assurer qu'il ne s'était pas trompé. Mais sa surprise fut grande lorsqu'il vit sa femme sortir avec Beauplaisir. L'effet attendu par celui-ci réussit :

le banquier fut dérouté complètement. Cette découverte bouleversa toutes ses présomptions, toutes ses conjectures sur sa femme, et principalement sur Beauplaisir.

Pour Beauplaisir, la partie se présentait sous une nouvelle face. Il ne recula pas devant un trait d'audace qui lui présentait des chances heureuses, et il se présenta le jour même chez le banquier, qui ne se trouva point à Paris.

Beauplaisir, sans perdre de temps, courut à Montrouge.

Son caractère doit être assez connu maintenant pour qu'il soit inutile de dire qu'il prépara Jeanne, en la reconduisant, à toute péripétie imprévue, et qu'il se servit auprès d'elle de son influence de sauveur et d'homme tutélaire pour réagir sur M$^{me}$ de Sillerey.

Beauplaisir de Simons entra, sans s'être fait annoncer, dans le cabinet de travail de M. Regis.

Le banquier était fort occupé en ce moment à parcourir des papiers, qu'au léger bruit de la portière soulevée par Beauplaisir il serra avec quelque précipitation. Puis il se retourna.

Un étonnement assez vif se peignit sur sa physionomie, qui reprit presque aussitôt son calme et sa froideur habituels.

Bien évidemment la visite de Beauplaisir était tout à fait inattendue de lui.

Sans se lever, sans même inviter par un signe Beauplaisir à s'asseoir, il le regarda fixement, comme un homme qui attend et qui ne veut que répondre.

Beauplaisir ne se montra pas gêné le moins du monde par la froideur glaciale de cet accueil. Après avoir salué avec la plus grande aisance M. Regis, et débité d'aplomb quelques formules banales de politesse, il avança un fauteuil près du bureau de M. Regis et s'assit carrément.

— Je viens vous déranger, dit-il agréablement et en donnant une chiquenaude sur son gilet de satin; mais j'avais à causer d'affaires avec vous. C'est une preuve de confiance que je vais vous demander. Monsieur Regis, voulez-vous me prêter dix mille francs?

Le banquier regarda longuement son interlocuteur, comme pour s'assurer si celui-ci était bien dans son bon sens, ou s'il ne se permettait pas par hasard un persiflage des plus imprudents.

Beauplaisir soutint sans le moindre embarras l'examen de ce regard. Voyant que M. Regis ne se pressait pas de répondre :

— Je vous fais à l'improviste une demande qui vous étonne peut-être, dit-il. Mais, bien que je ne me sois jamais occupé de ces choses-là, je sais qu'en affaires il faut des garanties, et je vous offre ma signature à six mois.

Ici, M. Regis se leva et s'avança vers la porte de son cabinet, comme pour être mieux à portée d'indiquer à Beauplaisir par où l'on sortait.

Beauplaisir le suivait des yeux, son plus doux sourire sur les lèvres.

Le banquier revint brusquement vers lui, les sourcils froncés.

— Il faut avouer, dit-il avec un sourd éclat, que ce serait, en effet, chose bizarre, mais toute ordinaire, que l'amant de la femme empruntât de l'argent au mari. Vous ignorez donc, monsieur de Simons, qu'il y a chez moi dix domestiques dont les épaules sont plus larges que les vôtres ?

Beauplaisir eut ici besoin de toute cette habileté qu'il possédait à un si haut degré pour ne paraître ni trop surpris, ni pas assez.

Tout le mépris, toute la froide colère que M. Regis avait mis dans sa dédaigneuse menace glissèrent sur son visage sans y faire vibrer un muscle. Il se leva lentement, et, s'approchant de M. Regis :

— J'aurais toujours pensé, dit-il avec une certaine solennité, que la haute vertu de M^me Regis la devait mettre à l'abri de tout soupçon. J'aurais cru aussi, et cela je le croyais encore il n'y a pas une minute, que nul n'oserait dire en face à Beauplaisir de Simons ce que vous venez de me dire, monsieur. Je vais vous surprendre grandement à mon tour, après votre insulte aussi gravement positive et aussi gratuite, car je vais commencer par vous en demander le motif. Peu m'importe ce que vous pourrez, quant à présent, penser de la conduite que je tiens en ce moment. Mais je crois devoir à mon honneur de défendre, *avant tout*, une femme pour laquelle j'ai le plus profond respect et les plus hauts sentiments d'estime. J'espère, monsieur, que, devant ma modération, vous ne vous refuserez pas à me faire connaître immédiatement d'où vient la calomnie et qui j'ai à punir.

— Il n'y a ni calomnie à poursuivre, ni calomniateur à punir, répondit le banquier avec une dédaigneuse ironie. Il y a un témoin, et un témoin que vous ne récuserez pas, car ce témoin, c'est moi!

— Vous?

— Vous avez reçu ce matin chez vous la visite de M^me Regis. Je vous ai vu sortir avec elle dans une voiture de place. Ne cherchez pas à m'en imposer par cette affectation de dignité blessée.

Beauplaisir se mit à rire.

Le banquier le regarda avec stupéfaction.

— Voilà ce que c'est, dit Beauplaisir du ton de la plus parfaite indifférence, voilà ce que c'est que de prendre trop de précautions : on ne réussit pas. — Monsieur Regis, reprit-il beaucoup plus gravement, nous sommes vis-à-vis l'un de l'autre dans une situation des plus sérieuses et avec des intérêts tout différents. Je vais vous parler avec la franchise la plus absolue, me mettre à nu devant vous. Au surplus, vous qui savez juger les hommes, vous devez me connaître déjà; vous devez savoir quel est le but où je vise et les moyens d'y parvenir que je me suis proposés.

M. Regis répondit affirmativement par un geste de souverain mépris.

— Bien! dit Beauplaisir en laissant à peine finir le geste commencé. Mais une confession générale est pourtant nécessaire. Je suis ce qu'on pourrait dire un homme de confort et de jouissances. Mais je n'aime pas les jouissances mystiques et cachées. Il me faut les joies larges, le bien-être sans limites de l'homme riche et posé. La femme, pour la femme, n'est rien pour moi. Que ferais-je d'un amour impositif? A d'autres sots! Je sais depuis bien longtemps une vérité bien grande : il n'y a pas que les chevaux qui se battent quand il n'y a pas de foin au râtelier. En additionnant deux misères, on ne fera jamais un bonheur. Ceci est la théorie. Maintenant, en action, vous avez suivi, depuis deux ans bientôt, mes progrès auprès de M^{me} de Sillerey. Mon nom, qui, dans une mansarde, ne m'est pas plus utile qu'un trésor caché sous une pierre, mon nom deviendra un capital important quand il sera flanqué seulement de vingt mille livres de rente. J'ai un zéro à bien placer. Et comment avez-vous pu penser que j'irais, moi, moi! pour de petites satisfactions d'amour éthéré, m'exposer à perdre mes études et mes travaux de deux années, à mon âge, moi qui n'ai que ma jeunesse pour tout patrimoine, quand chaque jour qui passe sans fruit emporte avec lui un lambeau de mes ressources, de ma fortune?

Regis écoutait avec un calme de glace.

Beauplaisir continua :

— Aurais-je pu espérer que, malgré toutes les précautions de circonstance, M^{me} de Sillerey ignorerait une intrigue liée avec sa sœur, surtout quand, sur le moindre soupçon, elle aurait eu un tel intérêt à le savoir? Et comment voulez-vous que M^me Regis elle-même, qui sait vingt fois pour une que je cherche à épouser sa sœur, que M^me Regis, à qui vous l'avez dû dire cent fois, puisque vous m'avez deviné, comment voulez-vous que M^me Regis puisse m'honorer d'un sentiment... intime? Car c'est d'un amour partagé que vous m'accusez. Croyez-vous que M^me Regis soit femme à se contenter d'une moitié de cœur et à en laisser l'autre moitié à sa sœur par le plus ignoble arrangement? Allons donc! Mais réfléchissez donc un peu sur moi, vous qui savez réfléchir; réfléchissez sur elle.

La justification de Beauplaisir ne fit, à ce qu'il parut du moins, aucune impression sur M. Regis. Il conserva le ton qu'il avait pris au commencement de cette scène et dit, en cherchant à travers les yeux de Beauplaisir à lire au fond de son cœur :

— Je serais curieux alors de savoir ce que M^me Regis a pu aller faire chez vous ce matin?

— Je vous ai promis, répondit Beauplaisir avec l'accent le plus sincère, de vous dire toute la vérité. Cette visite, dans laquelle M^me Regis comptait trouver sa sœur en tiers, — je le lui avais dit du moins, dans la crainte qu'elle ne vînt pas, — cette visite n'était que l'avant-propos de la conversation que je vais tout à l'heure avoir avec vous. Une étrange et fatale circonstance avait mis M^me Regis en possession de mon secret; elle connaissait ma véritable position : elle savait, aussi bien que je le sais moi-même, que je suis sans fortune, sans ressources, sans même avoir le pain qu'il faut pour vivre.

— Et comment M^me Regis a-t-elle été mise au fait des mystères, si bien cachés par vous, de votre intérieur?

— Ce serait une longue et singulière histoire à vous raconter, dit Beauplaisir avec un sourire un peu haineux. (M^me Regis lui avait appris dans le fiacre ce qu'il n'avait pu deviner seul.) Mais je me suis toujours peu soucié d'une vengeance inutile, ajouta-t-il comme à part soi... M^me Regis savait tout, vous dis-je. Elle m'avait vu dans un autre monde que celui-ci et dépouillé de la peau du lion. Nous nous étions rencontrés dans la plus pauvre mansarde du plus pauvre quartier de Paris, dans un grenier voisin de mon grenier. C'était justement le dernier jour que j'avais à habiter mon misérable trou, car, à force de mouvements, je m'étais créé un chez moi, celui que vous connaissez, et mon appartement devait être prêt le lendemain. Mais je ne vous ai pas dit ce que M^me Regis venait faire dans la rue Jean-de-Beauvais, et j'ai promis de tout vous dire. Elle venait voir là une femme qu'elle ne connaissait pourtant pas, je pense.

— Quelle femme ?

— Une femme qui porte le nom de Louise, répondit Beauplaisir sans paraître triompher le moins du monde ; une pauvre fille qui avait été, m'a-t-on dit, honteusement séduite et plus honteusement abandonnée. Cette malheureuse venait d'être mère et mourait avec son enfant, faute d'un peu de pain. M^me Regis venait lui en apporter.

— Mais tout cela ne m'apprend pas...

— Voici : M^me Regis pouvait dire à sa sœur que j'habitais un galetas près de la place Maubert, et que c'était tout au plus si je possédais une chemise. J'étais perdu. Je sollicitai de M^me Regis une entrevue. Comme une explication exigeait du temps et qu'elle ne pouvait avoir lieu dans l'endroit où nous nous trouvions, j'obtins de votre femme qu'elle viendrait chez moi quelques jours plus tard. Un délai était nécessaire pour qu'elle pût chez vous préparer sa sortie, et, de mon côté, je voulais aussi attendre de pouvoir la recevoir autre part que dans le taudis où nous nous étions vus.

Jusque-là, je lui demandai le secret le plus absolu sur notre rencontre. Elle dut me le garder d'autant mieux que son propre intérêt était de me le demander elle-même. Vous comprenez de quelle importance il était pour moi de réhabiliter, pour ainsi dire, ma misère aux yeux de votre femme ; de lui prouver que, quelques avantages que dût m'apporter mon union avec M^{me} de Sillerey, M^{me} de Sillerey ne faisait pas non plus tout à fait un marché de dupe. Il fallait lui dire tout ce que je vous disais tout à l'heure, et qui est vrai, que mon nom, sans puissance et sans crédit aujourd'hui, aura, soutenu de la fortune de M^{me} de Sillerey, du crédit et de la puissance, assez, au moins, pour lui rendre ce qu'elle me donnera. « Votre sœur, lui ai-je dit, mettra tout simplement des fonds dans une entreprise sûre qui dormait faute de commanditaire. Le raisonnement était trop simple pour que M^{me} Regis ne fût pas convaincue. Je lui parlai ensuite et surtout de mon amour sérieux et profond pour M^{me} de Sillerey. Ce dernier argument me fit presque un ami d'un allié douteux, qui pouvait même se tourner contre moi. C'est alors que je me suis déterminé à me servir du hasard qui avait forcément provoqué de ma part toutes ces confidences. Je dis à M^{me} Regis que, dans l'intérêt même de sa sœur, celle-ci ne devait pas ouvrir les yeux, et qu'il fallait laisser ma position actuelle dans ce nébuleux demi-jour de médiocrité qui augmentait peut-être même mes chances, tandis que le voile, déchiré tout à coup, laisserait voir un tableau trop repoussant. Je lui ai dit enfin qu'il me fallait impérieusement quelques milliers de francs pour faire figure jusques et y compris le jour de mon mariage. Je la priai de vous sonder à cet effet, car je pensais à m'adresser à vous ; et voilà toute l'explication que j'avais à vous donner.

M. Regis avait écouté Beauplaisir avec attention et

sans faire un mouvement. Il allait parler; celui-ci l'interrompit.

— Quelques mots encore, dit-il, et je vous demande ici l'attention la plus sérieuse. Maintenant, la glace est rompue : je me suis dévoilé à vous des pieds à la tête ; il vous répugnerait peut-être d'en faire autant. Je vais parler pour vous, d'autant mieux que l'événement a remué jusqu'au fond bien des choses. Il me permettra en ce moment de simplifier la question, et nous allons jouer cartes sur table. Vous êtes ambitieux, monsieur Regis, et vous avez raison de l'être. Vous pouvez être député. La députation mène loin un homme tel que vous, qui avez remarqué depuis longtemps que les ministères se trouvent presque tous situés à côté du palais Bourbon. Vos opinions sont telles que tout bon gouvernement doit les appuyer dans son propre intérêt. Vous ferez de l'opposition tout juste ce qu'il faudra pour que le parti de l'opposition vous appuie d'un côté ; la préfecture vous épaulera de l'autre. Votre mariage avec M$^{me}$ Regis, que tant de gens n'ont pas entièrement compris, a été de toutes façons un coup de maître, car il vous a rapproché de la troisième grande fraction politique. Mais tout cela peut vous manquer encore ; et la preuve que vous le savez fort bien, c'est que vous avez retardé jusqu'à ce jour de vous présenter aux élections. Une première partie perdue à ce jeu-là peut avoir une grande influence sur toute une carrière, et vous avez été assez habile pour ne vouloir jouer qu'à coup sûr. Eh bien ! ce dernier appui qui vous assure le succès, ce qui vous manque, je vous l'offre, moi. M$^{me}$ de Sillerey ne voit que par vos yeux. D'un mot, vous pouvez me faire votre beau-frère. Mettez-moi dans la route, et je vous ferai marcher. La fortune de M$^{me}$ de Sillerey entre mes mains, je prends aussitôt la position à laquelle j'ai droit de prétendre. D'ici aux élections, nous avons le temps. Une année devant nous, c'est immense. Aussitôt marié, — et, par vous, je puis l'être dans un mois, — je cours m'établir dans l'Allier, où, vous le savez, M^me de Sillerey a de grands biens. Je renoue les fils rompus ou égarés de ma famille ; je fais jouer toutes mes ressources, et vous avez pu voir que je sais utiliser même ce que je n'ai pas. Quand une roue est embourbée, le premier pas est le plus difficile. Après, tout s'aplanit. Épaulez mon premier tour de roue de quelques mots et de dix mille francs. Il y a un homme qui vous effraie. Vous échouerez, vous, contre lui...

Regis le savait déjà, car, en renonçant à tout espoir de ce côté, il repartait pour Moulins le soir même, afin de s'assurer d'autres ressources.

— Cet homme-là, dit Beauplaisir, je me charge d'en faire pour vous un allié puissant, ou au moins d'obtenir sa neutralité. Je saurai bien, je vous en réponds, trouver un joint pour arriver jusqu'à lui. Il y a inévitablement chez tout homme un côté faible ; il ne s'agit que de le découvrir : je le découvrirai. Et maintenant je n'ai plus besoin, je pense, de vous répéter qu'un homme pressé d'arriver ne s'amuse pas à cracher dans l'eau, et que je n'ai pas le temps de m'amuser en route à des amourettes.

M. Regis réfléchissait.

Le plan que lui soumettait Beauplaisir présentait d'heureuses combinaisons, et il ne manquait pas de moyens pour s'assurer contre la défection, possible plus tard, de l'homme qui se livrait aussi entièrement à lui. Il avait le beau rôle dans toute cette affaire.

Beauplaisir dépendait de lui ; Regis dominait la situation ; il pouvait dicter les conditions, imposer ses volontés. Tout était avantageux pour lui dans ces arrangements.

La question du mariage de Beauplaisir avec M^me de

Sillerey, question que celui-ci n'avait pas même osé effleurer dans ce sens, se résolvait enfin selon les plus secrets et les plus ardents désirs du banquier. — Il haïssait M^me de Sillerey de toute la force de l'amour qu'il avait jadis eu pour elle; la jalousie était impossible : il avait, au contraire, accueilli et caressé Beauplaisir, parce que Beauplaisir était tout l'espoir de sa vengeance.

Si Beauplaisir épousait M^me de Sillerey, Regis devait être terriblement vengé.

Il est assez naturel que toute la perspicacité de Beauplaisir n'eût pas deviné cela.

Quant aux soupçons du banquier, Beauplaisir s'était montré trop à découvert pour qu'il restât là-dessus quelque doute. Bien évidemment, Beauplaisir n'était pas l'amant de M^me Regis. Mais ces soupçons devaient avoir de sérieux motifs, car il n'était pas moins évident, pour M. Regis, après cette conversation comme auparavant, que sa femme l'avait trompé. Seulement, il ignorait le complice.

Tout à coup, une idée infernale lui traversa le cerveau.

— Monsieur, dit-il à Beauplaisir, nous pourrons nous entendre. Mais, avant tout, je veux savoir quel est l'amant de ma femme. Si ce n'est pas vous, vous pouvez le connaître.

— Moi! comment voulez-vous....

— Vous avez toute l'adresse qu'il faut pour cela.

— Permettez, dit Beauplaisir, profondément blessé, les joues pourpres, cet emploi...

— Allons donc! dit le banquier amicalement; c'est de l'enfantillage!... Au reste, vous n'aurez vos dix mille francs qu'à ce prix.

Beauplaisir était stupéfait.

— Jamais, monsieur, balbutia-t-il; une pareille -honte...

— Écoutez-moi à votre tour, répondit le banquier. Puisque vous vous flattez de lire si bien au fond des caractères, vous pouvez avoir compris que mes sentiments et mes affections comme mari ne sont pour moi que chose très-secondaire. Aussi, je me résignerais peut-être à subir mon déshonneur comme une nécessité, si mon intérêt ne m'ordonnait impérieusement de garantir mon nom de toute souillure. Il est de la plus haute importance pour moi qu'il n'y ait pas un mot à dire sur tout ce qui me touche. La femme de César ne devait même pas être soupçonnée. Il faut donc que je tranche le mal dans sa racine, et, pour cela, il me faut connaître le mal. Ainsi, vous comprenez, malgré toute la confiance que je puis avoir en vous, ce n'est pas seulement un nom que je veux, c'est une preuve positive, irrécusable, pour que tout soit fini d'un coup, s'il est encore temps. Je repars ce soir pour Moulins. Si mes conditions vous conviennent, faites en sorte qu'à mon retour, dans dix jours...

— Mais j'ai besoin d'argent tout de suite! laissa échapper Beauplaisir.

— Eh bien, répondit le banquier, qui ne put s'empêcher de sourire de la forme du consentement, terminons avant ce soir; je ne demande pas mieux.

## XII

#### L'atelier R...

Claudien a enfin ouvert les yeux sur sa position et l'a vue sous son véritable jour. L'entrevue qu'il a eue avec son frère et la demande de Beauplaisir ont été pour lui deux terribles leçons. Il a vu se retirer de lui l'affection la plus honnête et la plus ardente. Son cœur a saigné sous le mépris de l'homme qu'il estime le plus au monde.

Les suppositions honteuses de Beauplaisir ont porté le dernier coup. Il a vu sous ses pas un bourbier d'infamie. Il n'en peut plus douter maintenant; il sait de quel nom honteux on appelle l'homme qui accepte vis-à-vis d'une femme la position qu'il s'est laissé prendre vis-à-vis de Jeanne. Cette pensée lui fit monter le sang aux oreilles.

Depuis six mois, il n'a pas fait un pas pour se soustraire à une pareille existence.

Ce qu'il a éprouvé dans cette matinée l'a rappelé à lui-même. Il veut à tout prix sortir des liens honteux dans lesquels il s'est engourdi si longtemps; il veut, s'il en est temps encore, se réhabiliter aux yeux d'Armand. Il veut reconquérir le droit d'écraser celui qui viendrait l'insulter encore d'une proposition infâme.

Mais Jeanne!... Aux tortures qu'il souffre à cette pensée, il comprend pour la première fois peut-être toute l'étendue de son amour pour elle. C'est un dernier adieu qu'il doit lui faire, car il sent bien que, s'il la revoit, il n'aura pas la force de s'en séparer. Une voix inflexible lui crie que, s'il ne rompt à l'instant même, sans pitié et sans retour, la chaîne qui l'attache à elle, il retombe pour toujours dans l'inévitable ignominie. Il pleure en pensant à la femme tant aimée qu'il ne doit plus revoir. Il pleure, et il manquerait de courage si le souvenir d'Armand n'était pas là pour le soutenir. — Il se décide enfin : il écrit à Jeanne un dernier et éternel adieu.

Lorsqu'il a accompli ce pénible devoir, il éprouve une certaine satisfaction douloureuse. Il a obéi au cri de sa conscience; des pensées plus fraîches reposent son cerveau, fatigué de tant d'émotions brûlantes. Il vit déjà d'une existence nouvelle.

Tout à coup Louise entre et lui remet la lettre de Jeanne. Il la lit. Tout est perdu. Se préférer à la femme qui l'aime, abandonner Jeanne maintenant, ce n'est plus possible : ce serait une lâcheté. Une irrésistible fatalité entraîne Claudien ; il le sent, et il cède. Il cède, en fermant les yeux pour ne pas voir le gouffre. Il sort de chez lui, la tête perdue...

Cependant des cris joyeux, de larges éclats de rire retentissaient dans l'atelier de R... et en faisaient frémir les vitres.

Il s'agissait de la réception d'un nouveau, et, dans ces agréables divertissements, personne n'avait remarqué Claudien qui venait d'entrer. Il frappa sur l'épaule d'Éleuthère.

— C'est toi, Claudien? dit celui-ci fort étonné. (Il n'avait pas vu Claudien depuis six mois.) Tu arrives bien ! nous allons rire.

— Il faut que je te parle.

— Qu'est-ce que c'est donc? demanda Éleuthère, intrigué par l'accent mystérieux et l'agitation de Claudien.

— Sortons un instant, dit celui-ci.

Éleuthère le suivit dans la cour. Lorsqu'ils eurent fait quelques pas, Claudien lui prit la main.

— Je t'ai toujours regardé, dit-il, comme un brave garçon et un ami dévoué. Pardonne-moi d'abord d'être resté si longtemps sans te voir et sans te dire où j'étais.

— C'est bon ! c'est bon ! répondit Éleuthère, peu rancunier de sa nature et touché de l'émotion involontaire qu'il remarquait dans l'accent de Claudien.

— Je t'expliquerai bientôt tout cela. Avant tout, je viens te donner une preuve d'amitié en te demandant un service.

— Lequel?

— Il faut que tu te trouves ce soir, à onze heures, sur la route d'Orléans, à la première borne de lieue, en partant de la barrière d'Enfer. Il y a une grande maison, avec une grille ; tu la reconnaîtras facilement. Tu seras là à onze heures sonnantes. Tu t'écarteras un peu de la route, et tu attendras dans un champ de luzerne qui est à gauche.

— Bien. Mais pourquoi faire?

— Je ne veux rien te cacher, car tu vas peut-être t'exposer pour moi. J'attends là une femme qui s'enfuit de chez son mari. Puis-je compter sur toi?

— Parbleu! dit Éleuthère, peu disposé, en ce moment surtout, à apprécier la gravité de ce que Claudien voulait faire.

— Je te remercie. Tu comprends que j'ai besoin de toute manière d'avoir près de moi un ami sûr, car nous sortirons sans doute de France cette nuit.

— Est-ce que tu ne reviendras pas? dit Éleuthère affectueusement.

— Peut-être! répondit Claudien ému. Peut-être aussi ne partirons-nous pas. A ce soir donc!

— Sois tranquille! dit Éleuthère, qui ne voyait dans tout cela qu'une femme à enlever à son mari et trouvait la chose des plus gaies. Entre un peu à l'atelier. Tu as l'air tout triste, ça t'égaiera. Nous avons un nouveau qui a une bien bonne tête. Dis donc, il s'appelle Pluchonneau! Un nom à mettre sur un cerisier pour faire peur aux oiseaux.

— Je n'ai pas le temps, dit Claudien en répétant à Éleuthère l'indication détaillée du rendez-vous. A ce soir.

— A ce soir!

Claudien passa la grille de la cour.

Éleuthère, un peu plus sérieux depuis un instant, le regarda s'éloigner.

— Pauvre Claudien! se dit-il. il a plutôt l'air d'avoir envie de pleurer que de rire. C'est sa faute aussi : il vous plante là, on ne le revoit plus, il ne vous dit rien. On aurait pu lui donner quelques conseils. Il s'est peut-être fourré dans une mauvaise affaire. Enfin, ce soir, je serai là, toujours. Mais j'y pense : il y aura peut-être du grabuge. Le mari n'a qu'à être prévenu et amener deux ou trois amis... Je vais dire aux camarades de l'atelier de venir avec moi : nous rirons... Claudien n'avait pas réfléchi à ça... Si on n'avait pas un peu de tête pour lui, cependant !

Et, enchanté de son heureuse idée, Éleuthère rentra dans l'atelier. Il demanda un instant de silence et expliqua sa proposition.

Comme on peut le croire, elle fut adoptée par acclamation.

Chacun se tordait de rire en pensant à la tête probable du mari.

Il fut convenu que l'atelier, en corps, serait là pour défendre et protéger l'ami d'Éleuthère.

— Tiens! dit tout à coup un des élèves, voilà Grouard !

Grouard, en effet, entrait dans l'atelier, suivi d'Armand.

Lors des premières visites à l'atelier, le poète avait été tout d'abord en butte aux épreuves ordinaires de la réception. Mais Éleuthère avait déclaré qu'il le prenait sous sa protection, et Éleuthère, dans l'atelier, était une puissance.

Grouard, chose extraordinaire chez lui, avait eu cette fois de l'adresse. Il s'était laissé faire avec bonhomie, sans résister. Dès lors, il avait été considéré comme possesseur d'un excellent caractère, et on s'était habitué à le regarder comme faisant partie de l'atelier.

Personne ne s'avisa de faire quelque mauvaise plaisanterie à Armand. Sa physionomie sévère et calme imposa sans doute.

Armand, malgré une certaine répugnance, avait été revoir Grouard. Il se repentait d'avoir été peut-être trop dur avec Claudien et d'avoir trop brusqué un changement dans les idées de celui-ci.

Il voulait maintenant à tout prix savoir quelle était la femme qui avait perdu son frère, comptant, après cela, parvenir à le sauver. Il avait vaguement espéré saisir, par le moyen de Grouard, quelque indice qui pût le guider, et aussitôt il avait été le revoir. Bien que l'amant malheureux de Louise lui eût dit qu'Éleuthère avait toujours été complètement en dehors de toute cette affaire et qu'il ne pourrait rien lui apprendre, Armand avait voulu voir Éleuthère.

Armand, comme les noyés, s'accrochait à la moindre branche.

Grouard l'avait complaisamment conduit à l'atelier.

— Voilà, dit Grouard à Éleuthère, l'ami de Claudien dont je t'avais parlé.

— Claudien! dit Éleuthère, il sort d'ici. A propos, tu seras aussi de la partie, toi.

— Quelle partie? demanda Grouard.

— Claudien enlève ce soir sa femme, dit gaîment Éleuthère.

Armand tressaillit.

— Nous y allons tous.

— Tous! crièrent les élèves.

— Tu viens avec nous, et monsieur aussi!

— Ah!... fit Grouard indécis.

— Nous avons un rendez-vous à onze heures, continua Éleuthère. Ça sera un peu drôle!...

— C'est Claudien qui vous a demandé de venir, monsieur? dit Armand.

— Certainement, répondit Éleuthère. C'est-à-dire il m'a dit, à moi, de venir; mais j'en ai parlé à ces messieurs, qui viennent aussi. Plus on est de fous, vous savez...

— Et où est le lieu du rendez-vous?

Éleuthère répéta complaisamment les indications détaillées de Claudien.

Armand l'écouta avec une attention avide.

— Monsieur, dit Armand à Éleuthère, qu'il avait pris à part, vous rendriez un fort mauvais service à Claudien en venant avec messieurs vos amis à ce rendez-vous. Il ne faut pas y aller.

— Par exemple! dit Éleuthère.

— C'est Claudien lui-même que je viens de rencontrer et que je quitte à l'instant, continua Armand sans hésiter, qui m'a chargé de vous dire de rester tranquille ce soir. Il a changé d'idée. Son rendez-vous n'a pas lieu, et il n'aura besoin de vous que plus tard.

— Ah! répondit Éleuthère avec sa confiance ordinaire, du moment que Claudien vous a dit cela, c'est bien!

— Messieurs, dit-il à haute voix, et très-visiblement contrarié de renoncer à l'expédition, nous sommes contremandés. Le rendez-vous de ce soir n'a pas lieu.

Il y eut une clameur générale de surprise et de désappointement.

Armand se retira, rassuré sur les fantaisies biscornues d'Éleuthère.

## XIII

### Le rendez-vous.

Claudien était arrivé au rendez-vous avant l'heure indiquée par lui à Éleuthère; mais cette heure était passée depuis longtemps, et le jeune peintre n'avait point paru.

Claudien ne comptait plus sur lui et ne pouvait deviner quels motifs avaient pu le retenir. Ce manque de parole le contrariait vivement, les circonstances pouvant lui rendre utile la présence d'Éleuthère.

Il s'était assis sur une pierre, à quelque distance de la route, dans un endroit écarté où il ne pouvait craindre aucun regard indiscret. D'instant en instant, il ouvrait sa montre avec impatience, et, comme la nuit était fort sombre, son doigt cherchait à reconnaître le chemin que l'aiguille avait encore à parcourir.

Enfin il se leva : les pendules de l'hôtel Regis tintaient onze heures.

Il se dirigea avec précipitation, mais sans bruit, vers la porte de l'enclos. Elle était entr'ouverte : il entra.

Jeanne n'était pas là.

Les yeux de Claudien perçaient les ténèbres... Il appela à voix basse... Rien ne répondit.

Un vent violent courbait les arbres et apportait en tourbillons jusqu'à lui la poussière de la route.

Claudien resta immobile, inquiet, le cœur haletant, cherchant à s'expliquer ce qui avait pu empêcher Jeanne de venir. Il attendit pendant quelques minutes, longues comme des heures. La pensée lui vint que Jeanne, malade, n'avait pu venir jusque-là.

Mais alors, comment la porte de l'enclos se trouvait-elle ouverte?

Voulant à tout prix sortir de son anxiété, il se dirigea le long du mur jusqu'à la maison. Le court séjour qu'il y avait fait lui avait permis d'en connaître la distribution.

Il n'y avait pas une lumière aux fenêtres. Tout était calme.

Le vent, déchaîné dans les branches, faisait seul entendre sa grande voix.

Claudien était bien seul; pourtant il tremblait d'être aperçu.

Comment expliquer sa présence dans l'hôtel à pareille heure, s'il était surpris par quelqu'un de la maison? Ses inquiétudes sur l'état de Jeanne vainquirent ses craintes, et il se glissa jusqu'à un petit perron qui faisait communiquer le parc avec la maison.

Là encore, la porte était ouverte. Il n'y eut plus à douter pour Claudien. Évidemment Jeanne était malade et l'attendait chez elle. Il s'avança dans le couloir jusqu'à la chambre à coucher, tremblant de ne pouvoir la retrouver. Il parvint en tâtonnant au bas du corridor. Ses yeux, qui avaient eu le temps de s'accoutumer à l'obscurité, aperçurent une lueur presque imperceptible. Il fit encore un pas et sentit autour de lui une atmosphère plus chaude.

Cette fois, il était bien sûr de ne pas se tromper : il était dans la chambre à coucher de Jeanne.

Une lampe, baissée au point qu'elle semblait près de s'éteindre, permettait à peine d'entrevoir confusément les objets. Il allait s'élancer vers le lit, inquiet de ne rien entendre, lorsque soudain la porte se referma derrière lui, et la lampe, brusquement levée, lança un éclatant jet de flamme...

Devant Claudien se dressait menaçante et implacable la froide figure du banquier Regis.

— C'était donc bien vous! dit avec un sinistre éclat de voix le banquier en l'examinant.

Un frisson courut dans les cheveux de Claudien. Où était Jeanne?... Il regarda le banquier; celui-ci était impassible, mais ses lèvres minces et pâles tremblaient.

— C'est vous qui venez me trouver, continua-t-il. A merveille!... Ne cherchez pas ainsi autour de vous : elle n'est pas là, vous le voyez bien.

Comme Claudien ne répondait pas :

— Vous avez cru, n'est-ce pas, que vous pourriez impunément vous jeter entre deux existences liées par les plus sérieux devoirs ? Une simple fantaisie de vous devait être plus forte que tout cela. Mais si vous avez trouvé une misérable femme qui vous a cédé, maintenant c'est à un homme que vous avez affaire, et à un homme qui ne pardonne pas ! Je vais vous tuer ; entendez-vous cela ? Je vais vous tuer, non comme on tue l'amant de sa femme ; je ne veux pas avoir à m'expliquer après, mais comme on tue un voleur !...

Le banquier dirigea, avec une solennelle lenteur, un pistolet d'arçon tout armé sur la poitrine de Claudien. Une seconde encore, et il pressait la détente : la mort était là.

Claudien ne recula pas ; mais ses yeux se voilèrent, et il sentit le sang lui monter en bourdonnant aux oreilles...

Tout à coup le bras de M. Regis fut brusquement détourné.

Un homme, qu'on eût cru sorti de terre, s'était précipité sur lui et lui avait arraché son arme.

Claudien, atterré, regardait sans comprendre...

C'était Armand.

— Va-t-en ! dit-il à Claudien d'une voix stridente, va-t-en ! l'autre porte est fermée. Laisse-toi glisser par cette fenêtre... va !...

Claudien, dominé par l'action énergique et absolue d'Armand, dans un moment où il ne pouvait avoir un sentiment distinct de volonté, obéit machinalement. Armand le poussa vers la croisée entr'ouverte, et il disparut.

Armand, que le banquier stupéfait avait à peine eu le temps d'entrevoir, se tourna vers lui.

— Armand ! dit Regis avec le plus grand étonnement.

Armand, sans répondre, lui remit froidement l'arme qu'il avait encore entre ses mains.

La colère du banquier, dominée un instant par la surprise, se réveilla.

— Et de quel droit, dit-il, venez-vous vous interposer ici?

— Je crois, dit Armand, que, plus tard, vous me remercierez d'avoir arrêté votre bras.

La fureur de Regis se brisait contre ce calme.

— Je ne vous avais pas attendu, monsieur, reprit-il, pour réfléchir avant de juger ce que je devais faire. Savez-vous....

— Je sais tout.

— Et vous venez vous mettre entre le châtiment et le crime?

— Je suis venu vous empêcher de commettre un meurtre inutile.

— Dites : juste.

— Juste, peut-être. Mais vous vous en seriez repenti.

Il y eut un moment de silence. Armand reprit lentement :

— Si j'ai voulu vous empêcher de punir un coupable, c'est qu'en échange de sa vie j'avais une autre satisfaction à vous offrir. Si M<sup>me</sup> Regis a oublié un instant ses devoirs, je vous promets qu'elle ne reverra pas son complice.

— Vous connaissez donc ce....

— Je le connais, dit Armand douloureusement.

Claudien, dans un de ces instants terribles où la pensée est paralysée, avait instinctivement obéi à l'ordre de son frère en se laissant glisser par la fenêtre.

A peine fut-il arraché au danger imminent, qu'une réflexion poignante lui traversa le cerveau.

Pour le sauver, son frère s'était exposé au plus terrible danger, et lui, Claudien, l'avait lâchement laissé faire.

Claudien ignorait que Regis et Armand se connussent déjà. Il ne pouvait savoir qu'une chose : faible et chétif, Armand avait pris sa place devant un homme vigoureux et qui devait être sans pitié.

Claudien s'élança pour remonter par la fenêtre : vains efforts! La hauteur était infranchissable, et le mur n'offrait aucune facilité. Il courut à la porte de l'enclos : le vent, une main inconnue ou lui-même l'avait fermée.

Claudien, haletant, désespéré, revint à la fatale fenêtre. Il prêta l'oreille et ne put rien entendre.

Il pensa en ce moment à cette inépuisable bonté fraternelle dont Armand lui avait donné tant de preuves. Il se rappela ses affectueux conseils, ses généreux secours. Armand s'était toujours sacrifié pour lui ; en ce moment même, il lui donnait le dernier exemple d'abnégation et de dévoûment.

Claudien sentait son cœur se gonfler en pensant à cet homme si bon, si noble, qu'il avait méconnu, presque outragé : il pleurait de désespoir en songeant qu'en ce moment même Armand exposait sa vie pour lui, et qu'il s'était lâchement prêté à lui laisser prendre sa place.

— Que voulez-vous, et que pouvez-vous donc faire maintenant? demanda M. Regis à Armand.

— M${}^{me}$ Regis ne le reverra plus. Je réponds de tout désormais.

Cette affirmation avait une valeur pour le banquier dans la bouche d'Armand. Il se tut de nouveau pendant quelques instants. Sa fureur peu à peu fléchissait devant la dignité calme d'Armand.

Dans ce moment de crise terrible où la fureur et la

vengeance déçues devaient bouleverser tout son être, il y avait dans l'accent de M. Regis un sentiment de déférence, presque de respect pour Armand. Il était dominé malgré lui par cette impassibilité.

Quoique l'arrivée inattendue d'Armand eût empêché l'accomplissement d'un dessein bien médité, M. Regis se disait que ce dénoûment nouveau devait le satisfaire au moins autant. Le drame se terminait sans scandale et sans bruit : toute interprétation soupçonneuse et malveillante était d'avance écartée ; pour Jeanne elle-même, la leçon devait être aussi terrible et peut-être plus profitable.

— Mais, reprit M. Regis avec inquiétude, vous connaissiez cet homme, et vous n'êtes jamais venu à Paris. Auriez-vous donc appris à Moulins ce qui se passait ici ?

— A Moulins, reprit Armand, personne n'a rien pu soupçonner ; je sais tout depuis hier, et je crois être à peu près le seul qui connaisse ce triste secret. Vous pouvez être sans inquiétude sur l'avenir. Demain, ce malheureux quittera Paris pour n'y plus reparaître.

— Mais ce n'est pas...

— Je le forcerai, s'il le faut, à quitter la France.

Le banquier regarda avec surprise Armand ; puis il dit avec un effort :

— Faites donc.

Nous devons expliquer, avant d'aller plus loin, par quelles circonstances Claudien trouva M. Regis à la place de Jeanne.

En quittant le banquier, Beauplaisir se rendit chez un homme d'affaires qu'il connaissait déjà depuis longtemps. C'était un jeune homme de vingt-cinq à trente ans, assez distingué de manières, haut de taille, joli garçon et fort élégant. Peu de gens eussent pu donner sur la fortune de cet homme des renseignements positifs. Quant à sa famille, personne ne la connaissait.

ce qui ne l'empêchait pas d'être fort bien accueilli dans certains salons de second ordre. Au reste, il vivait somptueusement, avait des chevaux, et s'entourait d'une société de jeunes gens oisifs et riches sur lesquels il semblait exercer une mystérieuse domination. On disait vaguement qu'il était marié à une femme beaucoup plus âgée que lui, difforme et commune; mais personne ne pouvait se vanter d'avoir vu Mme de Saint-Aurèle.

Beauplaisir était l'un des rares initiés aux mystères de l'histoire de ce personnage, avec lequel il s'était autrefois rencontré dans le monde. Aussi ne le fit-on pas attendre lorsqu'il se présenta dans un petit hôtel luxueux et coquet de la rue Pigalle.

M. de Saint-Aurèle — un nom de saint qui manque au calendrier — s'exerçait en ce moment au tir dans son jardin. De nombreux débris de poupées attestaient sa dangereuse habileté. En voyant Beauplaisir, il lui offrit d'essayer quelques balles.

Beauplaisir refusa. Il était trop pressé de connaître le résultat de la visite qu'il tentait. Lorsqu'il demanda à Saint-Aurèle quelques instants de conversation particulière, celui-ci le regarda avec étonnement, se demandant quelle affaire Beauplaisir, qu'il connaissait mieux que celui-ci ne le pensait lui-même, pouvait avoir à traiter avec lui.

— Si vous voulez nous asseoir ici, personne ne viendra nous déranger, dit M. de Saint-Aurèle en faisant signe de se retirer au domestique qui chargeait ses armes.

Lorsqu'ils furent seuls, Beauplaisir expliqua longuement à Saint-Aurèle sa position, ses espérances et ses besoins. Il lui fit entendre qu'il accepterait toutes les conditions possibles. Saint-Aurèle l'écouta avec attention. Quand il eut terminé :

— Mon cher monsieur, répondit Saint-Aurèle, d'autres à ma place vous traîneraient en longueur, vous amèneraient graduellement à des concessions exorbitantes, parce que, quand on a besoin d'argent, il ne coûte jamais trop cher, et, après trente visites, finiraient par vous dire non. Moi qui m'intéresse vraiment à vous et qui vous aime, je n'agirai pas ainsi : je vous dis non tout de suite. J'ai toute la confiance possible en vous et en vos projets ; mais vous ne trouverez pas un sou là-dessus. C'est trop chanceux : on est revenu de ces affaires-là. Maintenant, on vend son argent fort cher, et on ne joue qu'à coup sûr.

— Mais c'est à coup sûr, dit Beauplaisir; vous le savez, vous qui...

— Voulez-vous que je vous dise le nom d'une maison des plus connues de Paris qui n'a pu trouver quinze mille francs sur une consignation de deux cent mille de marchandises?

— Je verrai, dit Beauplaisir. En cherchant, on trouve.

— On ne trouve pas, dit Saint-Aurèle. Qui verrez-vous? Schnezeder, Galanthus, Adam Wass, Jéricho?
— Frottez-vous-y! Qui avons-nous encore?

— Le petit Munius? répliqua Beauplaisir.

— Ah oui! dit ironiquement Saint-Aurèle. Des juifs bordelais refuseront votre affaire, et un juif d'Allemagne va l'accepter tout de suite! Un juif allemand! Il n'y a qu'un homme qui aurait peut-être — peut-être! — pu faire quelque chose. C'est le père Chomet: il est un peu *bêta*, et vous auriez pu le voir. Mais sa maison de dorure vient de brûler, et il n'est pas à Paris. Dans les gens qui font des affaires, vous n'en aurez pas un seul qui fasse la vôtre : il ne s'agit que de trouver un homme qui n'en fasse pas, comprenez-vous? Eh bien, trouvez-en un.

— Cependant...

— Écoutez-moi. Quel intérêt aurais-je à vous parler

ainsi? Vous êtes un charmant garçon, et je serais fâché de vous voir perdre un temps que vous pouvez mieux employer. — Si quelqu'un de *ces messieurs* veut vous donner cent francs contre une lettre de change de cinq cents à quinze jours, je vous fais les neuf mille neuf cents francs qui vous manqueront.

Beauplaisir quitta M. de Saint-Aurèle la mort dans le cœur. Désespéré, il se révoltait pourtant à l'idée d'accéder à la proposition de M. Regis. Bien que, peu scrupuleux, il ne reculât pas en général devant toute espèce de moyens, la trahison qu'on lui demandait avait un caractère trop vil et trop infâme pour qu'il pût se résoudre à la commettre. Absorbé dans ses inquiétudes, fatiguant son cerveau à des recherches inutiles, il arriva machinalement, en suivant les boulevards, jusque chez Claudien.

D'après les événements de la matinée, le concierge, averti, remit à Beauplaisir la clé de l'appartement.

Beauplaisir se laissa tomber dans un fauteuil et resta quelque temps immobile, la tête entre ses mains. Ses réflexions étaient poignantes. Faute d'une misérable somme, il se voyait forcé peut-être de renoncer à des espérances qu'il caressait depuis si longtemps; de cet édifice qu'il avait mis tant de soins à élever, une pierre se détachait et le faisait crouler.

Ses regards s'arrêtèrent en ce moment sur un papier froissé, déposé sur le marbre de la cheminée. Il étendit le bras et le prit, sans trop penser à ce qu'il faisait.

C'était la lettre de Jeanne, que Louise avait apportée à Claudien. Claudien, bouleversé par cette lettre, ne se rappelant plus que désormais son domicile était partagé par Beauplaisir et que celui-ci pouvait venir en son absence, avait laissé le papier ouvert sur la cheminée lorsqu'il avait couru vers Éleuthère.

Beauplaisir lut la lettre. — Il réfléchit longtemps, se

promena à grands pas dans la chambre, s'assit et se leva plusieurs fois avec une grande agitation. — L'infamie était là. Beauplaisir ne devait pas lutter longtemps.

Il se décida enfin devant l'impossibilité absolue de faire autrement sans perdre ses longs travaux, prit la lettre et descendit. — Le premier pas fait, il alla droit chez le banquier, sans réfléchir ni hésiter un seul moment dans sa route. Il remit la lettre à Regis, répondit à ses questions sur Claudien. Leur conversation fut longue. Des engagements réciproques furent pris; le banquier, sur la demande de Beauplaisir, consentit à dire qu'il se bornerait à empêcher le rendez-vous, et Beauplaisir se retira, emportant les dix billets de banque et une promesse au moins aussi importante pour lui.

Il emportait aussi une terrible rancune contre le banquier, humilié qu'il était d'avoir accepté forcément ses odieuses conditions, et se promettait bien de lui prouver plus tard son ressentiment d'une façon sanglante.

Deux heures avant celle fixée pour le rendez-vous, au moment où Jeanne inquiète comptait les secondes qui l'en séparaient encore, et attendait dans de mortelles angoisses le départ annoncé de son mari, M. Regis alla la trouver dans son appartement. Sans témoigner aucune défiance, aucun soupçon, il exprima sa volonté absolue qu'elle partît immédiatement pour Moulins dans la chaise de poste préparée pour lui. Dans cette entrevue, M. Regis fut sévère et froid; mais il mit avec calcul dans son accent le ton douloureux de l'affection froissée. Jeanne, terrifiée devant ce terrible contre-temps, ne put résister, dans la position où elle se trouvait devant son mari, à une volonté posée aussi formellement. — Elle était partie.

Tranquille de ce côté, le banquier, pour réaliser son plan, avait ouvert la porte de l'enclos, facilité l'arrivée de Claudien à la chambre de sa femme et avait attendu...

Quant à Armand, sortant de l'atelier d'Éleuthère, il courut chez Claudien, qu'il ne rencontra pas. Il lui laissa un billet où il le conjurait de ne pas faire un pas sans l'avoir vu. L'éloquence de ces quatre lignes était saisissante. — Puis il courut chez Louise, dans l'espoir d'y rencontrer Claudien. Il ne fut pas plus heureux. Alors il prit un cheval et courut à franc étrier à l'hôtel de la route d'Orléans, qu'Éleuthère lui avait indiqué. C'est seulement alors qu'en s'informant il apprit avec le plus grand étonnement que la maîtresse de son frère était M<sup>me</sup> Regis.

Cette découverte changea quelque chose à ses plans. Il retourna en toute hâte à Paris chez Claudien, puis chez Louise, avec aussi peu de succès que la première fois. Cependant le temps se passait. Armand avait quitté l'atelier fort tard. Il s'élança de nouveau sur la route.

Lorsqu'il atteignit l'hôtel Regis, onze heures étaient sonnées. Il chercha vainement Claudien derrière le clos, car il avait déjà reconnu les lieux. Dévoré d'inquiétudes en ne le trouvant pas, il se décida à se présenter à l'hôtel. Si, comme il le pensait, ayant été averti du départ de M. Regis, celui-ci était sur la route de Moulins, il verrait enfin Jeanne. Le concierge lui apprit que M<sup>me</sup> Regis venait de partir à la place de son mari, et lui annonça que le banquier ne pouvait le recevoir. L'ordre était absolu. Armand eut un affreux soupçon de la vérité. Il insista si vivement, que le valet de chambre, qui le connaissait parfaitement, se hasarda, après bien des difficultés, à lui dire que M. Regis était dans l'appartement de sa femme. L'anxiété d'Armand se changea alors en angoisses. Il s'élança vers l'appartement indiqué, et arriva au moment ou Claudien était sous le coup de la terrible expiation.

L'orgueil de M. Regis avait seul été froissé. En tuant Claudien pris au piége, il coupait le mal dans sa racine ; il se donnait une grande puissance morale sur sa femme, une influence de terreur. Mais Armand lui fit comprendre qu'un meurtre, malgré toute explication vraisemblable, aurait attiré l'attention, provoqué peut-être le scandale. Du côté même de Jeanne, exaspérée, il y avait à craindre des conséquences aussi redoutables. Regis frissonna à l'idée d'un procès en séparation, qui aurait amené une restitution de dot et mis au jour peut-être sa situation financière à l'époque de son mariage. Il réfléchit qu'Armand, en arrêtant son bras, lui avait peut-être épargné pour la suite de cruels embarras. La crise qui venait d'avoir lieu avait mis au jour pour Armand bien des secrets. Peu à peu la conversation devint plus intime, plus expansive. Armand engagea Regis à oublier et à pardonner à sa femme une faute que des torts de sa part avaient peut-être décidée. Regis le promit, — se réservant à part soi de trouver une de ces vengeances domestiques plus terribles que la plus sévère expiation devant un tribunal. Il parut écouter les conseils réservés d'Armand, alla même parfois au devant de ses idées, et, lorsqu'il crut la confiance assez établie, il essaya de se servir de la situation que les événements venaient de lui faire vis-à-vis d'Armand. Il revint à sa chimère favorite et voulut entraîner Armand sur le terrain des élections.

Armand crut, dans ces circonstances, ne pas devoir se montrer aussi opposé aux projets de Regis qu'il l'avait été d'abord. Sans se prononcer, il écouta les théories politiques, les promesses du banquier. Il jugea en ce moment devoir éviter de déclarer de nouveau ses inébranlables convictions. Regis crut pouvoir espérer. La conversation dura longtemps pendant la nuit.

Claudien attendait toujours. Armand ne paraissait pas. Les étoiles commençaient à pâlir et se détachaient moins brillantes sur le ciel plus bleu. C'était le matin.
— Dévoré d'inquiétudes sur le sort de son frère, il ne put rester plus longtemps dans ses angoisses déchirantes : il alla vers la porte de l'hôtel, résolu à se faire ouvrir et à parvenir jusqu'à Armand par quelque moyen que ce fût.

Il s'arrêta en apercevant, à travers la grille, Regis et Armand qui se promenaient dans la cour en causant. Le banquier avait voulu conduire jusqu'à l'entrée Armand pressé de partir, et, avant de le quitter, il voulait en arracher une promesse positive. Pendant ce temps, un domestique attelait un cabriolet qui devait reconduire Armand à Paris.

A cette vue, Claudien, sans s'expliquer pourquoi, sentit se refouler dans son cœur cette brûlante expansion qui allait lui faire tout braver pour rejoindre Armand. Celui-ci quitta enfin M. Regis sans avoir voulu se prononcer. Claudien se dissimula dans un enfoncement et le laissa retourner seul à Paris.

Lorsqu'il arriva lui-même à la barrière, le jour était presque venu. Toutes ses pensées s'était alors réunies sur Jeanne. Il monta chez Louise, désespéré...

Bonheur! Jeanne tomba dans ses bras...

## XIV

#### Conseils et moralités.

— Jeanne! c'est toi! s'écria Claudien en l'étreignant contre sa poitrine.

Tous deux pouvaient à peine parler. Ils s'étaient un instant crus perdus l'un pour l'autre et ils se voyaient réunis. Après tant d'émotions déchirantes et terribles, ils jouissaient l'un près de l'autre d'un bonheur d'autant plus grand qu'il était inespéré. Ils avaient à se faire tant de questions palpitantes, qu'ils ne pouvaient que rester muets et se regarder avec des yeux humides.

— Comment se fait-il que je te trouve ici? demanda enfin Claudien.

— Je suis arrivée hier au soir.

Elle lui raconta son départ dans la chaise de poste préparée pour son mari.

— Tu dois juger dans quelles transes j'étais. La voiture m'emportait loin de Paris, et l'heure que je t'avais indiquée pour te trouver à la porte du parc était passée depuis longtemps. Je me disais : « Il sera venu; il aura attendu, et, ne me voyant pas paraître, il aura compris que je ne pouvais venir; et il sera reparti. Mais quelles doivent être ses inquiétudes! » Et chaque seconde m'éloignait de toi davantage!... — Au premier relai, je descendis à l'hôtel de la poste. Je voulais t'écrire tout de suite ce qui s'était passé, afin de te tranquilliser; mais je pouvais à peine tenir ma plume : ma main tremblait, ma tête était bouleversée. Après les premières lignes, mes idées confuses et heurtées commencèrent à s'arrêter et à se fixer. Je me vis séparée de toi par quatre-vingts lieues, pour longtemps, pour toujours peut-être... Mon mari devait, le surlendemain, me rejoindre à Moulins. Il fallait le revoir, soutenir ce regard de plomb... C'était horrible! Mais que faire? — Une voiture publique qui allait à Paris s'arrêtait en ce moment devant l'hôtel. Désespérée, la tête perdue, je vis qu'il me restait encore un parti à prendre, un seul! A tout prix, je devais te revoir, eussé-je dû périr après. — J'appelai les deux domestiques qui me conduisaient, et je rappelai tout mon sang-froid pour leur dire de continuer seuls avec la voiture leur route pour Moulins, leur annonçant que je prenais une place dans la voiture qui allait à Paris et passait sur la route devant l'hôtel. Je me demande encore comment j'ai pu leur dire cela. Ces deux hommes furent étonnés, comme tu dois le penser : ils s'entre-regardaient et me regardaient ensuite. — Ils ont dû croire que je perdais la tête, j'en suis sûre, car ils ne voulaient pas me quitter et insistaient pour me ramener à l'hôtel dans ma chaise. J'ai été obligée de leur donner un ordre formel, et je suis montée dans le coupé de l'autre voiture. Je suis descendue chez Louise, que j'ai envoyée aussitôt chez toi. — Il était deux heures du matin. — Juge de ce que j'ai dû éprouver quand elle est revenue m'annoncer que tu n'étais pas rentré! Les suppositions les plus incohérentes me venaient à l'esprit. Je pensais que tu avais pu te rencontrer avec mon mari; que sais-je!... — J'ai passé deux heures cruelles. — Cette pauvre Louise pleurait et cherchait à me consoler. Je voulais l'envoyer à l'hôtel, chez mon mari : j'étais folle... Enfin, au petit jour, elle est sortie de nouveau pour aller chez toi, et je l'attendais. — Mais toi?

Claudien à son tour raconta à Jeanne ce qui lui était arrivé. Pendant ce récit, Jeanne serra plus d'une fois en frissonnant les mains de Claudien.

Quand il eut fini de parler, ils se regardèrent tous deux avec la même pensée.

— Nous avons été trahis! dit Claudien; mais par qui?...

Il chercha des yeux Louise dans la chambre.

— Oh! dit Jeanne, devinant ses soupçons, ne l'accuse pas! Elle mourrait pour nous.

— Mais qui, alors?...

Claudien réfléchit quelques instants sans comprendre.

— Eh bien! dit Jeanne avec anxiété, maintenant, que ferons-nous?...

— Il faut partir! dit Claudien avec résolution.

Jeanne se jeta dans ses bras. Ce mot de son amant lui rendait la vie.

— Nous partirons aujourd'hui même, reprit Claudien; il le faut.

— Où irons-nous? demanda Jeanne.

— En Belgique, répondit Claudien.

— Mais c'est bien près de la France!...

— Nous ne pouvons aller que là. Il faudra que je travaille. A Bruxelles, on parle français : il y a des libraires et des journaux.

— J'ai emporté quelque argent et mes bijoux, dit Jeanne naturellement : nous les vendrons là-bas.

Claudien ne répondit pas : il pensait à son frère.....

Jeanne était rêveuse. — Une existence dans laquelle personne ne pourrait se placer en tiers; elle, sa femme, près de lui, tous les jours, à toute heure; ne plus interrompre leurs paroles ou leurs rêveries pour consulter la pendule... — Après de si rudes secousses, son rêve allait se réaliser. Deux larmes coulèrent sur ses joues.

— Tu pleures? dit Claudien ému.

— Claudien! — je suis heureuse! répondit Jeanne avec un long regard.

Claudien but ces larmes précieuses.

— Nous n'avons pas un instant à perdre, reprit-il. Je vais immédiatement tout préparer pour notre départ.

— Nous emmènerons Louise, n'est-ce pas? demanda Jeanne. Je ne pourrais me séparer d'elle : — ce sera quelqu'un de plus pour t'aimer. — Son enfant est bien malade cependant; je ne sais s'il pourra supporter le voyage.

Louise rentrait. Sa figure s'éclaira de joie en apercevant Claudien près de Jeanne. Elle accepta l'offre de partir avec eux.

— Mais, dit-elle, monsieur Claudien, qu'allez-vous faire de vos meubles? Il faut les vendre.

— Elle a raison, dit Jeanne. Nous n'avons pas trop d'argent, mon ami, et — ajouta-t-elle avec un sourire mélancolique — il en faut dans un ménage.

Claudien s'arracha avec peine des bras de Jeanne. Ils allaient être réunis pour toujours, et ils ne pouvaient se résoudre à supporter une heure d'absence. Mais les moments étaient comptés : il fallait se hâter de sortir de France. Claudien put enfin s'échapper.

En arrivant chez lui, le concierge lui remit le billet que son frère lui avait laissé. L'émotion de Claudien fut vive en parcourant ces lignes; mais ce ne fut qu'un éclair. En ce moment, son départ, Jeanne, leur avenir l'absorbaient tout entier.

Il fronça le sourcil en apprenant que Beauplaisir, en son absence, s'était fait remettre sa clé et était resté quelques instants chez lui. Puis il fit monter un marchand qui acheta son mobilier, et il fut arrêté que tout serait enlevé le lendemain.

Resté seul, Claudien chercha avec quelque inquiétude la lettre de Jeanne, qu'il lui eût été difficile de retrouver. Malgré la disparition de cette lettre, et ce quele concierge venait de lui apprendre, il ne conçut aucun soupçon de la trahison. Un acte aussi infâme ne pouvait venir à l'idée de Claudien, et il était trop occupé d'intérêts plus pressants pour réunir les indices et poursuivre une déduction.

Il sortait pour aller retrouver Jeanne, lorsque Armand se présenta à lui.

Claudien pâlit en le voyant.

Armand, comme toujours, était impassible, mais un peu plus pâle encore peut-être que d'habitude. Claudien restait indécis devant cette froideur de glace qui refoulait en lui toute expansion.

— M<sup>me</sup> Regis est partie pour Moulins, lui dit Armand. — Tu sortiras de France aujourd'hui.

Claudien ne répondit pas.

— Tu as commis une grande faute, reprit Armand. Tu as maintenant à la réparer. Le sacrifice qu'on te demande n'est pas bien grand. Tu iras à Turin, d'où une imprimerie écrit pour demander un correcteur français. Je te donnerai une lettre, et tu entreras en fonctions immédiatement. — Voilà cinq cents francs pour ton voyage et ton installation.

Il tendait à Claudien le billet de banque. Claudien le repoussa.

— C'est inutile, Armand, répondit-il ; je ne partirai pas.

— Tu partiras, dit Armand avec fermeté. Tu partiras, parce que je l'ai promis à l'homme que tu as si cruellement offensé, parce que, éloignée de toi, cette femme qui se perdait reviendra à elle-même et à ses devoirs, parce qu'enfin un départ immédiat peut seul te tirer de l'abîme où tu t'es plongé. Tu as besoin de te purifier, et il n'est qu'un moyen : l'éloignement.

— Je ne partirai pas, reprit Claudien ; jamais je n'abandonnerai cette femme. Si elle se sépare de son mari, c'est moi qui l'aurai perdue; je dois être là pour la soutenir et la protéger.

Armand le regardait froidement, sans parler.

— Je ne veux pas vous tromper, Armand, vous le voyez, continua Claudien. — Mon sort est désormais lié à celui de Jeanne; rien ne pourra nous séparer.

— Tu ne vois pas, dit Armand, que tu l'entraînes à sa perte?

— Non, répondit Claudien; que nous importe ce qu'on pourra croire! Le monde n'a pas l'intelligence des choses du cœur; je vous l'ai dit, nous foulons aux pieds ses vains préjugés, ses devoirs égoïstes.

— Tu accuses, dit Armand, le devoir d'étouffer les sentiments et les élans du cœur, et tu ne vois pas que les devoirs ne sont autre chose que les sentiments permis et consacrés! Tu ne t'aperçois pas que le devoir, loin d'être une barrière aux mouvements du cœur, en est au contraire l'application bien dirigée. L'homme, pour vivre en société, sacrifie une moitié de ses prérogatives dans une sage prévoyance, pour que la tranquille jouissance de l'autre moitié lui soit assurée. La société, en donnant à l'homme des liens de famille, de patrie, des mœurs, des lois, a restreint ses affections; mais aussi elle les protége et dispose tout autour d'elles pour qu'elles puissent avoir un libre cours. Retenues dans le juste et dans l'honnête, elles ne blessent personne, et nul ne doit les attaquer. Mais si l'on vient à porter ses sentiments hors des limites imposées par la société, elle se venge d'autant plus cruellement qu'elle est mieux réglée. — Tu t'es préparé à toi-même, tu as préparé à cette malheureuse femme de rudes épreuves, de terribles expiations. Vous ne pouvez recueillir que honte et malheur. Mais toi, tu seras avant elle écrasé sous le mépris.

— Vous me connaissez, vous, Armand, répondit Claudien. Malgré la sévérité avec laquelle vous me parlez en ce moment, je suis sûr qu'au fond de votre cœur vous ne me jugez pas ainsi.

— Les hommes comme toi, qui n'ont pas eu assez de raison pour combattre une organisation malheureuse, ne se croient jamais coupables, parce qu'en eux-mêmes ils éprouvent quelquefois, par hasard, les mouvements les plus vertueux avec une force extrême. Les sentiments leur paraissent avoir plus de réalité que les actions.

— Mais enfin, dit Claudien, lorsque vous me montrez vous-même le châtiment prêt à tomber sur elle, puis-je abandonner une femme dont j'ai fait la faute? Sera-ce vous qui me le conseillerez? C'est impossible... ce serait trop lâche!...

— Tu ne l'abandonnes pas, répondit Armand, puisqu'elle est partie. Tu n'as qu'à ne plus la revoir. Le plus grand châtiment pour elle serait de continuer cette existence avilie que tu lui as faite. Ne l'empêche pas de racheter sa faute aujourd'hui qu'elle le peut encore. Montre-lui que tu l'aimes assez pour renoncer le premier à un amour coupable, impossible. Son mari lui pardonne. Elle comprendra qu'elle doit une expiation et supportera comme chose juste la honte d'une faute dont le seul juge aura été le seul témoin. Elle reprendra sa place dans ce monde au mépris duquel tu veux la condamner. C'est son expiation. Elle pourra être heureuse; elle le sera, parce que chez elle la raison et le devoir auront été plus forts, après un moment d'erreur. Elle sera heureuse quand le silence de sa conscience lui aura rendu la paix du cœur. Les lois de la société, Claudien, sont plus fortes que les passions des hommes. Les sentiments les plus impérieux se brisent contre la fatalité des circonstances. La passion la plus ardente, la plus indomptable, ne saurait lutter contre l'ordre de choses. La société est trop puissante, elle se reproduit sous trop de formes, elle mêle trop d'amertumes à l'amour qu'elle n'a pas sanctionné. — Tu peux encore sauver la femme que tu aimes : profite aussitôt de ce recours en grâce qui te manquerait demain. Si, au contraire, tu veux te jeter entre elle et le repentir, si tu te préfères égoïstement à son bonheur, que pourrez-vous faire? Le mari outragé se vengera de vous et sera inflexible. Les tribunaux mettront l'adultère à nu aux yeux de tous, attacheront cette femme que tu respectes et que tu aimes au pilori de l'opinion. On recherchera, on expliquera vos plus secrètes pensées. On aura plus de pitié encore pour elle que pour toi, parce qu'en effet elle en méritera davantage. La position que ta faute t'a faite offrira un exemple effrayant, car tu t'es placé dans les plus malheureuses circonstances. On t'écrasera. On ira chercher dans ton amour d'odieuses préoccupations. Tu seras souillé à jamais, sans pouvoir lever la tête. Si vous parvenez à tromper les soupçons éveillés du mari, à quitter la France (Claudien tressaillit), sais-tu quel est l'avenir qui vous attend? — A l'étranger, où votre honte vous suivra, vous ne trouverez ni protection ni pitié, car vous vous serez mis hors la loi de toute société. La honte et le remords viendront se dresser entre vous au milieu de vos coupables caresses. Il te sera là bien plus impossible encore de vivre de ton travail. Tu seras forcément contraint de subir l'existence la plus humiliante, de devoir ta vie de chaque jour à une femme qui devrait se reposer sur toi. — Ces honteuses ressources finiront par s'épuiser; la passion sera évanouie avec le temps, devant la réflexion et surtout devant la froide misère. — Vous trouverez dans vos consciences des juges impitoyables. Puis viendront l'abandon, le mépris, le dégoût. Vous serez perdus, et alors ce sera sans retour. La fatalité vengeresse de votre faute vous poursuivra, acharnée, sans relâche ni merci. Elle aura rivé à votre pied une chaîne que vous ne pourrez briser. Peut-être, punition effroyable, naîtront des fruits de votre amour. Vous verrez bientôt entre vous des enfants nés de votre opprobre, victimes expiatrices de votre faute à vous. Sur leur front pur, un doigt vengeur et impitoyable écrira votre honte. Sous vos yeux, vous verrez grandir ces remords vivants!...

Claudien courbait la tête devant cette logique inflexible, terrifié à ces sinistres prédictions. Il croyait entendre la voix de son juge. La physionomie d'Armand s'était animée à la pensée des malheurs qui attendaient son frère. Puis la raison sévère fit place à une tendre pitié.

— J'ai peut-être été trop rigoureux avec toi, dit-il; mais regarde toi-même où tu en es venu. Avec une âme élevée, quand une fois on n'a pas soumis sa conduite aux règles prescrites, l'imagination s'enflamme à faux pour ce qu'elle croit noble et digne. Par un élan libre et passionné, on veut suivre avec orgueil la route qu'on s'est tracée; mais on marche d'erreurs en erreurs, et de fautes en crimes, sans même s'en apercevoir. Seul, tu n'aurais pas ouvert les yeux sur ta dégradation: aujourd'hui même encore, peut-être ne peux-tu pas la voir tout entière. Tu t'aveugles toi-même, et tu veux toucher le fond du gouffre.

— Que puis-je donc faire? demanda Claudien, vivement agité.

— Partir... C'est le seul moyen de vous sauver tous deux. Je voulais t'emmener à Moulins; un enchaînement de circonstances fatales a rendu impossible l'accomplissement de ce désir. J'aurais aimé à te voir là-bas près de moi. Tu aurais eu le courage plus facile : je t'aurais soutenu, je t'aurais rendu moins pénible le sacrifice. Tu aurais trouvé en arrivant ta place toute faite; tu aurais partagé mon intérieur. C'est impossible; il faut y renoncer. — Va passer une ou deux années à Turin. Les choses auront changé pendant ce temps; peut-être même pourras-tu revenir plus tôt. — Rien ne te manquera; ton travail subviendra amplement à tes besoins, et tu jouiras du bonheur de vivre du pain que tu auras gagné. Tu sentiras la satisfaction qu'on éprouve à remplir des devoirs que tu comprendras alors. Nous nous écrirons souvent, et dans quelques mois peut-être pourrai-je t'aller voir.

Les paroles d'Armand remuaient Claudien jusqu'au fond du cœur. — Il dormait sur le bord d'un abîme, et la voix de son frère venait de le réveiller. Il se frottait encore les yeux et regardait avec épouvante le précipice. Cette voix tendre à la fois et sévère le rappelait à lui-même. Devant lui s'ouvraient des horizons nouveaux et plus larges. Il lui semblait qu'un air plus frais et plus pur commençait à gonfler sa poitrine. Ces paroles d'encouragement, simples et douces dans leur austérité, le relevaient à ses propres yeux. Il était heureux et fier de voir que, malgré sa faute, il conservait encore l'estime d'Armand. — Le mépris de son frère l'eût perdu sans retour. — Il oubliait en ce moment Jeanne et sa vie passée; une existence nouvelle s'ouvrait pour lui : il se sentait pressé d'y rentrer et de se réhabiliter complètement devant lui-même. Vivement ému, il saisit la main d'Armand.

— Je partirai, dit-il. Merci, frère.

Armand lui rendit chaleureusement son étreinte.

— J'étais sûr de toi, répondit-il. Ne tardons pas une seconde : allons vite retenir ta place.

Et il se leva.

— Ces meubles que tu ne peux emporter, reprit-il en réfléchissant, il faut les vendre.

Et il ajouta :

— Cet argent ne peut avoir qu'une destination digne de toi.

Claudien rougit; — et l'image de Jeanne se présenta

aussitôt à sa pensée. Il ouvrit la bouche pour tout dire à Armand, pour lui avouer que ces meubles, il était en effet venu pour les vendre, et que Jeanne l'attendait pour fuir avec lui. — Mais il s'arrêta. Il pensa qu'il devait au moins à Jeanne de la préparer lui-même à leur éternelle séparation. Il se sentit assez fort, après ce qu'il venait d'entendre, pour la persuader; il se dit qu'Armand, dans sa prudence exagérée, croirait voir du danger dans cette entrevue et s'y opposerait, et qu'il ne pouvait priver Jeanne et se priver lui-même de la triste consolation d'un dernier adieu.

— Nous partirons ensemble, dit Armand, car je quitte Paris ce soir. A Moulins, tu prendras la route d'Italie. — Garde toujours ces cinq cents francs; tu en as besoin. — Nous allons arrêter nos places; tu reviendras ici pour faire enlever ces meubles, et nous nous retrouverons à la voiture à cinq heures. — Allons, frère, du courage!...

Claudien se jeta en pleurant dans ses bras.

## XV

### La robe de Déjanire.

Claudien alla donc chez Louise pour se séparer de Jeanne.

Il marchait la tête haute et le pied ferme, comme l'honnête homme qui vient de faire son devoir. Au lieu de ce mécontentement de lui-même, de ces tristesses vagues et sombres, de ces doutes, de ces craintes qu'il éprouvait auparavant, il sentait en lui un calme, une assurance noble et digne qu'il ne connaissait pas encore. Au pur contact de son frère, il s'était régénéré, — il était heureux, et pensait à cet avenir nouveau qui s'ouvrait pour lui. Si, par moment, il rougissait au souvenir de sa honte passée, ce n'était pour lui qu'un encouragement nouveau, et le remords était moins cruel et s'effaçait devant le repentir.

Il pensait avec bonheur qu'il allait rendre à ses devoirs la femme qu'il avait perdue ; il était fier d'avance en songeant que sa voix, si puissante sur cette femme chaque fois qu'il la lui avait fait entendre, allait être plus puissante encore et mieux écoutée lorsqu'il parlerait au nom du devoir et de l'honneur.

Mais lorsqu'il arriva chez Louise, lorsqu'il toucha à cette entrevue dernière, qu'un instant auparavant il voyait d'un œil si ferme et si sûr, — il se sentit troublé. La difficulté de sa tâche lui apparut tout entière. Il pensa aux larmes qu'il allait voir répandre, aux prières et aux sanglots qu'il lui faudrait écouter, et il se repentit presque de n'avoir pas confié à la haute raison d'Armand cette entrevue si pénible pour lui.

Jeanne, en l'apercevant, courut à lui et le tint étroitement embrassé pendant quelques instants Ses inquiétudes avaient été grandes pendant l'absence de Claudien. Dès qu'il avait été parti, elle avait pensé aux dangers qui pouvaient le menacer, et son imagination en travail s'était forgé mille terreurs chimériques.

Claudien cherchait doucement à se débarrasser de cette étreinte. Ces caresses brûlantes étaient autant de coups de poignard. Il rappelait toutes ses forces en songeant au moment où il lui faudrait convaincre Jeanne de la nécessité d'une séparation.

Tout entière au bonheur de le revoir, Jeanne ne s'aperçut point d'abord du changement qui s'était opéré en lui. Mais, lorsque, rassurée, heureuse, elle le regarda avec amour, — elle pâlit et trembla en voyant l'œil morne et abattu de Claudien. Elle craignit quelque nouveau malheur.

Claudien baissa les yeux sous le regard scrutateur et effrayé de Jeanne.

Le devoir parlait à voix haute dans son cœur. Il se disait qu'il allait sauver Jeanne d'elle-même et de lui, la rendre à une vie calme et honorée, à la seule existence possible; — et cependant il hésitait et reculait devant de cruelles paroles. Il avait honte, lui, à peine relevé de la honte, lui, converti d'une heure, de venir parler honneur et devoir à celle qui, pour l'écouter, avait oublié devoir et honneur.

Il eut ce courage pourtant; il eut la force d'aborder cette triste et inévitable explication. Il osa essayer cette cruelle tâche, de renverser, froid et inflexible, les plus chères, les plus rayonnantes espérances de cette femme qu'il aimait plus encore qu'il ne l'avait jamais aimée.

— As-tu réfléchi, Jeanne, lui dit-il, à ce que nous allons tenter? As-tu bien compris ce que tu laissais derrière toi et pour qui tu abandonnais tout cela? As-tu songé aux difficultés de notre position nouvelle, au scandale que va produire ton départ, aux écueils que nous trouverons sur notre route? As-tu bien pensé à tout cela?

— Pourquoi me fais-tu ces questions cruelles, Claudien? dit Jeanne les yeux mouillés de larmes.

— Sais-tu, continua Claudien, qu'il faut bien de la force pour affronter toutes ces épreuves?

— J'aurai du courage et de la force tant que je serai près de toi, répondit Jeanne.

Claudien baissa la tête et se tut. Puis il la regarda d'un œil si triste et si désespéré, qu'elle pressentit la vérité.

— Mais que veux-tu dire? s'écria-t-elle haletante. J'ai peur de te comprendre.

Et sa pensée s'arrêta suspendue aux lèvres de Claudien.

— Eh bien ! dit celui-ci avec effort, il faut nous séparer !

Jeanne, immobile, atterrée, ne pouvait croire à ce qu'elle venait d'entendre.

— Il le faut ! se dit Claudien, retenant ses larmes près de s'échapper. Plus tard, elle me pardonnera.

Il lui prit les mains dans les siennes.

— Je souffre autant que toi, dit-il. Mais il le faut pendant qu'il en est temps encore. Je ne veux pas que tu portes plus longtemps la peine d'une faute qui a été la mienne. C'est assez de craintes et de chagrins pour toi; pour moi — ajouta-t-il en baissant la voix — c'est assez de lâcheté.

Jeanne le regardait sans répondre; il y avait dans cette douleur muette quelque chose de si saisissant et de si infini, que Claudien se sentit au cœur une immense pitié... Mais il pensa à Armand et continua :

— Une fatalité me poursuit. Tu étais respectée, heureuse. Je me suis jeté au milieu de ta vie, et le malheur m'a suivi, et il te frappe à ton tour aujourd'hui. Ces chimères d'une vie impossible que notre délire se forgeait, il faut y renoncer, ma pauvre enfant. Cette existence que nous désirions n'aurait qu'une seule, une affreuse issue.

— Lui ! murmura Jeanne éperdue, anéantie sous cette justice de Dieu qui mettait son arrêt dans la bouche de son amant : — c'est lui qui se fait juge et qui me condamne !

— Je veux te sauver ! dit Claudien; je veux nous sauver tous deux ! Je veux que tu n'aies plus à rougir de m'avoir aimé.

Jeanne le regarda, haletante :

— Tu as vu quelqu'un? dit-elle subitement. Ce n'est pas toi qui me parles en ce moment. Tu n'aurais pas cet horrible courage. — Mon Dieu! mon Dieu! je ne voulais pas le laisser partir il y a une heure!

— Oui, dit Claudien, et c'est pour ton bonheur que je suis parti! — Seul, je n'aurais pas ouvert les yeux. Une passion fatale m'aveuglait. Il a fallu, sur le bord du gouffre, que la voix d'un frère vînt me crier : « Arrête! » Oh! c'est qu'il t'aime aussi, lui, cet homme que tu ne connais pas! — Et j'ai pu voir alors, avec terreur, que cet amour, si pur et si ardent, nous avilissait tous deux. Alors seulement j'ai pu comprendre et me dire que, de cet amour, j'avais osé tout accepter sans pudeur. J'ai eu peur et pitié pour toi en voyant l'homme que tu avais pu aimer.....

— De la pudeur! de la pitié! dit Jeanne avec feu; mais tu dis toi-même que je t'aimais! — Claudien, votre pureté d'aujourd'hui n'est que de l'égoïsme; ce que vous appelez le cri de votre conscience, c'est le cri de la lâcheté!

Puis, effrayée elle-même de ces dures paroles, elle reprit en pleurant :

— N'ai-je pas sacrifié plus que toi? Que peux-tu me reprocher? — Tu parles de ton frère! Et mon mari? Ta dignité perdue! Et mon repos, ma réputation, mon honneur? Je foulais tout aux pieds pour toi. Je renonçais à tout bonheur qui ne me fût pas venu de toi. Je me suis détachée de tout ce que je pouvais aimer. Pour toi, j'aurai la force de tout souffrir encore. Je bénirai le malheur qui te donnera une nouvelle preuve de mon amour, et c'est toi, toi! qui me repousses et viens froidement me parler d'honneur et de dignité, lorsque j'ai renoncé à tout cela pour toi!
— Tu ne m'aimes pas, Claudien, tu ne m'as jamais aimée!

Elle ne put continuer; les sanglots étouffaient sa voix. Claudien ne put soutenir plus longtemps le personnage de haute et impassible raison qu'il avait cru pouvoir jouer. Ses larmes coulèrent, et il se précipita aux pieds de Jeanne.

— Je ne t'ai point aimée ! Ne t'ai-je donc point assez donné de tristes preuves de mon amour ? Que voulais-tu de plus ? — Mais c'est parce que je t'aime, pauvre insensée ! que je veux te rendre ces biens que je t'ai fait perdre.

— Vous pouvez regarder en arrière, vous ! dit Jeanne ; vous pouvez oublier et rentrer dans la vie de tous, comme si rien ne s'était passé. — Pour moi, il est trop tard !

— Non, il est temps encore. — Fuir tous deux, ce n'est pas le paradis, c'est l'enfer qui s'ouvre. Crois-tu que, dans quelque lieu que nous soyons, on nous pardonnera le bonheur que nous nous serons fait tout seuls ? Tu ne te doutes pas encore des affreuses tortures que tu aurais à supporter. Le mépris t'accablerait. — Nous sommes coupables. Et tu connais ta faute, Jeanne ! car, comme moi, en y pensant, tu trembles ! Vois-tu la honte s'attacher à ton front si pur, et, au milieu de froids dédains qu'on me marchanderait même le droit de punir, vois-tu le fantôme glacé de la misère se dresser à notre chevet ? — La misère pour toi, Jeanne ! la misère pour prix de ton amour, de ton dévoûment ! Et penses-tu que je serai là, moi qui voudrais mourir pour te voir heureuse, — que je serai là, déchiré, impuissant devant ces souffrances que je t'aurais faites !...

— Oh ! dit Jeanne sans l'entendre, pourquoi l'ai-je laissé partir ?

— Jeanne, dit Claudien, écoute-moi. — Tu peux être heureuse encore. Tu peux reprendre cette place que tu crois perdue. Le monde n'a pas eu le temps de te soupçonner. Tu reparaîtras calme et tranquille comme auparavant. Seul je partirai ; mais je partirai consolé.

— Je ne vous comprends plus, répondit Jeanne. Vous voulez que je retourne près de mon mari, n'est-ce pas ? C'est bien là ce que vous voulez dire ? Croyez-vous donc qu'il me pardonne, comme votre frère vous a pardonné ?

— Oui, dit Claudien, il te pardonnera : il t'attend

— Et vous pensez que j'accepterai ce pardon, moi ! Mais de quel front, moi, souillée et flétrie maintenant, de quel front paraître devant lui ? Vous me parlez de considération, de bonheur. — Oh ! dit-elle en sanglotant et en se jetant dans les bras de Claudien, la misère avec toi plutôt !

— Jeanne, reprit Claudien s'abandonnant à son émotion, il me faut tout mon courage pour te résister. Ne l'affaiblis pas. — Vois, je souffre et je pleure comme toi. — Il faut nous résigner. — Ne me résiste pas davantage : c'est à en devenir fou !

— Ne m'abandonne pas, mon Claudien ! Que ferai-je sans toi ? Ne plus t'avoir là, contre moi, comme en ce moment... C'est impossible !... Pardonne-moi si tu as quelque reproche à me faire, mais ne me punis pas ainsi... Ce n'est pas vrai, tout cela, n'est-ce pas, Claudien ? C'était un jeu. — Claudien ! Claudien !

Claudien, qu'elle attirait vers elle, lui rendit un long baiser. — Jeanne tressaillit de bonheur. Leurs larmes coulaient ensemble sur leurs joues jointes.

— Tu ne sais donc pas, dit-elle tout à coup, — je serai bientôt mère !...

Toute la volonté chancelante de Claudien fut paralysée à cette révélation. Le secret que la pudeur de Jeanne lui avait caché jusqu'ici venait renverser tous les projets qu'il avait formés, tous ces projets si sages une heure auparavant, — et maintenant impraticables, pensait-il. Il avait déployé dans cette lutte contre Jeanne et contre lui-même tout le peu d'énergie dont il était capable. Il était au bout de ses forces, et il n'osait s'avouer à lui-même qu'il était heureux de ce nouvel incident, qui, à ses yeux, venait l'acquitter de sa faiblesse. La mère de son enfant n'était plus seulement Jeanne Regis. Toujours ardent à concevoir le bien, malgré son impuissance et son inertie devant l'exécution, Claudien éprouvait d'avance avec bonheur et orgueil le sentiment de la paternité. Oubliant la sanglante prédiction de son frère, qui devait se révéler en ce moment à lui avec tant de réalité, son esprit impatient s'élançait par un généreux élan dans les séduisants mirages d'un riant avenir. Il se voyait déjà entre sa femme et son fils, — ce fils qui était bien le sien... Les difficultés disparaissaient sous la baguette magique de sa confiante crédulité. Il travaillait pour son fils, pour la mère de son fils ; il travaillait pour les rendre heureux.

Il ne pensait pas à demander à Jeanne une résignation — désormais impossible — à d'autres projets. C'eût été trop exiger d'elle que de la forcer à avouer ce fatal secret à son mari. C'eût été plus de larmes et d'angoisses qu'elle n'en pouvait supporter. Et d'ailleurs, comment le banquier accepterait-il un pareil aveu ? S'il consentait, malgré tout, à recevoir Jeanne, — Claudien voyait son fils séparé de lui, livré à la haine de Regis : il le voyait puni d'un crime qui ne fut pas le sien, sans se croire en droit de défendre sa mère contre celui qu'il regarderait comme son père. Et cet enfant, lui, Claudien, ne pourrait pas l'embrasser ! Pour cet enfant, il serait un inconnu !...

Jeanne, inquiète, magnifique dans son désordre, épiait la pensée dans les yeux de Claudien.

— Pardonne-moi, s'écria-t-il enfin avec une expansion brûlante ; oublie tout ce je viens de te dire ; c'est moi qui étais insensible ! — Oui, tu seras heureuse avec moi ! oui, nous partirons ensemble pour ne plus nous quitter jamais ! Je me sens une force nouvelle.

— Tu avais raison, il y a encore du bonheur pour nous. — Nous séparer, c'était impossible. Il y a un lien éternel et sacré qui nous unit ! — Dis-moi que tu m'as pardonné !

— Oh ! merci, Claudien ! dit Jeanne radieuse, laissant couler à flots ces larmes de bonheur, ces larmes qui sont l'extrême sourire. — Je savais bien que tu ne pouvais pas m'abandonner ! C'est bien toi, mon Claudien ! — Je te retrouve grand et bon, comme je t'ai aimé...

Et tous deux enlacés dans un long et tendre embrassement, se regardaient avec ivresse.

Il leur semblait sortir d'un horrible rêve. Ils se souriaient comme aux premiers jours de bonheur et d'amour. Leur passion s'était retrempée dans la douleur.

Ils avaient tout oublié.

Et c'étaient de doux et interminables projets, mêlés de douces et interminables caresses. L'enfant était né ; il s'appelait Claudien — ou Jeanne. Jeanne ne voulait confier qu'à elle-même les soins de sa première enfance. Puis Claudien se remettait à ses études oubliées, pour faire lui seul l'éducation de son fils chéri. Et ils étaient heureux de ce bonheur tranquille et sûr que donne la famille.

— Louise ! dit Jeanne folle de joie à sa confidente qui rentrait : il ne m'abandonne plus ! — Il élèvera lui-même notre fils : — il est si bon ! Oh ! je me disais bien aussi que c'était impossible, que je l'avais bien jugé ! — Nous ne nous séparerons jamais : il m'aimera toujours !

— Toujours ! dit Claudien en la contemplant ravi.

## XVI

#### La fuite.

Quatre heures du matin sonnent à l'horloge de la cour des Messageries. Il fait nuit encore. Le ciel est chargé de gros et sombres nuages. La journée sera triste et brumeuse, et, comme la veille, la nuit viendra de bonne heure.

Une pluie fine et pénétrante croise ses mille réseaux. La cour des Messageries est presque déserte. De petites flaques d'eau ont envahi les interstices des pavés ; la lueur douteuse de quelques rares lanternes s'y réverbère en lames lumineuses. L'air est humide et froid.

A la porte de la salle d'attente, sous l'espèce d'auvent formé par la gouttière, d'où tombent de larges gouttes d'eau clapotant sur la dalle, Claudien est debout et attend. Jeanne est à côté de lui. — Ils sont silencieux et absorbés. — L'œil de Claudien est fixe, sa physionomie fatiguée. Jeanne est pâle et frissonne par instants. Leur voyage s'annonce sous de lugubres auspices.

La résolution de Claudien est irrévocable désormais. Son âme faible a pris avec une insurmontable energie un parti désespéré. Les conseils d'Armand à cette heure ne seraient même pas entendus. Mais en lui, quoi qu'il fasse pour en chasser le souvenir, retentissent, sinistres et éclatantes, les dernières paroles de son frère. L'image d'Armand revient malgré lui à sa pensée : il voit cette figure sévère et indignée lui reprocher son mensonge. Il se rappelle en ce moment l'argent que, dans sa profonde bonté, son frère lui a remis pour l'aider à rentrer dans une autre vie. A travers ses vêtements, ce papier qu'il avait oublié brûle sa poitrine. — Dès son arrivée, il le lui renverra. — D'autres images funestes se succèdent dans la pensée de Claudien : il voit l'avenir sombre. Il est désormais le seul soutien de Jeanne dans un pays inconnu. Il a lieu de croire que les ressources de Jeanne seront bientôt épuisées, — et ces ressources honteuses, il les calcule et les suppute en rougissant de lui-même. Il comprend, si la misère arrive, quels reproches sera en droit de lui faire cette femme qu'il aura arrachée à une vie opulente et facile. Parfois son imagination menteuse et facile aux espoirs décevants reprend le dessus : il espère qu'avec un travail et des efforts soutenus, il pourra être plus fort que les obstacles. Il se dit bien haut dans son cœur, pour se rassurer, que devant la nécessité se révéleront sa volonté et son énergie. Il aime Jeanne plus qu'il ne l'a jamais aimée, et cet amour lui donnera le courage dont il aura besoin. Mais l'expérience fatale qu'il a faite de lui, la décourageante analyse de son frère, le rappellent au vrai, et il retombe lourdement dans la fatale réalité. Lui qui a toujours et trop compté sur son avenir, il commence à douter de lui-même, et ce doute l'effraie et brise déjà ses forces. — Il pense enfin avec un bonheur glacé d'épouvante à l'enfant que Jeanne porte dans son sein.

La nuit, le froid humide, la pluie triste et glacée, agissent sur la nature nerveuse et impressionnable de Jeanne. Au moment de renoncer pour jamais à ce qu'elle était si heureuse d'abandonner la veille, elle a peur. Ses projets d'avenir et de bonheur s'effacent peu à peu et s'évanouissent. Elle peut en ce moment, en dehors de toute préoccupation ardente, envisager ce qu'elle laisse derrière elle. Elle pense au scandale que va faire naître sa fuite; elle voit le froid dédain de sa sœur en apprenant cette nouvelle. L'amour de Claudien lui rendra-t-il tout cela? La scène de la veille le lui a montré tel qu'il est, faible et irrésolu. Pourrait-elle toujours compter sur lui? — Mais une pensée d'espoir et de bonheur l'élève au-dessus de ces craintes et de ces regrets. Le sentiment de la maternité lui fait entrevoir déjà de puissantes et chaleureuses consolations.

Jeanne est plongée dans ces pensées. Par moments, elle tombe dans une noire mélancolie et frissonne.

— Tu as froid? lui dit Claudien.

— Non, Claudien, répondit Jeanne, ranimée déjà et réchauffée par cette voix.

Cependant l'heure du départ approchait. Des hommes traversaient la cour, conduisant des chevaux. Quelques voyageurs arrivaient; on transportait des bagages.

— Et Louise qui n'arrive pas! dit Claudien avec impatience.

— Il ne faut pas lui en vouloir, mon ami; elle a bien des choses à faire. Pour préparer et disposer ce que nous emportons, il faut du temps.

— La voilà! dit Claudien.

Louise, suivie d'un homme qui portait des bagages, accourait vers eux. Elle remit à M$^{me}$ Regis un paquet qu'elle portait à la main, plus léger que les autres.

— Je ne puis partir avec vous! dit-elle d'une voix haletante.

Jeanne et Claudien remarquèrent son agitation. Les traits de Louise étaient renversés, sa pâleur livide, et il y avait de l'égarement dans ses yeux.

— Qu'y a-t-il, au nom du ciel? dit Jeanne, craignant quelque nouveau malheur.

— Mon enfant est bien malade, répondit Louise. Je tremblais de le quitter un seul instant pour venir vous retrouver... Mais vous ne pouviez partir sans m'avoir vue...

Elle suffoquait.

— S'il va mieux, reprit-elle, j'irai vous rejoindre... Vous m'écrirez, n'est-ce pas, madame?

Elle voulut saisir la main de Jeanne. — Celle-ci l'embrassa en pleurant.

— Adieu, monsieur Claudien, dit Louise à Claudien, qui la regardait ému. — Vous serez heureux tous deux!...

Et elle s'enfuit.

— Pauvre fille! dit Claudien plus triste encore.

— Son enfant! murmura Jeanne avec terreur en pensant à elle-même. Claudien, si son enfant mourait!...

Tous deux se regardèrent avec angoisse; ils s'étaient compris. — Claudien lui serra les mains entre les siennes.

— Je t'en supplie, dit-il, écarte ces idées!...

Les chevaux étaient attelés et faisaient jaillir du pavé humide l'étincelle sous leur fer impatient. Les voyageurs se pressaient autour de la diligence; quelques-uns était déjà montés et avaient pris leur place. La voix du conducteur appelait les noms.

— On part! dit Claudien, heureux de cette diversion aux noires pensées de Jeanne.

Ils se dirigèrent à la hâte vers la voiture.

Un homme enveloppé dans un manteau leur barra le chemin. Quoiqu'on ne pût distinguer ses traits, Claudien le reconnut et frissonna d'un mouvement convulsif.

C'était Armand.

— Qu'as-tu, Claudien? demanda Jeanne, épouvantée sans comprendre.

— Monte dans la voiture! dit Claudien d'une voix entrecoupée.

Et il la poussa vivement par un mouvement instinctif.

Armand fit un pas pour l'empêcher et s'arrêta; Claudien était toujours devant lui, atterré, mais résolu.

— Armand, dit-il, ne me retenez pas!

— Tu ne partiras pas! répondit Armand. Je suis arrivé à temps, et je te sauverai malgré toi-même.

— Laissez-moi! s'écria Claudien en faisant un pas vers la voiture.

Armand rejeta son manteau en arrière, et se plaça de nouveau en face de lui dans une attitude décidée.

Jeanne, de la voiture, voyait cette scène. Elle voulut s'élancer.

— Au nom de Dieu! dit Claudien les dents serrées, laissez-moi passer!

— Tu ne passeras pas! dit Armand inflexible.

Les muscles de Claudien se contractèrent. Cette résistance froide et implacable l'exaspérait. Armand était toujours devant lui, immobile. Claudien voyait un abîme, et, aveugle, il s'y précipitait avec une fureur désespérée.

— Claudien! s'écria Jeanne d'une voix déchirante.

— Armand, faites-moi place! dit Claudien, menaçant, avec un sourd éclat.

Et il fit un pas en avant. Les poitrines des deux frères se touchaient. Armand ne recula pas.

— Armand! s'écria une dernière fois Claudien hors de lui.

— Tu ne passeras pas!...

Claudien, d'un élan aveugle, se précipita et repoussa son frère. Armand fut presque renversé.

Toute la résolution froide d'Armand et son impassibilité l'abandonnèrent en ce moment; il pâlit, son œil devint humide, et, sans faire un mouvement, il regarda son frère, qui franchissait le marchepied.

— Malheureux! dit-il avec une indicible expression de tristesse et de douleur, — malheureux!

La voiture ébranlée se lança au galop hors de la cour...

Armand était resté immobile, abattu. — Tout à coup, par un dernier effort et par une résolution subite, il courut après la voiture.

Il était trop tard. — A peine déjà pouvait-il l'apercevoir.

Il s'appuya contre une muraille et tomba dans un morne accablement. — Après quelques instants, il rentra dans la cour des Messageries.

— Quelle est la voiture qui vient de partir? demanda-t-il à un homme qu'il trouva devant lui.

— La voiture de Valenciennes, répondit l'homme.

Armand s'éloigna pensif.

En quittant son frère la veille, Armand s'était rendu chez M. Regis, avec qui il devait avoir une entrevue dernière et signer le contrat de vente de la fabrique de papiers. Armand s'en allait chez le banquier, le cœur content, sans inquiétude désormais. Tout lui avait réussi. Il allait conclure pour ses commettants une opération importante dont les résultats promettaient d'être brillants; il avait fait rentrer son frère dans le chemin de l'honneur; il partait avec lui le soir même, et se promettait bien de ne pas perdre le temps de la route pour donner une force nouvelle aux nobles résolutions qu'il lui avait été si difficile d'obtenir de Claudien.

Il arriva donc chez le banquier avec la physionomie calme et heureuse d'un homme honnête qui a fait son devoir et aidé ceux qu'il aimait à faire le leur.

Le banquier le reçut froidement et même avec une certaine défiance. Armand allait lui demander l'explication de cet étrange accueil : Regis le prévint.

— Eh bien, monsieur, lui dit-il avec amertume, vous m'aviez pourtant dit hier qu'on pouvait compter sur une promesse de vous?

— Que voulez-vous dire? demanda Armand inquiet.

— Ne le savez-vous pas? dit le banquier en le regardant fixement.

Comme Armand, étonné, le regardait sans paraître comprendre :

— M^me Regis, continua le banquier, M^me Regis a disparu. — Au lieu d'aller à Moulins, elle s'est arrêtée au premier relais, a dit aux domestiques de continuer sans elle, avec la chaise de poste, leur route pour Moulins, et a pris, dans une voiture publique, la route de Paris.

Armand était muet de surprise.

— Comment, dit-il, avez-vous pu savoir....

— Le cocher, répondit Regis, a continué sa route, suivant l'ordre exprès qu'il venait de recevoir de M^me Regis. Mais, à quelques lieues plus loin, il s'est consulté avec l'autre domestique. Le fait leur a paru si étrange, qu'ils ont redouté pour eux-mêmes une grave responsabilité. Ils ont pris le parti de tourner bride en toute hâte et de revenir aussitôt à l'hôtel. — Sera-ce vous, maintenant, qui me direz ce que je dois faire, vous qui êtes la cause de ce qui arrive aujourd'hui, vous qui m'avez empêché de prévenir ce dernier malheur, — lorsque je pouvais sûrement le prévenir?

La physionomie de Regis avait ressenti le contre-coup de ces événements. Ses traits étaient contractés, et sa voix tremblante et saccadée.

— Je puis vous assurer, dit Armand avec la plus ardente conviction, je puis vous assurer que M^me Regis n'a pas revu celui que sans doute vous accusez.

— Où donc est-elle alors?

Armand se leva pour sortir.

— Il y a dans tout ceci quelque chose que je ne puis comprendre, répondait-il. — La promesse que je vous ai faite hier, je la tiendrai, vous pouvez en être sûr, car, dans une heure, j'emmène ce malheureux hors de France. — Maintenant, un rien peut tout perdre. Promettez-moi de ne prendre aucun parti avant de m'avoir revu, et je crois pouvoir encore vous répondre de tout.

Regis réfléchissait. Son imagination bouleversée s'arrêtait confusément à mille résolutions impossibles, qu'elle repoussait aussitôt.

— Eh bien, soit, dit-il enfin. — Puisque le hasard vous a mêlé si singulièrement dans tout ceci, faites ; je m'en rapporte à vous. J'ai trop accordé déjà pour ne pas consentir cette fois encore.

— Attendez-moi donc, dit Armand.

Et il sortit.

Il ne doutait pas de son frère. Il ne supposa pas un instant que Claudien eût pu mentir pour se soustraire à lui. Loin de là, il comptait en ce moment sur Claudien même pour venir à bout de ce qu'il s'était chargé d'accomplir et pour faire rentrer M<sup>me</sup> Regis chez son mari.

Prévoyant que probablement ce nouvel incident allait retarder leur départ, il courut chez son frère.

Mais il était trop tard déjà. Jeanne et Claudien étaient près l'un de l'autre, et leurs précautions n'étaient que trop bien prises. — Le concierge, prévenu, annonça à Armand que M. Claudien avait quitté la maison et que les meubles avaient été enlevés dans la journée.

Cette nouvelle décevante rassura Armand. — Il alla attendre son frère aux Messageries.

Mais quand cinq heures sonnèrent sans qu'il l'eût vu paraître, Armand, malgré la noble confiance de son caractère, ne put s'empêcher de concevoir des doutes accablants. Il attendit longtemps encore : Claudien ne vint pas. Décidé à poursuivre jusqu'au bout une lutte où l'honneur de son frère était en jeu, il laissa partir la voiture.

Il savait à n'en pouvoir douter que Louise avait servi les relations de Jeanne avec Claudien. Ce fut chez Louise qu'il se rendit.

Il vit une femme en larmes auprès d'un enfant mourant. Louise était avertie, et, devant sa dissimulation de femme, la perspicacité d'Armand dut échouer.

L'anxiété d'Armand était cruelle. Il s'arrêta quelques instants dans la rue, se consultant.

Un homme s'approcha de lui et le salua : c'était Grouard.

— Eh bien, dit-il, monsieur Armand, que pensez-vous de ce qui arrive?

Armand le regarda, ne sachant que répondre, et s'aperçut que le pauvre poète avait eu sa part dans toutes ces émotions successives, car les traits de Grouard étaient tout bouleversés, et sa barbe et ses cheveux plus incultes que jamais.

— Qu'arrive-t-il donc? lui demanda Armand.

— Comment! dit Grouard, fort surpris, vous ne savez pas? — Elle part, monsieur, elle part demain matin!

L'attention d'Armand était, comme on doit le croire, excitée au plus vif degré.

— Le portier — ce brave homme! — m'a tout appris. Elle part, et me laisse là! Comprenez-vous cela, vous, monsieur?

— Permettez-moi de vous demander une chose, monsieur Grouard, dit Armand en l'interrompant. — Savez-vous où est Claudien?

— Non, dit Grouard en baissant la tête. Je ne l'ai pas vu depuis bien longtemps.

— Mais ne se voyaient-ils pas avec Mlle Louise?

— Elle le connaît à peine, répondit Grouard, un peu intrigué toutefois par les questions d'Armand.

Celui-ci vit que Grouard, de ce côté, en savait moins que lui, et qu'il fallait prendre un autre moyen.

— Enfin, vous, monsieur, reprit Grouard revenant à son idée fixe, vous qui êtes un homme raisonnable, comprenez-vous cela? Je veux bien que j'aie eu quelques torts avec elle ; mais ce n'est pas une raison — soyez juge — pour partir ainsi....

Dans le désespoir comique de Grouard, il était facile de voir une douleur profonde. Le pauvre garçon aimait sérieusement Louise, et, à l'idée de la voir s'éloigner de lui, ses yeux se mouillèrent d'une larme qu'il essuya honteusement.

— Mais comment s'est-elle décidée si brusquement à ce départ? lui demanda Armand.

— Il paraît qu'il est venu cette nuit chez elle une dame qui a fait lever la portière pour lui ouvrir. — Puis elle est sortie deux fois — dans la nuit. — Le matin, au petit jour, il est venu un jeune homme qui est parti quelque temps après. Puis il est revenu dans la journée et a emmené l'autre dame. — On ne comprend rien à tout cela. — Louise a annoncé au portier qu'elle quittait la maison et qu'elle partait demain matin.

Armand comprit tout. Son indignation fut plus vive encore que sa douleur lorsqu'il ne put douter que Claudien l'eût trompé. Un instant lui suffit pour décider ce qu'il devait faire.

Grouard le regardait avec un point d'interrogation dans chaque œil.

— Laissez-moi faire, lui dit Armand, et allez chez vous. — M<sup>lle</sup> Louise ne partira pas.

Grouard, encore indécis, ne savait s'il devait se réjouir.

— Allez chez vous, reprit Armand, et soyez sans inquiétude.

Il parvint à le décider à se retirer, mais ce ne fut pas sans peine.

Grouard, un instant après, revint sur ses pas, et lui dit avec une certaine solennité dans laquelle il y avait aussi un peu de défiance :

— Vous me répondez de tout, monsieur, n'est-ce pas ?

— De tout, dit Armand.

Grouard reprit lentement, mais avec un espoir au cœur, le chemin du phalanstère.

Armand, resté seul, réfléchit que Louise, partant, selon toute probabilité, avec Jeanne et Claudien, lui servirait de fil conducteur pour les joindre. Il ne voyait pas d'autre moyen de rencontrer son malheureux frère. Une fois en présence avec lui, il ne doutait pas d'être plus fort que sa dangereuse passion, et de le faire renoncer à un départ qui le perdait sans retour. Il résolut donc de passer la nuit tout entière devant la maison de Louise, pour être plus sûr de l'événement.

Il la suivit, sans qu'elle pût s'en apercevoir, lorsqu'il la vit sortir à quatre heures du matin.

Louise, pour éviter les embarras des préparatifs à Jeanne et à Claudien, s'était chargée de tout. Dans la soirée et dans la nuit, l'état de son enfant, qui paraissait d'abord ne devoir offrir aucune inquiétude, devint tout à coup si alarmant, qu'elle osa à peine s'en séparer pour s'acquitter de sa promesse auprès de sa bienfaitrice et lui annoncer qu'elle ne pouvait partir avec elle.

Lorsqu'elle rentra, l'enfant était mort...

## XVII

### Le coup de seconde. — Élections.

Le lendemain de cette conversation, le banquier reçut une seconde visite de Beauplaisir.

— Nous avions oublié hier un point important, dit celui-ci en l'abordant.

— Lequel? demanda Regis?

— Ma fortune, mes propriétés.

Regis le regardait sans comprendre.

— Sans doute, reprit Beauplaisir en riant. — Pensez-vous donc être le seul à avoir des biens au soleil?

— Enfin? dit le banquier, qui n'avait pas les mêmes motifs de gaîté de Beauplaisir.

— Mme de Sillerey m'adore, c'est fort bien; mais est-il bien sûr qu'elle m'épouse si je ne possède absolument rien? Son orgueil ou sa vanité aurait peut-être peine à soutenir l'épreuve. — C'est d'ailleurs aussi pour moi une question d'amour-propre : il faut que j'apporte quelque chose dans le contrat. — Nous apporterons la Roche-Pot.

— La Roche-Pot?

— Oui, — le château de la Roche-Pot.

— Lorsque vous vous serez expliqué...

— Vous ne savez pas ce que c'est que la Roche-Pot? reprit Beauplaisir. — La Roche-Pot est un domaine que ma famille possède depuis... — Enfin il nous appartient de temps immémorial. — C'était une propriété considérable qui a été morcelée par des ventes partielles et successives. Le château a fini par être démoli; on a voulu probablement empêcher qu'il ne tombât sur la tête des passants, et, comme notre droit de propriété était en litige et qu'il s'agissait d'un interminable procès, pendant qu'on plaidait d'un côté et qu'on tâchait de s'arranger de l'autre, que les huissiers, les clercs de notaire et d'avoué couraient à l'envi, les paysans se sont occupés de voler les matériaux, de telle sorte que, lorsque nos droits ont été reconnus, c'est tout au plus s'il restait trois pierres sur la place. — Par malheur, ces trois pierres se trouvent placées justement sur un affreux petit rocher, dans un pays perdu. — C'est dans les landes, à quatre lieues du bassin d'Arcachon. — Le terrain est crayeux, et il n'y pousse que des pierres à fusil. On ne pourrait pas y faire venir seulement un bouquet d'orties. — On a voulu vendre *ma propriété*, — et, sur une mise à prix de trois cents francs, il ne s'est pas présenté d'acquéreurs. — Entre nous, ça ne vaut pas cent sous. — Mais ce n'en est pas moins un domaine.

— Eh bien? dit Regis.

— Eh bien! reprit Beauplaisir, il faudra que vous m'aidiez encore de ce côté. Je ne puis décidément pas me présenter avec un si maigre apport devant le notaire qui rédigera mon contrat. Heureusement, c'est un bien-fonds auquel il est facile de prêter une valeur fictive, et c'est ce dont il s'agit. — Vous me faites acheter la Roche-Pot moyennant cinquante mille, cent mille ou cent cinquante mille francs, — je ne marchande pas, vous voyez. Quand la vente est enregistrée, — inutile d'ajouter que je vous donnerai toutes les sécurités et contre-lettres possibles, dit-il sans le moindre embarras en touchant la défiance que le banquier devait avoir de lui, — aussitôt la vente enregistrée, je vous rachète la Roche-Pot pour deux cent mille francs, dont vous me donnez quittance. — J'apporterai ainsi à la communauté une valeur de deux cent mille francs; — c'est peu, mais enfin!...

— Je ne puis me prêter à cela, répondit froidement le banquier. — On donne aux transactions du genre de celle que vous me proposez une épithète que vous me dispenserez de dire. — Je vous ai promis mon concours personnel et mon appui auprès de M<sup>me</sup> de Sillerey, — rien de plus.

Beauplaisir parut fort surpris de ce refus.

— Nous nous sommes réciproquement engagés, dit-il, moi, à vous faire député, — vous, à me marier. — Vous avez vu si j'ai manqué jusqu'ici mon programme. — Refuserez-vous maintenant de remplir les conditions du vôtre?

— C'est une indigne tromperie, répondit le banquier, qui ne put se défendre d'un mouvement de dégoût en regardant Beauplaisir. — Et je n'y prêterai pas les mains.

— Allons donc! dit Beauplaisir en riant. — Vous avez des moments où vous m'étonnez beaucoup, parole d'honneur! — Que craignez-vous? Ces choses-là ne se font-elles pas tous les jours? Serait-il donc hors de toute vraisemblance que vous voulussiez acquérir ces terrains? L'agriculture n'en peut rien faire; — mais vous pouvez les désirer dans un but d'exploitation industrielle. — Qui viendrait vous demander compte de vos desseins? Et où est l'impossibilité de ceci, que, regrettant un bien de famille, je voulusse le racheter, même le lendemain de la vente, fût-ce cent fois au-dessus de sa valeur? — D'ailleurs, on ne vous demande pas ici de mettre en rien votre nom. Il ne manque pas d'hommes de paille. Au surplus, — reprit-il lentement et en appuyant sur chacune de ses paroles, — rien n'est terminé entre nous, et vous pouvez, si vous le voulez, rompre notre marché. Je pense très-sérieusement que M<sup>me</sup> de Sillerey ne peut me donner sa main sans cela, — ou qu'au moins c'est un moyen de lever bien des difficultés.

— Or, je crois que vous tenez à ce mariage. Réfléchissez!

Une pensée de haine et de vengeance se trahit dans le regard du banquier. Ses sourcils se froncèrent, et ses lèvres minces se serrèrent l'une contre l'autre. — Il se dit aussi qu'en effet tout n'était encore qu'esquissé dans son pacte avec Beauplaisir; que celui-ci pouvait d'un mot mettre au néant ce qu'il avait commencé si bien.

Beauplaisir l'épiait, car il attachait une grande importance à la question qu'il venait de poser. Beauplaisir se rappelait la délation que le banquier avait exigée de lui; il n'avait pas oublié que Regis l'avait contraint à trahir Jeanne et son ami, et cette âme basse ne pouvait pardonner à celui qui l'avait forcé à commettre une bassesse. L'infamie a son orgueil. Le ver de terre rampe quand il suit son allure naturelle : mettez le pied sur lui, il se redressera. — Beauplaisir était de ces hommes qui n'oublient pas, et il s'était promis de se venger de Regis en lui appliquant la peine du talion. Il y avait vingt autres moyens de mener à bien cette affaire; — il les avait tous repoussés. Regis lui eût mis spontanément dans la main les deux cent mille francs, qu'il les eût refusés. Il ne voulait qu'une chose: — ignominie pour ignominie.

— Je ne vous demande pas une réponse immédiate, — dit-il, trop sûr de l'emporter, et après avoir laissé au banquier un instant pour réfléchir. — Nous causerons de cela dans un autre moment. — Eh bien, allons-nous chez notre belle veuve?

— Oui, répondit Regis en se levant brusquement. Vous pourrez vous y présenter dans une heure.

— Vous êtes charmant quand vous le voulez, savez-vous? dit Beauplaisir radieux.

Et il prit congé du banquier.

Il est midi. Le temps est tristement couvert d'un épais manteau de nuages gris. Le jour, terne et sombre, lutte à travers les épais rideaux de velours de la chambre à coucher de Mme de Sillerey, plongée dans des teintes crépusculaires. On éprouve un insurmontable malaise même dans cet appartement minutieusement défendu contre les caprices et les brusqueries de l'atmosphère. Au milieu de cette température artificielle, dans cet air transformé par les soins du luxe, les frissons saisissants — pénétrants et froids comme l'acier — planent suspendus. La neige, la grêle et la pluie tombent au dehors. C'est un orage d'hiver, — froids et pâles orages, sans les éclairs étincelants avant-coureurs, sans les étouffantes et fiévreuses chaleurs d'attente. La pluie glacée heurte les fenêtres à coups pressés et crépitants, comme pour demander refuge, et pleure de longues larmes qui coulent en dehors le long des vitres.

Mme de Sillerey vient de se lever. Elle a passé dans son cabinet de toilette, dont la porte s'est soigneusement refermée sur elle. Une camériste, confidente obligatoire dont la discrétion doit se payer bien cher, procède aux mille soins de son ministère mystérieux. Mme de Sillerey, attentive, suit ses mouvements dans la glace placée devant elle. Elle a mal dormi. Le temps sombre réagit sur elle, et une agitation inquiète la fait par instants tressaillir. Elle s'examine avec anxiété, comme elle a fait la veille, comme elle fait chaque jour. A cet examen sévère et inflexible, ses sourcils se rapprochent, l'arc de ses lèvres se détend, et un vif sentiment de tristesse se peint sur sa physionomie.

La crainte est clairvoyante quelquefois, — et Mme de Sillerey ne peut s'empêcher de s'avouer que ses yeux aux contours si francs et si purs s'entourent de tons bistrés et bleuâtres, de plis fins et légers, odieux indices, redoutables causes des sombres langueurs, des préoccupations profondes, des larmes secrètes. Sur le front de Camille, — uni comme le marbre il y a quelques jours encore, — l'ongle du temps trace déjà deux lignes, imperceptibles peut-être pour tout autre qu'elle. L'éternel sourire de la femme du monde s'est stéréotypé peu à peu — sentinelle permanente — des deux côtés de sa bouche, et ses traces indélébiles ne peuvent disparaître même en ce moment de tristesse et de peur. Elle se voit avec terreur prise sous le réseau des rides que la vieillesse jette d'abord, comme avertissement, d'une main faible et complaisante, — et qu'elle laisse ensuite peser de tout leur impitoyable poids.

Une autre opération plus mystérieuse encore vient de commencer. M<sup>me</sup> de Sillerey a jeté involontairement autour d'elle un coup d'œil inquiet, et elle s'est assise. — La femme de chambre saisit un petit instrument d'acier, coquet et brillant, et elle poursuit, penchée, quelques rares fils d'argent semés au milieu des cheveux noirs. Son minutieux travail se prolonge plus que d'ordinaire, — et Camille rêve plus profondément.

Le monde qu'elle a tant aimé, — le monde auquel elle s'est livrée tout entière, qu'elle a préféré à tout, aux affections de la famille, aux saintes joies d'un amour consacré, le monde auquel elle a sacrifié ses premiers jours, les plus beaux, sa vie en fleurs, sa beauté, — qui l'a accueillie avec transports quand elle avait sa triomphante escorte de jeunesse, d'opulence et d'orgueil, — ce monde égoïste et ingrat est prêt à la fuir aujourd'hui qu'elle n'a plus rien à lui livrer. Enivrée aux extases menteuses, consumée par les sécheresses de cet amour infécond et fou, elle a vu tout homme de cœur s'éloigner d'elle, — et elle a attendu au dernier moment pour comprendre, sinon pour se repentir. — Déjà la solitude se fait autour d'elle; cette couronne d'un jour qu'elle a mis tant d'efforts et d'adresse à conquérir et à conserver va lui échapper et passer sur la tête d'une autre, — car pour elle le soir est venu. Elle pense au lendemain et tressaille en voyant passer dans son imagination épouvantée trois fantômes glacés : la vieillesse, la laideur, l'abandon....

La vieillesse est plus prompte et plus impitoyable aux femmes maigres qu'à celles qui ont de l'embonpoint, — phénomène physiologique qu'il est facile de constater. Des chairs bien tendues donnent moins de prise aux rides, qui semblent s'émousser contre elles et ne pouvoir mordre, et, lorsque la fraîcheur du teint vient encore au secours de ces natures fermes et redondantes, les fruits dorés de l'été se conservent, savoureux et charnus, jusque par delà l'automne.

M<sup>me</sup> de Sillerey n'était pas une de ces privilégiées ; non qu'elle fût maigre, mais elle avait — en style d'atelier — les *attaches fines*, — et c'est presque de la maigreur. Elle n'avait pas cette beauté qui dure après toutes les autres : la majesté imposante de la stature. Avec sa taille svelte et élancée, elle s'en tenait à la distinction. Si elle pouvait être fière de ses formes élégantes et pleines, ces formes voilées ne pouvaient fournir qu'aux satisfactions d'un orgueil solitaire. Ce qui se voyait d'elle, ce qu'elle pouvait livrer, était nerveusement et souplement dessiné, mais délicat et ténu, comme le sont des extrémités et en raison même de l'exquise distinction de son être.

L'œil attentif de la veuve, à l'affût des atteintes du mal irréparable, les a aperçues le premier, — et, à cette découverte redoutée, elle a tristement baissé le front.

Pourtant, il vient un moment où le calme reparaît sur ses traits contractés. — Elle pense à Beauplaisir; elle sourit presque en songeant qu'elle n'a qu'un mot à dire — un mot bien impatiemment, bien avidement attendu — pour attacher à tout jamais à elle cette admiration depuis si longtemps fidèle et passionnée. Elle est heureuse en pensant que son pouvoir est toujours reconnu par lui, sacré et inviolable. Sa vanité se réfugie dans cet amour et s'y relève. Il y a en elle pour celui qui attend, incliné et soumis, une sorte de reconnaissance qu'elle ne voudrait pas s'avouer. Elle le voit à travers le prisme de son égoïsme et de son orgueil, fière de ce qui le distingue, indulgente pour ce qui lui manque. Elle flatte malgré elle le portrait qu'elle fait de Beauplaisir, rapportant au profit de sa personnalité les qualités qu'elle lui découvre et celles qu'elle lui cherche. Il est élégant et beau : — que de rivalités jalouses la regarderaient avec envie! — Elle épuise avec avidité jusqu'aux minuties de son triomphe. — Le nom de Simons jeté à la porte d'un salon est un des quelques noms qui font retourner les têtes, et son écusson éclatant attirera bien des regards sur les panneaux de sa calèche.

— Sur moi, — se dit-elle, — rejailliront toutes ces gloires; — à moi reviendra le parfum le plus pur des louanges et des succès. — Son esprit lui donne sur ceux qui l'entourent une incontestable puissance dont je prendrai la moitié.... Il est jeune, — et ce serait un démenti donné d'avance aux soupçons haineux, à tous ces regards qui épient dans l'anxiété de leur odieuse attente la trace que chaque journée de plus a laissée sur mes traits... Il m'aime, -- je n'en pourrais douter. Son amour me confirmera le pouvoir que j'ai sur lui, et que je conserverai sans ombrage, sans inquiétude... Mais — sa fortune!... il n'a rien, je crois... Un mariage ainsi conclu ne donnera-t-il pas prise aux médisances, aux calomnies? Ne cherchera-t-on pas de cruelles interprétations?... Et pourtant je ne puis rester veuve, — se dit-elle en jetant un nouveau coup d'œ sur la glace. — Vingt fois ce titre de veuve a été pour moi un embarras et un lien... Ma liberté n'est qu'un esclavage, et, pour être vraiment libre, il faut que je me donne *un maître*... Que ferai-je de cette liberté vaine et fausse quand je ne serai plus jeune, quand je ne serai plus belle?... Il faut quelqu'un là, près de moi... Ma sœur, si insignifiante et si pâle auprès de moi, s'appuie sur le nom d'un mari... Toute sa confiance et sa force sont là.... Et quelle différence entre *lui* et Regis!...

Et la physionomie de Camille s'épanouit tout à coup sous une singulière expression de malice. — Peut-être pensait-elle que le banquier ne pourrait s'empêcher de se rappeler des souvenirs bien chers, et la voir sans une affreuse jalousie au bras de Beauplaisir. La coquetterie a ses raffinements de cruauté naïve. Camille croyait que sous l'accueil affectueux fait par Regis à Beauplaisir se cachait une haine sourde.

— Il devine que je l'aime! se dit-elle.

Un bruit se fit entendre dans la cour de l'hôtel. La porte cochère cria sur ses gonds et se referma lourdement. La femme de chambre, sur un signe de M$^{me}$ de Sillerey, avait été soulever la mousseline qui retombait devant ses fenêtres.

— C'est la voiture de M. Regis, dit-il.

Camille se leva. Sa toilette était achevée. Sa physionomie s'était animée et éclaircie pendant le long entretien qu'elle venait d'avoir avec elle-même, et jamais peut-être la main habile de sa camériste n'avait eu un succès plus complet. — Camille ne put retenir un sourire de satisfaction, et elle donna à sa psyché un de ces longs regards qu'une femme prolonge jusqu'au dernier moment et qu'elle laisse à son miroir, la tête tournée longtemps encore, en interminable adieu.

En entrant dans le salon, M$^{me}$ de Sillerey vit M. Regis assis, le front penché entre ses deux mains. Lorsqu'il se redressa au bruit, elle fut effrayée de l'altération de ses traits. Les rudes secousses qu'il avait essuyées l'avaient fait vieillir en quelques jours.

— Qu'avez-vous? lui dit-elle en s'approchant de lui avec intérêt.

— Jeanne s'est enfuie de l'hôtel, répondit-il. Selon toute apparence, elle est allée rejoindre un misérable par qui elle s'est laissée séduire.

Le plus vif étonnement se peignit sur la figure de M%me% de Sillerey. Un acte énergique de sa sœur, quel qu'il fût, la surprenait au dernier des points.

Elle prit silencieusement les mains du banquier entre les siennes. Nulle mieux qu'elle ne pouvait comprendre qu'il y avait là une de ces situations dans lesquelles la parole doit être prudente et timide, et où le silence sert mieux que d'indiscrètes consolations.

— Qu'allez-vous faire? dit-elle enfin.

— Rien, répondit péniblement Regis. — Et que pourrais-je faire? Le scandale d'une séparation est le dernier des moyens.

— Vous avez raison, dit M%me% de Sillerey.

Les paroles du banquier venaient de la tranquilliser. Jeanne était sa sœur, et la honte d'une pareille faute devait inévitablement rejaillir sur elle. Dans son égoïsme, la première pensée qui s'était présentée à elle, c'est que son nom de femme était compromis.

— Qui aurait cru cela? reprit-elle.

Aux plaintes qu'elle donna généreusement et abondamment au banquier, à ses marques d'affectueuse compassion, elle mêla quelques mots de mépris glacé pour sa sœur. Elle fut sans pitié pour Jeanne et l'accabla. — A un mot qu'elle prononça, un mot sanglant et irrévocable, Regis, qui buvait en ce moment la lie de son calice, lui jeta un regard de haine sombre. Toutes ses fureurs, tous ses ressentiments se réveillaient. Camille, trop occupée de s'exalter sur la faute de sa sœur, ne vit pas ce regard. Elle puisait largement dans son invulnérable réputation, dans sa vertu de veuve inattaquable, les colères de son indignation et ses dédains furieux.

Elle se rappela enfin que Regis était là et que c'était devant lui qu'elle parlait ainsi d'une femme qui portait son nom. Elle laissa alors un instant de côté ce sentiment féroce de sa personnalité qui l'avait fait s'oublier.

Regis lui annonça son départ pour Moulins. A Paris, on croirait sa femme avec lui, et cela lui épargnerait de répondre à d'embarrassantes et inévitables questions. Ce serait toujours du temps gagné, et il aurait le loisir de s'arrêter à une résolution suffisamment mûrie — et définitive. — Les soins de sa candidature, ajouta-t-il, nécessitaient d'ailleurs ce voyage. Les élections étaient annoncées pour la fin de l'année, et il avait résolu de ne pas retarder de deux ou trois années, plus peut-être, son entrée dans la carrière politique.

Il ajouta encore — par manière de conversation et de confidence — que Beauplaisir seul était dans son secret.

— J'ai été heureux, dans un moment si pénible, dit-il, d'avoir auprès de moi un homme de ressources et de cœur. Sans lui, sans ses conseils, peut-être me serais-je laissé aller à n'écouter que mes ressentiments. — C'est une éternelle obligation que j'ai contractée envers ce jeune homme, et j'attends le jour où je pourrai reconnaître le service qu'il m'a rendu.

— Je répondrais de sa discrétion comme de la mienne, dit M<sup>me</sup> de Sillerey, très-attentive depuis un instant ; cependant, connaissant votre prudence, — exagérée parfois, — je ne m'explique pas que vous vous soyez confié...

— Mais, interrompit Regis, il était le premier —

avec vous — à qui je pusse faire partager mon secret et demander conseil. J'ai jugé Simons dès le premier jour où je l'ai vu, et j'ai découvert du premier coup d'œil tout ce qu'il y avait en lui d'intelligence, de générosité, de délicatesse. — Si je suis élu à Moulins, c'est à lui — je vous le dis entre nous — que je le devrai.

Camille se pencha sur le bras de son fauteuil pour écouter de plus près le banquier.

— Vous ne m'aviez jamais parlé de cela, dit-elle.

— Ce sont les affaires ennuyeuses, mon amie, — dit sentimentalement Regis en lui prenant la main ; — c'est déjà bien assez d'avoir un coin de votre cœur pour mes chagrins.

Et il continua :

— Oui, — je ne puis le nier à moi-même, — Simons a fait là ce que je n'aurais pu faire, moi... Il a déployé sa finesse et sa prodigieuse habileté ; il a eu d'incroyables activités de dévoûment. — Et puis il a utilisé toutes ses alliances, — qui sont, vous le savez, des plus belles dans le parti légitimiste. J'ai été étonné moi-même de l'influence énorme de ce jeune homme, à peine lancé dans le monde. — Plus âgé, — et sans son amitié pour moi, — il eût pu me disputer la place.

— Mais, — dit avec embarras Mme de Sillerey, — il faut certaines conditions... Je ne pense pas que M. de Simons soit riche.

— Riche, — non, répondit Regis. — Mais il lui reste encore quelques débris de sa fortune patrimoniale.

— Comment, des débris ? Est-ce que sa première jeunesse a été orageuse ?

— Je me suis mal expliqué, reprit Regis. — Oh non ; de ce côté-là, je sais depuis longtemps à quoi m'en tenir. Simons a toujours pensé trop sérieusement pour s'être occupé à dissiper niaisement un héritage, et on ne lui en avait pas laissé la peine d'ailleurs. — Sa famille était ruinée depuis longtemps.

C'est à peinse si son patrimoine lui permet de vivre, — deux cents mille francs en bien-fonds.

M<sup>me</sup> de Sillerey fit un léger mouvement. — Nous ne saurions dire si c'était de satisfaction ou de désappointement. — Nous pensons pourtant qu'elle avait intérêt à savoir à quoi s'en tenir sur la position de Beauplaisir, et qu'elle devait avoir, par conséquent, des données bien moins satisfaisantes sur sa situation financière.

Le banquier avait laissé tomber négligemment ses dernières paroles. Camille n'avait aucune raison de ne pas se confier entièrement à sa franchise.

— Mais, reprit-il un peu plus haut, ce qui vaut mieux que cela, ce qui est sans prix, — car cela ne s'achète pas, c'est le nom qu'il porte, c'est ce caractère si heureusement doué, droit autant qu'adroit, souple, habile, plein de vigueur et d'énergie. — L'avenir est bien large pour les hommes taillés ainsi!

Ici la pensée du banquier eut l'air de faire ce qu'on appelle en vénerie un *crochet*.

— Le dévoûment qu'il m'a témoigné est tel, s'est formulé par des preuves telles, que je suis encore à me demander ce que j'ai fait pour me l'obtenir. — J'ai pensé quelquefois que Simons agissait ainsi sous toute autre influence qu'une sympathie spontanée et assez inexplicable pour mes intérêts.

— Comment cela? demanda M<sup>me</sup> de Sillerey avec curiosité.

— Eh bien! répondit Regis, je me suis dit souvent que c'était peut-être vous que je devais remercier de tout ce zèle. Outre les liens de famille, il sait l'affection qui existe entre vous et moi. C'est vous qui me valez son affection.

En parlant ainsi, Regis paraissait scruter profondément le regard de M<sup>me</sup> de Sillerey. — Elle se crut observée et jugea prudent de ne rien livrer.

— C'est une plaisanterie ! dit-elle en riant.

— Il vous aime, reprit Regis, — et il est impossible que vous ne vous en soyez point aperçue.

Camille joua un demi-étonnement, — et Regis continua sur le même ton. Il soutint avec tant de chaleur la cause dont il s'était chargé, qu'un instant la défiance de la veuve crut qu'il était venu là pour présenter et appuyer les prétentions sérieuses de Beauplaisir. M^me de Sillerey éprouva un certain dépit de voir son ancien adorateur prendre aussi chaudement le parti d'un nouveau poursuivant. Sa coquetterie soutint cet échec jusqu'à ce que son impérissable vanité lui vînt en aide. — Elle se dit que Regis n'avait pu oublier son premier amour — et voulut à toute force qu'il se fût contraint à faire du dévoûment et de la générosité, et à sacrifier des espérances, irréalisables désormais pour lui, à sa reconnaissance des services que Beauplaisir venait de lui rendre.

Puis il partit. — Beauplaisir arriva ensuite.

Le chemin était tout tracé et la route facile. — Le panégyrique chaleureux de Beauplaisir, les insinuations adroites de Regis avaient surpris Camille dans la meilleure disposition d'esprit et coïncidaient heureusement avec les pensées qui la préoccupaient à l'arrivée du banquier. Quand Beauplaisir se présenta à M^me de Sillerey, l'accueil qu'il reçut lui fit comprendre que sa partie était gagnée. Camille était tendre !... Beauplaisir contint avec effort la joie de son triomphe. Il ne laissa pas deviner qu'il se doutât de son succès, et, loin de là, il ne fut jamais plus soumis, plus attentif, plus craintif. — Il savait par cœur l'adversaire qu'il avait devant lui.

Camille, qui était dans un de ces moments — le premier pour elle, peut-être — où la volonté se fait petite, où l'âme cède et attend, impatiente et frémissant de bonheur, l'ordre du maître, Camille se laissa prendre du premier coup aux modesties et aux doutes de cette passion qu'elle faisait depuis si longtemps attendre. L'attitude habile de Beauplaisir l'acheva. Elle se gonfla de toute sa fierté devant l'amour qu'elle inspirait, amour si profond et si vif, qu'il hésitait et tremblait au doux moment des derniers aveux, — si ardent, qu'il se retirait, modeste sous la cendre, attendant pour éclater qu'on lui dit : « Je vous permets de brûler. »

Mᵐᵉ de Sillerey et Beauplaisir accompagnèrent Regis à Moulins, où le mariage devait se faire. — Nous ferons grâce au lecteur des empressements, des impatiences, des extases de Beauplaisir auprès de Camille. Le contrat n'était pas encore signé, et la fascination était indispensable jusque-là. Si nous avons fait connaître Beauplaisir aussi bien que nous l'avons connu nous-même, on peut croire que ce ne fut pas ce moment-là qu'il choisit pour faiblir.

Au reste, dans une de ses conversations intimes avec le banquier, et comme celui-ci ne pouvait cacher son étonnement — étonnement mêlé d'un vague sentiment de défiance et de crainte — devant cette habileté et ce jeu puissant de la passion chez un jeune homme, Beauplaisir dit en riant :

— Mon cher maître, on met d'ordinaire le bouquet à la fin des feux *d'artifice.*

Pour Mᵐᵉ de Sillerey comme pour tous ceux qui furent appelés à jouer un rôle, ne fût-ce que comme comparses, dans cette belle comédie, Beauplaisir se montra donc noble et radieux jusqu'au dernier moment. L'astre ne se voila pas un seul instant du plus léger nuage. Il se soutint dans ces hauteurs avec une force d'haleine incroyable. — Il avait mené Regis bien plus loin encore que celui-ci n'avait pu d'abord le prévoir. Il l'avait contraint à passer par ses volontés pour la vente première et le rachat de ce qu'il appelait ses domaines, repoussant opiniâtrément toutes les autres combinaisons offertes par Regis. Ce qu'il avait voulu, il l'avait fait. Il avait sali par une complicité frauduleuse l'homme qui lui avait arraché une trahison. — Cela terminé, il avait passé à autre chose. Toujours par le canal du banquier, qui, une première fois compromis, n'était plus libre de s'arrêter, Beauplaisir avait aliéné secondairement la Roche-Pot ; vingt transactions diverses et souvent en désaccord apparent avaient succédé, avec cette rapidité qui ne perd pas une seconde, à la vente *à réméré* qu'il avait faite dans le principe à Regis, et il s'était ainsi constitué un avoir fictif considérable, et avait fini par trôner triomphalement sur un mythe. — Il trouva presque le moyen de se poser noblement aux yeux de quelques-uns en demandant le contrat sous le régime de la communauté, — la fortune à lui appartenant étant censée mobilière.

On se récria sur la grandeur et le désintéressement du procédé. Quelques-uns versèrent des larmes de tendresse. — Regis assistait à tout cela, ébahi, presque effrayé de son œuvre.

Le lendemain de son mariage, Beauplaisir remit au banquier dix billets de banque, et, cela fait, il respira largement, comme un homme soulagé d'un grand poids. Tout était fini entre Regis et lui. Beauplaisir se dit qu'il pouvait se passer d'un auxiliaire superflu, et qu'il serait trop niais de renouer une association où il aurait désormais la plus forte part à apporter. Il aimait mieux garder librement la haine qu'il conservait encore contre le banquier et l'indépendance de son ressentiment. Il pensa — dans l'espèce de conscience qu'il s'était faite à son usage — n'avoir aucun reproche à se faire en rompant, non en apparence, mais profondément et irrévocablement, le pacte conclu pour un temps donné entre ses intérêts et ceux de Regis. Toutes les conditions du marché avaient été remplies de part et d'autre :

Beauplaisir était marié.

Regis était député.

Car Armand, lui aussi, avait tenu sa promesse. Il avait stoïquement renfermé dans son cœur ses vœux et ses principes, sa vie tout entière, — comme le soldat qui roule son drapeau autour de son corps. Il n'appuya pas le banquier : il ne l'avait pas promis, car il aurait été au-dessus de ses forces de tenir un pareil serment. Mais lorsque de toutes parts on vint le consulter, il se renferma dans un triste et douloureux silence.

Si cette conduite surprit ceux qui étaient venus à lui, personne ne s'avisa d'en vouloir pénétrer les motifs, et chacun respecta la réserve d'Armand. L'estime qu'il inspirait était si profonde et si entière, que nulle supposition malveillante, nul soupçon hostile ne trouvèrent à s'éveiller.

Il assista, la mort dans l'âme, à ce convoi funèbre de ses sympathies et de ses idées, rêves adorés auxquels il lui fallait dire adieu, — et quand le sacrifice fut terminé, il rentra chancelant dans son intérieur, et recommença, comme la veille, sa vie uniforme de travail et de pensée.

Et il se promit de tout faire pour oublier Claudien, ce frère qu'il avait tant aimé...

## XVIII

#### A Bruxelles.

En arrivant à Bruxelles, Claudien et Jeanne louèrent un modeste appartement dans un quartier retiré. Ils s'appliquèrent à réunir dans leur retraite le luxe facile et économique des artistes, et le confort d'intérieur si bien compris aujourd'hui par toutes les aristocraties parisiennes.

Dans ce réduit arrangé avec une complaisance intelligente pour une vie cachée, ils vécurent trois mois oubliés de tous, oubliant tout, sans inquiétude de l'avenir et ne voyant que leur amour, qui semblait les envelopper de toutes parts comme un horizon sans bornes. Ils réalisèrent enfin leur rêve tant caressé, le rêve éternel des poètes, l'existence à deux.

C'est là une vie toute particulière dans laquelle l'âme, sourde à toutes les voix du dehors, insensible aux cris de l'ambition comme aux menaces de la misère, s'énerve aux délicatesses et aux minuties de la sensibilité intime, s'attache aux détails des petites choses du cœur, s'habitue à les exagérer et à en souffrir sérieusement comme à en retirer de grandes jouissances. Forcée de trouver dans une vie isolée et calme les aliments qu'il faut aux passions ordinaires de chaque jour, elle devient habile à découvrir, à créer et à féconder les moindres ressources d'émotions.

Il est rare qu'on ne sorte pas moins bon et moins intelligent de cette vie exceptionnelle, lors même qu'on s'est placé vis-à-vis du partenaire le mieux développé comme intelligence et comme cœur. A cette vie tant désirée, tant chérie, tant regrettée, qui paraît belle de tous les points de vue, l'esprit se rétrécit, et le cœur se dessèche. On s'est habitué, comme les enfants, à se sentir soutenu par une affection tutélaire et providentielle sur laquelle on croit pouvoir toujours compter, et, lorsqu'on se retrouve en contact avec les indifférents qui vous heurtent, au milieu des insouciantes brutalités d'un monde redevenu nouveau, on sent qu'on a perdu toutes ses forces pour le combat habituel et réglé de la vie commune et faite pour tous. On tremble en se voyant seul parmi des étrangers qui ne comprennent même pas votre langue. C'est qu'on peut tout acquérir dans la solitude, excepté du caractère. Ceux qui vivent de cette vie à deux entrevoient quelquefois au milieu de leur bonheur le fantôme lointain de cette menaçante solitude, et ils se replongent alors plus violemment en eux-mêmes. — Jouissances solitaires, bonheur égoïste qui amoindrissent et énervent, qui dégradent et tuent.

Jeanne et Claudien se laissèrent aller à cette pente sans même s'en apercevoir. Claudien perdit ainsi tous les moyens qu'il pouvait avoir de se refaire une position indépendante par une lutte courageuse contre la société. Il devait être vaincu plus tard, parce qu'il aurait retardé le jour du combat. Ils s'abandonnèrent tous deux sans frein à cet excès d'intimité et d'amour qui donne au cœur une fausse jeunesse, mais lui ôte toute sa virilité. Rien ne troubla la paix léthargique de l'espèce d'oasis où ils s'étaient ainsi arrêtés sans regarder au delà. L'argent que Jeanne avait apporté, mais surtout ses bijoux, qu'elle vendit en arrivant à Bruxelles, fournirent abondamment aux nécessités de cette vie énervante. Ils puisèrent sans compter à ce trésor ouvert dont ils ne regardaient pas le fond, et vécurent largement sans être presque obligés d'avoir le moindre rapport avec tout ce qui n'était pas eux;

Ils n'eurent l'idée de s'imposer aucune privation. Jeanne, habituée au luxe facile d'une vie toute faite, n'avait jamais eu d'argent à elle, et elle manquait de cette divination qui, à nombre de femmes dans sa position, eût fait comprendre instinctivement les besoins à prévoir, les nécessités de la vie pratique. Claudien avait une de ces natures apathiques et sentimentales qui s'endorment et se laissent aller aux doutes de l'avenir, ne veulent voir que le bon côté d'une situation équivoque, et repoussent avec terreur l'idée des résistances et des difficultés futures.

Une dernière et puissante raison devait empêcher Claudien et Jeanne de mieux arranger leur vie. Lorsque deux organisations défectueuses, mais délicates, se trouvent vis-à-vis l'une de l'autre dans une position fausse sous le rapport des intérêts et des calculs immédiats, une dernière pudeur insurmontable les empêche toujours de toucher à ces questions où défaillirait la probité expirante. Il est de ces choses dont la nature est d'une sensibilité si exquise et si fragile, qu'on ne peut y toucher, même légèrement, sans faire d'énormes blessures. Ce sont des édifices de cendres.

C'est là qu'en étaient Jeanne et Claudien. Ils s'aimaient sincèrement, mais avec une arrière-pensée.

Aussi la pauvreté inexorable vint-elle un jour les surprendre à l'improviste, sans qu'ils eussent rien résolu, rien examiné. Ce fut un triste moment que celui où ils se virent ainsi tomber du haut de cette prospérité volée sans résultat. Ce moment porta un rude coup à leur amour vivace encore, car il fit à chacun d'eux désormais une part plus large d'arrière-pensées et de troubles personnels. — Il fallut prendre à la hâte un parti.

Claudien se dit qu'il allait travailler. — Il s'arrêta, tranquillisé, à cette résolution qu'il eût dû prendre depuis longtemps et qui n'arrangeait rien.

En effet, — Claudien, qui ne savait aucun état, ne se jugeait propre qu'au métier littéraire, — le seul qu'on croie savoir sans apprentissage. Mais en ceci il se trompait comme tant d'autres. Il mettait le pied sur un terrain difficile et dangereux, où l'imagination, la spontanéité ne sont rien si elles n'ont été passées aux filières préparatoires des longs travaux. Il ne connaissait à fond — ni le métier du drame, — ni le métier du roman, — ni le métier de la poésie. Aucun de ces métiers, d'ailleurs, ne fait vivre son homme tout de suite. — Les poètes, qui deviennent députés, académiciens et ministres quelquefois, ont besoin des suffrages unanimes et persévérants de toute une aristocratie et de la partie de la presse qui la représente. — Le drame et le roman sont d'exploitation impossible à Bruxelles, où la contrefaçon met les œuvres d'Hugo et de Musset à vingt sous le volume. Le prince Rodolphe et M<sup>me</sup> de Nucingen se rencontrent dans les librairies belges sur d'affreux papier gris in-18, sans marges. — Quant au théâtre, tout le monde sait que les pièces de M. Scribe suffisent aux plaisirs de tous les étrangers qui parlent français. — Que faire?...

Ensuite, — objection tout au moins aussi grave quant à Claudien, — il ne suffit pas de s'absorber dans la contemplation de soi-même pour faire des œuvres d'art. Il faut avoir vécu au milieu de la grande communauté du monde, avoir étudié le choc des passions des hommes, pour pouvoir chercher, même vaguement, quels ressorts cachés produisent ces petits grands événements que nous fournit la vie de tous les jours. Le seul livre que Claudien eût pu écrire peut-être, c'eût été un livre comme *Adolphe*, — un livre où on étudie son cœur dans une seule situation donnée, sans aucune complication extérieure ou d'intrigue. Mais, pour qu'un pareil livre puisse se lire, il faut qu'il soit conçu par un homme de génie, sûr de son style, et Claudien était Claudien. Il ne se connaissait guère plus lui-même qu'il ne connaissait les hommes. Il avait quitté le collége pour monter au grenier du phalanstère ; du phalanstère il était tombé dans les bras de Jeanne, — et il n'avait rien vu au delà.

Indécis sur le choix du travail qu'il devait entreprendre, il se mit à chercher des travaux à faire, au lieu de mettre à fin des essais qu'à force de tentatives et de démarches il aurait peut-être pu finir par placer. Ce procédé, qui ne réussit qu'à quelques hommes, rares heureusement, dont l'intrigue dissimule et couvre la médiocrité, ce procédé ne pouvait amener aucun résultat pour Claudien, mais il convenait mieux à sa paresse native. — Pendant quinze jours, il courut les librairies, les journaux, les mauvais lieux de la littérature, se présentant partout sans connaître personne, comme un étranger, comme un intrus, et, grâce à son inexpérience de tout, se laissant toujours éconduire sans espoir de retour. Il faut dire qu'il reculait moins devant les fatigues de cette activité de jambes que devant la moindre escarmouche à livrer à son imagination, rétive parce qu'elle n'était pas exercée. Mais enfin il se lassa. Alors, devenu irascible, il se cramponna avec plus de désespoir que jamais à sa précieuse apathie, et détourna même ses regards de sa vie de chaque jour.

Peu à peu la santé de Jeanne s'altéra. Son front se plissa, ses lèvres devinrent pâles, un cercle bleuâtre entoura ses beaux yeux, dont l'éclat se voilait. Toujours douce et résignée devant les impatiences, les accablements et les colères de Claudien, elle devint profondément mélancolique et reçut alors le baptême de cette seconde beauté que la souffrance donne aux femmes délicates.

Claudien attribua ces symptômes d'un mal caché à

la grossesse de Jeanne, et n'y voulut pas chercher d'autres causes.

Cependant, un jour qu'il s'était levé plus tôt que d'habitude, il vit Jeanne cacher précipitamment quelque chose à son approche. Dès qu'elle fut sortie, il alla vers une armoire dont elle s'était réservé la disposition, et y trouva des dessins, des échantillons, des broderies commencées. — Il se souvint alors que Jeanne s'était souvent autrefois vantée à lui, en plaisantant, d'avoir un métier tout prêt, si jamais elle en avait besoin...

De tristes larmes mouillèrent les yeux de Claudien à cette découverte. Il en fit un retour sur lui-même. — Jeanne avait gardé cette place qu'il lui avait laissé prendre : c'était elle qui faisait face à tout, non plus avec de l'argent à elle, argent facile et venu tout seul, mais avec de l'argent gagné péniblement, presque honteusement, au prix des démarches, des prières, des nuits passées, des yeux rougis, des doigts flétris par l'aiguille. — Toute l'apathie égoïste de Claudien frémit et s'indigna à la vue de ce dévoûment sublime et muet, de cette pauvreté vulgaire et courageuse. Il se rappela l'anathème d'Armand : il se vit tel qu'il était, et il eut horreur de lui. Il eut encore un dernier élan généreux et digne, — plus puissant peut-être que les autres, — mais qui, comme les autres, ne devait pas mieux aboutir. Cette fois encore, la force lui manqua. La pensée était devenue pour lui un fardeau trop lourd. — De même, le jour où il voulut sortir de son rôle de lâche, Lorenzaccio sentit que sa main était devenue trop débile pour soulever une épée.

Jeanne sut qu'elle était devinée, et elle feignit de l'ignorer. Elle continua son sublime sacrifice avec pudeur et persévérance. Parfois, seul, Claudien pensait à cela et répandait des pleurs amers — et inutiles.

Entraîné par sa propre inertie plus avant encore dans cette route d'opprobre, il finit par étouffer presque complètement le cri de sa conscience agonisante. — Il s'habitua à voir travailler Jeanne. — Comme leur vie d'autrefois, la vie qu'ils menèrent alors fut consacrée par une espèce de convention tacite sur laquelle ils ne s'expliquèrent jamais.

Jeanne fut patiente jusqu'à la fin. Mais elle ne put s'empêcher de songer souvent avec une amère tristesse à son mari, qui lui avait fait une vie honorée et respectée par tous, à son intérieur sévère et digne, à son pauvre enfant, qui allait naître bientôt, qu'elle aimait déjà comme s'il était né, et dont l'avenir l'épouvantait.

Les derniers jours de la grossesse arrivèrent. Jeanne parut plus belle que jamais à Claudien et se montra à lui revêtue de cette gravité sereine, de cette dignité douce qui vient s'imprimer par avance au front des jeunes mères. Tous deux ils retrouvèrent des heures heureuses et comme empreintes de la fraîcheur poétique de leurs premières amours. — L'enfant désiré vint au monde et resserra pour un temps ces liens renoués. En pressant leur fille dans leurs bras, en la baisant à la même place, en l'accablant de caresses effrénées que le sentiment paternel invente encore mieux que l'amour, ils crurent s'aimer comme autrefois et sentirent leurs cœurs s'emplir d'un vague espoir.

— Oublions tout! dit Claudien à Jeanne; soyons heureux, et vivons pour cet enfant. Nous pouvons encore espérer.

— Qu'ai-je à oublier? Je t'aime, dit Jeanne.

Et une naïve confiance rayonna sur les lignes pures de son beau visage. Claudien sentit de délicieuses larmes couler le long de sa joue pâle et amaigrie. Il partagea ses caresses entre son enfant et sa maîtresse, et il y eut entre eux, devant cette enfant qui promettait d'être belle comme sa mère, de longues heures de douce causerie et de purs épanchements. Les beaux rêves de Claudien lui revenaient plus beaux encore. — Il y a quelque chose de tellement noble et sacré dans l'accomplissement des grandes fonctions de la nature, dans l'exécution de ces graves et belles commissions que la Providence donne à l'homme, que la corruption même en est frappée et s'y épure. — Claudien puisa dans le sentiment paternel une nouvelle force, et recommença ses tentatives avec une confiance qui les fit réussir.

Il obtint une place de secrétaire auprès du directeur d'une vaste entreprise industrielle. Cet emploi, facile à remplir, ne prenait à Claudien que quelques heures de sa journée, et fournissait une somme à peu près suffisante aux besoins du ménage. — Mais — comme tous les jeunes gens qui n'ont encore rien fait — Claudien, malgré sa paresse excessive, croyait pouvoir entreprendre toutes les carrières, et y devenir un homme de premier ordre. Aussi trouva-t-il très-dur de se soumettre à accepter une position secondaire, quelque honorable qu'elle fût d'ailleurs et quelque soin qu'on prît de mettre, dans tous les rapports qu'on avait avec lui, une politesse affectueuse. — Son patron était pour lui un ami ; mais les fournisseurs, les capitalistes, les hommes d'affaires qui venaient là avec de grandes préoccupations d'intérêt, et qui ne connaissaient pas Claudien, lui firent quelquefois sentir rudement sa position par un mot involontaire. — Claudien voulut être fier et digne ; il fut insolent. L'homme qui l'avait pris en affection cessa d'avoir pour lui les mêmes ménagements, et arriva naturellement à ne plus être que d'une stricte justice.

Alors le caractère de Claudien s'aigrit comme par le passé. Tous les jours, il rentra chez lui fatigué, excité, irrité, rempli de toutes les colères qu'il avait eues à contenir. Tout cela retomba sur Jeanne. Pendant longtemps elle supporta avec patience et résignation les injustes querelles de Claudien ; mais à la fin elle manqua de courage. — Souvent elle inventa le matin mille prétextes pour retenir son amant auprès d'elle, vaincue par la terrible appréhension des scènes qu'elle aurait à endurer le soir. Claudien devint inexact. On lui en fit l'observation d'une manière polie, mais froide. Claudien répondit avec aigreur, — et fut *remercié.*

Jeanne en fut presque contente. — Malgré la gêne que cet événement apportait dans le pauvre ménage, elle n'engagea pas Claudien à chercher une autre occupation. — Claudien avait pris l'habitude des lâchetés. Il recommença la vie oisive et laissa à Jeanne quelque tranquillité. Elle l'en aima plus que jamais dans sa passion aveugle. Elle était devenue semblable aux enfants et à tous les opprimés, qui sont presque reconnaissants à leurs maîtres du mal que ceux-ci ne leur font pas.

Cependant, malgré tous ses efforts, la misère devint extrême. Le travail d'une femme suffit à peine à la nourrir : vivre deux sur cette seule ressource et en conservant les apparences du luxe, c'est tenter l'impossible. Il fallut quitter ce petit appartement où ils s'étaient arrangé avec tant de goût et d'amour une délicieuse retraite. — On éprouve une souffrance indicible à quitter un endroit où l'on a été heureux, où l'on s'est aimé ; car alors on compte avec son bonheur et avec son amour, et on voit en tremblant combien on a perdu depuis le premier jour dont le souvenir s'attache à cette demeure, à ces meubles, à ces tentures, à ces objets familiers qui tous gardent quelque chose de votre cœur. Jeanne et Claudien étaient déjà pauvres ; mais, entourés d'objets qui leur rappelaient une existence plus douce, ils ne voyaient pas leur pauvreté dans toute sa laideur vulgaire. Mais lorsqu'il fallut subir la misère nue et non fardée, avec les meubles de mauvais goût et dépareillés, les carreaux boiteux, les étoffes de couleurs criardes, les tentures souillées, — la misère avec la porte et la fenêtre mal jointes, ouvertes au vent et au bruit de la rue, avec la cheminée sans feu, lugubre porte-voix des ouragans, — devant cette horrible mise en scène de leur vie, Jeanne et Claudien sentirent leur cœur se gonfler.

Peu à peu la paresse de Claudien devint de l'apathie, le courage de Jeanne du désespoir. Mère courageuse, elle poursuivit sa tâche pénible ; elle eut avec Claudien tous les raffinements d'amour et d'amitié qu'ont les mères et les sœurs. Au milieu de cela, elle travaillait sans merci ni relâche, comme une manœuvre, en même temps que, par une magnifique révélation, plus que jamais elle fut pour son enfant une mère attentive et enthousiaste. Jeanne réalisa dans sa plus complète et sublime expression ce type céleste de la mère. Mais le Dieu terrible qui préside aux expiations était loin encore d'être satisfait.

Elle ressentit alors les plus cruelles alternatives d'accablement et de joie, d'espérance et de crainte. Ses angoisses furent terribles devant le berceau de cet enfant qui, né à peine, semblait devoir repasser les portes de la vie et s'affaissait, avant d'avoir vécu, sous la main pesante et glacée de la misère. Jeanne fut plus que jamais héroïque. Pendant les rares instants où la fièvre laissait quelque repos à son enfant, elle travaillait en veillant sur son sommeil. Il n'y eut jamais pour elle un instant de repos ; ses joues perdirent leurs couleurs déjà pâlies ; ses yeux rouges se creusèrent et brillèrent d'un feu sans éclat et lugubre. Mourante elle-même, elle rassembla ardemment ses suprêmes efforts pour écarter la mort du berceau de son enfant.

Le dirons-nous? Claudien fut à peine ému; son amour pour Jeanne n'était pas un de ceux qui pussent se transformer et s'épurer par le malheur. Si, dans la triste existence qu'il menait depuis qu'il était sorti de France, Jeanne représentait quelquefois encore le bonheur, Claudien sentait bien que, pour lui, elle n'était déjà plus un but, qu'elle était devenue un lien. Le spectacle de cette misère qu'il avait oubliée, avec laquelle il avait cru rompre pour toujours, ce spectacle l'irritait et excitait en lui plus de dégoût coléreux et de découragement que de sympathique pitié. Il ne se dit pas, il ne voulut pas comprendre que lui seul était cause de toutes ces douleurs, de toute cette misère. Il se figura qu'il les subissait en témoin fatigué, en victime. Il se familiarisa d'autant plus avec cette idée, qu'il se tint toujours en dehors de la lutte et qu'il se crut, par conséquent, hors de la responsabilité. Jeanne seule faisait tous les efforts; il lui attribua tout le crime. La gangrène avait fait de rapides et d'effrayants progrès chez lui. Il en vint à se reprocher le soi-disant sacrifice qu'il avait fait en se chargeant de Jeanne, et arriva, par une inconcevable et naturelle logique, à se trouver généreux. « Sans elle, se disait-il, j'aurais maintenant une position; mon talent m'aurait donné la place que je devais occuper dans la société. » Cette idée grandit chez Claudien, qui, pour s'absoudre de sa vie infâme, trouva le moyen de se poser en martyr à ses propres yeux. Il se complut dans ce rôle des âmes faibles, et se crut victime et méconnu.

Il accablait Jeanne d'indifférence glacée, de reproches injustes et sanglants. Si quelquefois dans ces honteuses querelles, en voyant Jeanne sanglotant et désespérée devant sa dureté sèche, il sentit ses yeux enflammés s'emplir involontairement de larmes cuisantes, il eut l'affreux courage de se taire pour dérober à Jeanne le spectacle de cette émotion qui l'eût consolée. Lorsqu'il sentait venir sur ses lèvres un de ces mots qui guérissent à un moment donné une plaie qui, deux secondes plus tard, sera mortelle, son orgueil de fer, sa féroce insensibilité arrêtaient cette bonne parole, et Jeanne tombait épuisée par ces luttes inégales.

Tant qu'elle put résister à ce triste combat, tant qu'elle ne craignit pas de laisser son orphelin, — car Claudien n'était plus un père, — tant qu'il resta quelque espérance, elle ne se plaignit pas. Mais lorsqu'enfin elle se sentit vaincue, lorsqu'elle vit l'avenir de sa fille lui apparaître sous un jour terrible, elle se décida avec fermeté à relever la tête et à demander à son séducteur ce qu'il voulait faire d'elle.

— Claudien, lui dit-elle d'une voix grave, dans un de ces instants de muettes et amères réflexions qui succédaient aux violentes et aux dures paroles, — Claudien, j'ai quitté pour vous ma position, ma famille, mon bonheur. Je vous ai donné tout ce qu'une femme peut donner...

— Ne me reprochez pas des bienfaits dont je voudrais aujourd'hui n'avoir pas à rougir, dit Claudien avec colère. Sans vous, j'aurais gagné honorablement, au centuple, cet argent que vous me reprochez.

— Claudien, dit Jeanne en pleurant, vous ne voulez pas me comprendre. — Vous êtes bien cruel ! — Je vous répète que j'ai tout quitté...

— Et moi, interrompit Claudien avec rage, n'ai-je rien quitté, rien perdu pour vous? N'avais-je pas dans la tête, dans le cœur, tout ce qu'il faut pour devenir un homme de talent, un homme de génie peut-être? Croyez-vous donc que je ne pouvais pas me faire une existence digne et brillante, au lieu de cette vie que je mène avec vous? Pensez-vous que je sois né pour traîner au pied sans espoir le boulet de la honte et de la misère? Ai-je passé dix ans de ma vie à acquérir péniblement une éducation, à me créer des éléments d'un riche avenir, pour aller m'enterrer à vingt ans avec une maîtresse?

— Une maîtresse! répéta Jeanne atterrée.

— N'ai-je pas à regretter plus que vous? continua-t-il impitoyable. Tous mes beaux rêves ne devaient-ils aboutir qu'à vivre avec une femme malade, au milieu de la couture et des soins du ménage?

— Je ne regrette rien, reprit Jeanne lentement, rien que votre amour perdu. Je ne vous reproche pas de n'avoir pas atteint une position qui a fui devant vous. Jusqu'ici, le ciel a bien voulu me conserver assez de force pour que mon pauvre enfant ne mourût pas de faim. J'ai pu vivre, — au milieu de la couture et des soins du ménage, comme vous me l'avez reproché si durement.

— Enfin?... s'écria Claudien.

— Laissez-moi parler, dit Jeanne. — Rien ne m'a coûté, ni les soins, ni la fatigue, ni les veilles. Je ne vous reproche rien de tout cela. — Mais vous, vous que j'ai tant aimé, vous que j'aime encore plus que moi-même, pourquoi n'avez-vous rien respecté en moi? Pourquoi m'arrachez-vous jour par jour ma santé, nécessaire à la vie de mon enfant, — de notre enfant? reprit-elle les yeux fixés sur son amant.

Claudien, les sourcils froncés, ne la regardait pas.

— Pourquoi ne voulez-vous même pas me laisser mon amour pour vous, cet amour sur lequel vous avez toujours pu compter?

Elle prononça ces mots avec une sublime conscience de sa vertu. Claudien, poussé à bout, l'interrompit brusquement.

— Eh! que sais-je, moi? dit-il. Qui me répond de vous? — Vous avez bien quitté votre mari!...

— Oh! vous êtes un lâche! dit sourdement Jeanne, abattue sous ce dernier coup.

— Malheureuse! s'écria Claudien en se levant avec fureur.

Il resta un moment immobile, les traits bouleversés; puis il sortit brusquement en renversant les meubles et en poussant la porte avec violence.

L'enfant, éveillée, cria.

Jeanne alla s'asseoir près du berceau, et, cachant sa figure dans ses mains, elle versa à torrents des pleurs amers.

Claudien était dans un tel paroxysme de colère, que, pour l'assouvir, il se fût presque jeté sur le premier passant. Il fit quelques pas dans la rue; l'air froid le frappa au visage. Il se découvrit la tête et marcha avec rapidité. — Lorsqu'il fut un peu calmé, il regarda en lui, — et eut un horrible remords; il marcha plus vite encore, comme pour se fuir lui-même...

Au détour d'une rue, il heurta violemment un homme. Sa colère fut réveillée, et il levait un œil menaçant...

— Claudien! dit avec la plus grande surprise celui qu'il avait heurté.

C'était Éleuthère.

## XIX

#### Nouvelles de Paris.

— Parbleu! s'écria Éleuthère, je suis content de te voir! — Mais comme tu es changé, mon pauvre Claudien! ajouta-t-il en examinant les traits de son ancien ami.

— Tu trouves? dit Claudien souriant avec amertume.

— C'est effrayant! répondit Éleuthère d'un ton pénétré.

— Mais, toi-même...

— Oh! moi aussi, je le sais bien. — J'engraisse!

Éleuthère, en effet, était loin de ressembler à ce qu'il était autrefois. Il avait grandi. Sa physionomie était toujours franche et ouverte; mais elle avait perdu ce caractère vague et insouciant, cette allure habituelle de grosse gaîté, large et peu curieuse de délicatesses, cet air de cabaret joyeux et sans façon, ouvert à tout bon compagnon. Le gamin s'était fait homme. Éleuthère avait pris du maintien, de la tenue : il avait presque de la dignité. Mais en lui apparaissait toujours l'artiste, si le rapin avait disparu. Ses cheveux, un peu longs, comme autrefois, étaient massés avec goût et se maintenaient : on sentait que le coiffeur avait dû passer quelquefois par là. Il portait barbe et moustaches, mais tout cela de proportions raisonnables. — Rien n'attirait l'œil.

Les mêmes changements se faisaient remarquer dans son costume. Quoiqu'il fût en tenue de voyageur, ses habits, d'une coupe gracieuse et raisonnable, n'offraient aucune exagération de mauvais goût. Éleuthère, tel qu'il était, pouvait se présenter partout, — et le plus *bourgeois* des *bourgeois* l'eût vu passer sans haine et sans défiance.

— Eh bien! dit-il à Claudien, qui, rêveur, l'examinait, — que fais-tu? — On m'a dit que tu étais ici avec ta maîtresse.

— Qui t'a dit cela? demanda Claudien.

— Beauplaisir.

— Comment le sait-il? se demanda Claudien. —

Mais, reprit-il à haute voix, tu le vois donc toujours ? Que devient-il ?

— Est-ce que tu ne sais pas ?... — Il est marié ! — marié, mon cher, avec une veuve des *Mille et une Nuits* — qui lui a apporté une fortune énorme. Il a réalisé son rêve. Il a un château, un hôtel magnifique à Paris, des chevaux...

— Cette veuve ne se nommait-elle pas M<sup>me</sup> de Sillerey ? demanda Claudien.

— Oui, répondit Éleuthère, qui parut surpris que Claudien sût cela. — C'est Beauplaisir qui m'a fait obtenir des commandes du gouvernement, et je peux dire que c'est grâce à lui que je viens en Belgique copier des Rubens. — Au fond, c'est un bon enfant. — Quand il a été marié, nous l'avions perdu de vue depuis bien longtemps ; — il est revenu nous voir. Il m'a fait faire des travaux, m'a avancé de l'argent. J'ai fait le portrait de madame, que j'ai réussi. Il m'a alors présenté à son beau-frère, un député très-riche, M. Regis.

— Regis ! dit Claudien.

— Tu le connais aussi ? dit Éleuthère. — Ce M. Regis est un homme obligeant, mais un peu fier, un peu sombre. Il a toujours quelque chose de triste et d'affairé. — Il paraît, ajouta confidentiellement Éleuthère, — il paraît qu'il a éprouvé beaucoup de chagrins : sa femme s'est mal conduite...

— Mais comment sais-tu tout cela ?

— Oh ! je suis très-bien dans la maison. M. Regis m'a envoyé à Moulins pour des restaurations. — A propos, j'ai vu là-bas un de tes amis, — M. Armand.

— Oui, dit Claudien ému à ce nom. Et puis ?

— Quel excellent homme ! dit Éleuthère avec enthousiasme. Il est adoré à Moulins ; c'est comme un dieu. — Mais il est faible, maladif, et avec cela il se ruine le corps à travailler. Je crois qu'il est miné par un chagrin secret; il est toujours taciturne, évite le monde et vit seul. Nous nous sommes reconnus quand je suis arrivé là-bas, et il a eu l'air de me prendre en amitié. — Ah! Claudien, il me parlait souvent, bien souvent de toi! Dans ces instants-là seulement, il s'animait un peu. Il t'aime, cet homme-là, vois-tu?

Claudien était pensif.

— Au reste, continua Éleuthère, il est là-bas dans une position magnifique; il s'est mis à la tête d'une compagnie... Tu sais peut-être tout cela?

— Non, dit Claudien.

— Ils ont une imprimerie, une fabrique de papier, un journal : tout est à eux. — Beauplaisir m'a dit que sans lui M. Regis n'aurait pas pu être député, et que, s'il venait à l'idée d'Armand de prendre sa place, il le *dégommerait* quand il voudrait. On ne dirait pas cela à le voir si simple, si bon... — Sais-tu que c'est beau, Claudien, d'arriver à un résultat pareil quand on a commencé par rien? Il était orphelin, sans éducation...

— Oui, répondit Claudien, humilié de certains rapprochements qu'il faisait en lui-même; oui, je sais son histoire. — C'est un homme de cœur et de résolution, celui-là! ajouta-t-il avec un soupir de découragement.

— Moi, dit Éleuthère sans se douter du mal qu'il faisait à Claudien, il m'électrisait! En le regardant, je me disais qu'il est beau d'être le fils de ses œuvres! — Et j'avais tout à coup des envies de me sauver pour aller travailler.

— Et toi, demanda Claudien, que cette conversation fatiguait, — où en es-tu?

— Oh! je vais sur des roulettes maintenant. Ma commune m'a voté une pension de douze cents francs, — et, d'ici à trois mois, je vais renoncer à ce secours, qui sera utile à quelque autre. Beauplaisir et M. Regis m'ont bien aidé. Mes commandes vont me rapporter près de quatre mille francs, — et c'est du Rubens!...

Mais je ne t'ai pas dit... Tu vas être bien étonné. — Je suis en ménage ! C'est ça qui est drôle !

— Marié ?

— Presque ; — je le serai dans six mois, et tu connais ma femme. — Voyons : devine !...

— Qui ?

— Devine !

Claudien fit un mouvement d'impatience.

— Tu connais Louise — Louise Royer — à qui Grouard a fait si longtemps la cour...

— Non, répondit Claudien, qui, préoccupé, ne se rappelait pas.

— Mais si. — Elle te connaît bien, elle, car elle me parle assez souvent de toi et de ta maîtresse. Elle voulait me donner une lettre pour elle ; mais je n'étais pas sûr que tu fusses à Bruxelles, et je pouvais ne pas te trouver. Elle y a renoncé.

— Je sais qui tu veux dire maintenant, dit Claudien. — Et son enfant ?

— Il est mort, répondit Éleuthère.

Claudien pensa à sa fille, faible et malade comme était l'enfant de Louise.

— Notre connaissance s'est faite d'une façon assez bizarre, reprit Éleuthère. — Grouard allait souvent chez Louise, et, un jour qu'il était malade, il m'envoya l'avertir. Nous nous vîmes alors quelquefois. Cela paraissait ne pas faire beaucoup de plaisir à Grouard, et je m'amusais à le tourmenter. Un beau jour, il m'a été impossible de ne pas m'apercevoir que Louise me voyait de fort bon œil. — Tu sais, Claudien, que je ne suis pas fat, dit Éleuthère en changeant subitement de ton, et en ayant l'air de faire un appel à la bonne foi de Claudien : je n'ai jamais eu sujet de l'être, car les femmes se sont toujours aussi peu inquiétées de moi que je me suis peu inquiété d'elles. — Mais, cette fois, il n'y avait pas moyen de s'y tromper. — Grouard était de jour en jour plus maussade : il était devenu inabordable. Je vis alors qu'il aimait Louise, et je me dis que je ne devais pas aller plus loin. Mais cela ne faisait pas le compte de Louise, à ce qu'il paraît. J'étais serré de fort près, et très-embarrassé. Avec cela, elle me plaisait beaucoup. — Je pris le parti de la consulter elle-même : je lui expliquai mon amitié pour Grouard et les obligations que cette amitié m'imposait. Au nom de Grouard, elle se mit à rire, et je vis bien que le pauvre garçon était encore moins fort que moi, et qu'elle ne pourrait jamais l'aimer. Grouard n'existait pour ainsi dire pas pour Louise. — Alors, ma foi, je me décidai. J'exposai franchement à Grouard l'état de la question ; je lui fis bien comprendre qu'il n'y avait rien de ma faute dans tout cela. — Louise est une excellente fille, d'une gaîté sans fin, économe et pleine de qualités : si elle avait commis une faute avant de me connaître, les preuves, les suites de cette faute n'étaient plus, — et, d'ailleurs, je ne voulais pas m'inquiéter de cela. — J'employai huit jours en pourparlers, et à la fin, quand je déclarai à Grouard que mon intention était d'épouser Louise, quand je lui fis voir, avec toutes les précautions nécessaires, que Louise ne pourrait jamais l'aimer, et qu'il ne pourrait de longtemps lui offrir la position modeste que je pouvais faire partager à ma femme, — Grouard consentit, car il aimait vraiment Louise et pour elle-même. Il fut quelque temps à se remettre de ce coup-là. Aujourd'hui, je ne l'en aime que davantage. — Nous lui avons donné dans notre appartement — dis donc, Claudien, j'ai un appartement ! — un cabinet où il couche. Louise a sa chambre sous la même clé que nous ; — car elle ne partagera la mienne que le jour où nous serons mariés : j'ai mes idées là-dessus, — et nous sommes **vraiment fort heureux tous trois...**

Claudien ressentait par instant une jalousie déchirante en voyant ce bonheur calme et simple étalé devant lui avec une satisfaction naïve par Éleuthère. L'existence du peintre faisait avec la sienne un triste contraste. Il réprima ce mouvement mauvais et serra la main à Éleuthère.

— Je suis content d'apprendre tout cela, dit-il ; maintenant, te voilà lancé !

— Oh ! répondit Éleuthère, pas encore. Je suis sur le chemin — du chemin. — Il me faut le prix de Rome.

— Mais, reprit Claudien, pourquoi te marier si jeune ? Tu as si bien tout le temps d'attendre, et...

— Et de trouver mieux, n'est-ce pas ? dit Éleuthère achevant la phrase que Claudien n'avait pas voulu finir par égard pour son ami. J'ai réfléchi à cela, Claudien, et c'est parce que j'ai réfléchi que je me suis décidé. J'aime Louise ; elle me saura gré de la prendre telle qu'elle est. Mon parti est irrévocablement arrêté. N'en parlons plus.

Il y eut un moment de silence. Éleuthère reprit :

— Au reste, je te dirai que Beauplaisir lui-même — que l'on peut consulter sur ces matières-là — me conseille vivement ce mariage. Il m'en parle chaque fois que nous nous voyons — et il vient souvent fumer dans mon atelier et causer avec moi ou avec Louise.

Claudien hocha la tête. — Beauplaisir lui déplaisait là.

— Mais, dit Éleuthère, j'ai quelque chose à te demander : comment Louise connaît-elle donc ta... femme ? Elle a toujours évité mes questions là-dessus.

— Je ne sais, répondit Claudien.

Éleuthère était à cent lieues de s'imaginer que la maîtresse de Claudien fût la femme du député Regis.

Louise avait gardé, même avec lui, un secret dont on ne lui avait pas dit qu'elle pouvait disposer. Éleuthère, peu curieux de sa nature, ne s'était jamais inquiété des mots à double entente de Beauplaisir, et il n'avait rien vu ni voulu voir dans les mille indices qu'il avait eus à sa portée ; Grouard devait en savoir plus long que lui à ce sujet. — Éleuthère s'était arrêté à l'hypothèse la plus simple : que la passion de Claudien était une de ces amourettes insignifiantes que l'on rencontre chaque jour et qui ne sortent pas des lois de l'ordinaire.

— Quand quittes-tu Bruxelles ? lui demanda Claudien.

— Aujourd'hui. Je pars pour Anvers. — Demain matin, je serai installé devant la *Madeleine* de Rubens. — Tiens, Claudien, quand je pense à cela, le cœur me manque. Je vais voir le chef-d'œuvre de Rubens — de Rubens !...

— J'ai toujours craint pour toi, dit Claudien avec distraction, que ton amour pour Rubens ne te nuisît devant l'Académie pour le concours.

— Qu'est-ce que cela me fait ? s'écria Éleuthère, qui enfourchait son dada et dont le visage s'anima légèrement. — Il y a des questions sur lesquelles il ne faut pas transiger, vois-tu ? — Oui, je sais bien, ils disent que Rubens ne sait pas dessiner. — Pas dessiner ! les malheureux !... — Eh ! non, il ne sait pas dessiner — si le dessin n'est que la ligne parfaitement mathématique, comme M. Ingres le croit et comme il croit que Raphaël le croyait, et comme l'a cru l'école impériale. — Le dessin ! mais le dessin n'est pas l'exactitude matérielle et sèche, c'est l'harmonie, — comme la couleur n'est pas la couleur aigre et criarde, mais l'harmonie. — Rubens dessine mal, en tant que Michel-Ange ; eh ! tant mieux, s'il dessine bien en tant que Rubens ! et il est lui, toujours lui ! — Vois ses paysages! — C'est une poésie toujours fraîche et bien portante. Je sais bien pourquoi les sculpteurs ne peuvent pas le sentir. — S'il a quelques parties quelquefois un peu ronflantes, elles sont toujours splendidement belles, et logiques comme Rubens. — Si on peut dire que sa nature est peut-être impossible, ultra, — il y a des misérables qui disent absurde ! — elle est toujours admirable à son point de vue. — Et, pour juger l'art, il faut se mettre au point de vue de celui qui fait l'art. Ah ! Rubens! Rubens !...

Claudien n'avait pas écouté la tirade enthousiaste d'Éleuthère. Depuis quelques instants, il était embarrassé, contraint; il paraissait hésiter à aborder un sujet de conversation difficile. — Éleuthère, sans s'en douter, le mit sur la voie en lui demandant ce qu'il faisait à Bruxelles, comment il vivait.

Claudien alors lui raconta son histoire. Il fit un récit de ses malheurs, en dissimulant ses torts et sa lâcheté. Éleuthère fut vivement ému de la situation de Claudien. Il vida ses poches et réunit son argent.

— Je n'ai presque rien emporté, dit-il ; car, étant seul, je vis avec grande économie. Je possède cent cinquante francs : en voici cent vingt.

— Et toi ? dit Claudien, honteux d'accepter ce partage plus que fraternel.

— Il me restera trente francs pour attendre à Anvers que Louise m'envoie de l'argent de la maison. Ma place est payée; — et, en tout cas, ajouta-t-il gaîment, j'ai ma montre. Ainsi, ne sois pas inquiet. — Il faut te remuer un peu et ne pas te laisser abattre.

Claudien lui serra la main avec chaleur.

— Es-tu bête ! dit en riant Éleuthère. Qu'est-ce que tu as donc mangé ?

Claudien expliqua à Éleuthère, avec embarras, pourquoi il ne l'engageait pas à venir passer quelques instants chez lui. Sa femme était malade; la présence d'un étranger...

— D'ailleurs, interrompit Éleuthère en regardant l'heure, je n'ai pas le temps. — Je suis toujours bavard, et les heures passent. Voici le moment de mon départ.

Les deux amis se dirent adieu. — Éleuthère revint sur ses pas pour donner à Claudien son adresse à Paris.

Il lui recommanda vivement de lui écrire.

— Si tu as besoin de quelque argent, dit-il avec son obligeance franche et naïve, ne te gêne pas : nous partagerons.

Et ils se séparèrent.

## XX

#### Un chapitre des liaisons dangereuses.

En quittant Éleuthère, Claudien avait le cœur serré. — Ces amis, ces hommes qu'il avait connus et laissés à Paris arrivaient tous peu à peu à leur but. Armand, Éleuthère, Beauplaisir lui-même lui servaient de point de comparaison. C'étaient autant de rapprochements qui le déchiraient.

Claudien était à cette heure plus oppressé que jamais de cette inaction froide et éternelle contre laquelle il avait lutté avec tant de faiblesse. Dans ses rêves d'ambition solitaire, il avait dévoré plusieurs destinées dont une seule eût pu remplir sa vie. Il avait vécu des siècles dans sa mémoire, et il n'était encore qu'au seuil de ses années, mais découragé, abattu. Habitué dès longtemps à converser avec sa pensée, à se raconter les grandes choses qu'il espérait accomplir, il était las de lui-même et de sa puissance inoccupée. Il aspirait encore par moments à vouloir, à dominer, à parler pour être compris, à marcher pour être suivi, à aimer pour mettre à l'ombre de sa puissance une volonté moins forte que la sienne et qui se confierait en obéissant. — Et, au lieu de cela, son inertie et sa lâcheté avaient changé les rôles. Il s'indignait de subir la protection, lui qui aurait dû l'exercer ; il rougissait d'obéir au lieu d'imposer. Comme il n'avait jamais mesuré sa volonté à sa puissance, il avait tout désiré sans rien vouloir. De même que les avares se représentent dans les trésors qu'ils entassent tous les biens que ces trésors pourraient acheter, il voyait dans Jeanne la privation de tous les succès auxquels il aurait pu prétendre. Ce n'était pas une carrière qu'il regrettait : n'ayant essayé d'aucune, il les regrettait toutes ; n'ayant jamais employé ses forces, il les imaginait sans bornes et les maudissait ; — il lui était arrivé par moments de vouloir se dire que la nature l'avait créé faible, médiocre et impuissant, pour se préserver au moins du remords et de son propre mépris.

Lorsqu'il rentra, la nuit était venue. Jeanne travaillait à la lueur d'une petite lampe. Par une espèce de convention tacite qu'ils observaient entre eux, les querelles et les scènes étaient terminées — sinon oubliées — dès que Claudien, en se taisant ou en sortant, avait dit : « C'est assez ! » Il raconta donc à Jeanne la rencontre qu'il venait de faire : elle lui répondit, et ils échangèrent quelques paroles d'une froide douceur.

Si Claudien, dans la conversation qu'il venait d'avoir avec Éleuthère, avait eu lieu de faire de douloureux rapprochements ; s'il avait senti se réveiller en lui avec plus de férocité que jamais le ver rongeur des regrets et des remords, Jeanne était trop malheureuse en ce moment pour ne pas songer avec amertume à toutes ces choses qu'elle avait laissées derrière elle, et que Claudien venait d'évoquer à son souvenir. Elle s'était isolée du monde entier pour assurer le bonheur de celui qu'elle aimait ; elle avait renoncé volontairement à toutes les jouissances de la fortune et de la naissance ; elle avait déserté sa famille et son pays. Dans l'ardeur de son dévoûment, elle aurait encore voulu réédifier autour d'elle tout ce qu'elle avait détruit, afin de renouveler à toute heure son sacrifice et d'agrandir son abnégation.

Elle avait cru que son enthousiasme ne s'éteindrait jamais. Elle avait espéré que le cœur en qui elle s'était confiée ne méconnaîtrait jamais la grandeur de ses sacrifices. Elle avait joué hardiment sa vie entière sur un coup de dés. — Mais, un jour, quand la mesure avait été comblée, elle avait douté de cette reconnaissance dont elle avait été si sûre d'abord : l'inquiétude était venue ronger son amour. Elle avait pleuré, et ses larmes n'avaient pas été essuyées. Il s'était fait peu à peu un grand désert autour d'elle, et chacun de ses soupirs s'était perdu dans le silence. Son espérance et son courage avaient fléchi. Jeune la veille, et ne sachant pas le nombre de ses années, un seul lendemain lui avait suffi pour vieillir. Son regard s'était voilé ; des sillons profonds avaient écrit sur son front sa plainte et sa douleur.

Jeanne avait éprouvé tout cela. Elle avait assisté à cette décomposition d'elle-même que le remords achevait chaque jour. Elle en était venue à faire à présent le compte de ce qu'elle avait donné de son âme et de ce qu'elle avait reçu.

Claudien s'était couché.

Par une de ces sympathies secrètes qui font que

deux êtres qui vivent ensemble ont parfois au même moment les mêmes idées, la même inspiration, la pensée de Claudien était en ce moment celle de Jeanne.

Il ne put dormir et la regarda. — Elle travaillait toujours. — Claudien se rappela la scène qu'il avait eue avec elle dans la soirée ; il se rappela toutes ses duretés, toutes ses brutalités et ses violences. Il voyait cet ange courber sous le travail sa noble tête invaincue par les douleurs, toujours calme, toujours douce, toujours résignée. Il s'enfonçait les ongles dans la poitrine en pensant à cette existence héroïque, à ces sacrifices sans fin de chaque jour...

Jeanne travaillait toujours. — Sa pensée était peut-être bien loin. — Elle croyait que Claudien s'était endormi. Depuis une heure, elle était immobile et pâle comme une statue ; ses doigts agiles, seuls, couraient sur le linge... — Un instant elle crut entendre Claudien pleurer... Elle devint rouge — et une larme vint trembler au bout de ses cils... Elle s'arrêta, — prêtant l'oreille ; — puis, n'entendant plus rien, elle crut s'être trompée. — Elle essuya ses yeux et se remit au travail.

— Jeanne ! dit tout à coup Claudien, qui sanglotait, déchiré de remords.

Elle se leva d'un bond à cet appel et courut à Claudien... Il l'étreignit avec force sur sa poitrine, et leurs larmes se mêlèrent.

— Je suis infâme ! dit-il tout bas d'une voix entrecoupée, — oh ! bien infâme !...

— Tais-toi ! lui dit-elle, tais-toi ! Tu répares tout d'un mot.

Et ils passèrent les longues heures de cette nuit entre les larmes et les caresses, les promesses et les souvenirs, les repentirs et les consolations. — Jeanne était heureuse : elle avait tout oublié.

Mais quelques instants de sommeil devaient emporter

les remords, les résolutions de Claudien, avec toute leur sincérité du moment. Ces raccommodements multipliés — sources d'eau douce au milieu de la mer — ne servaient que de temps d'arrêt aux colères et aux querelles. Claudien, sans qu'il s'en doutât, prenait de nouvelles armes dans ces sortes de trèves. Ce n'était plus à son âge et en continuant l'existence qu'il avait commencée que son caractère pouvait se retremper et devenir meilleur.

Il y avait une vérité terrible, inexorable, que tous deux n'osaient s'avouer. — Claudien avait cru aimer Jeanne, mais il ne l'avait point aimée. Les hommes comme Claudien ne sauraient aimer. Ils peuvent éprouver quelque chose qui ressemble à la passion et qui y ressemble beaucoup ; mais il y a en eux trop d'égoïsme et de lâcheté pour que l'amour y puisse prendre sa place. — Claudien voulait se taire à lui-même ce fatal secret qui s'était enfin révélé à lui. Souvent il était pénétré d'affection et de pitié pour cette femme qu'il rendait si malheureuse. Il était accablé de sa propre honte, et il aurait voulu trouver en lui de quoi récompenser un attachement si tendre, si constant. Il appelait à son aide les souvenirs, l'imagination, la raison même et le sentiment du devoir. Efforts inutiles ! Ces paroles d'amour, ces rapprochements feints, ces gaîtés factices, il le sentait bien, n'étaient que d'amères dérisions. — Mais Jeanne croyait tout cela. La malheureuse redressait la tête à ces appels trompeurs d'une passion morte. Elle aimait Claudien — et elle épanchait sur lui les inépuisables trésors d'indulgence et de pardon qu'elle lui réservait dans son aveugle tendresse. Elle avait tout oublié en un instant, tant le cœur qui aime a des crédulités inexprimables.

Claudien parfois se laissait tromper par lui-même. Triste symptôme quand le mensonge est si bien ourdi et si franchement joué, que le menteur lui-même s'y laisse prendre et y croit. Ces heureux souvenirs rappelés par Claudien, accueillis avec transport par Jeanne, les remplirent souvent tous deux d'émotions douces et consolantes, — mais comme les éclairs traversent la nuit, sans la dissiper. Dans ces moments d'oubli et de réparation, à ces épanchements, péniblement obtenus d'un côté, larges et féconds de l'autre, Claudien frissonnait. C'est qu'il savait trop bien que, s'il parlait d'amour, c'était pour ne pas parler d'autre chose... — Ils en étaient venus là. — Ces émotions factices et sollicitées ressemblaient à ces feuilles pâles et décolorées qui, par un reste de végétation funèbre, croissent languissamment sur les branches d'un arbre déraciné.

Mais, comme ces choses-là s'usent vite, — il vint un moment où ces réconciliations devinrent de plus en plus rares, de moins en moins complètes. Le dernier sentiment qui fût resté pour Jeanne au cœur de Claudien, la pitié, commençait à se fatiguer et à s'éteindre. Claudien en vint à se lasser d'agiter inutilement en lui des cendres que rien ne pouvait réchauffer. Il n'y eut bientôt plus entre eux ces retours passagers qui semblent guérir pour quelques instants d'incurables blessures. Les reproches sanglants, les mots irréparables restèrent alors — plaies saignantes, sans baume, exposées à l'air. Leur vie ne fut plus qu'un perpétuel orage. — L'intimité sans amour est un feu sombre et sans flamme qui dessèche et qui dévore. Il n'y a plus alors une heure d'abandon et de rêverie. Le silence est une plainte, la parole une querelle. Chaque mot renferme un reproche ou une invective. — La coupe était empoisonnée à jamais. La vérité — terrible — se fit jour de toutes parts, et elle emprunta pour se faire entendre les expressions les plus dures et les plus impitoyables.

Jeanne fut anéantie quand elle ne put enfin ne pas voir qu'il lui fallait renoncer à ses rêves, à ses espoirs, à tout ce qu'elle avait aimé. Le moment vint pour elle où il ne fut plus possible de s'abuser plus longtemps. Claudien lui avait arraché le cœur et l'avait écrasé sans pitié sous ses talons. — Elle ressentit alors — et ce fut un désolant réveil — cette angoisse des liens brisés, le douloureux étonnement d'une âme trompée, cette défiance qui succède à une confiance si complète, cette estime refoulée sur elle-même, et qui ne sait plus où se replacer. Cette existence vulgairement odieuse et triste, — ces nudités crues et honteuses du caractère de Claudien, — ces outrages, — cette affreuse maladie qui fatigue jusqu'à tuer, le dégoût, — étaient venus la surprendre dans l'atmosphère d'ardente poésie qui la pressait de toutes parts, et où elle avait cru devoir toujours vivre. Ces terribles révélations passèrent sur elle comme le vent du nord et la glacèrent. — Elle sentit qu'elle était près de ne plus aimer Claudien.

Elle luttait encore de tous les restes de son courage, mais c'en était fait dans son cœur de tout charme et de toute ivresse. Cette existence à deux qui l'avait enivrée si longtemps, ce perpétuel tête-à-tête qui l'avait si longtemps charmée, pesaient maintenant sur elle comme les murs d'une prison. Quelquefois sur sa physionomie apparaissaient comme des lueurs livides. Ses yeux agrandis devenaient fixes et terrifiés. — Dans ces moments, les plus cruels de tous, la pensée de Jeanne était à Paris et à Moulins. — Elle frissonnait, glacée par le remords et la terreur, en songeant à M. Regis.

Plus d'une fois, découragée, abattue, sans espoir de ce que les autres pouvaient avoir ou désirer sur terre, sans refuge contre ses douleurs qui l'accablaient avec un si implacable acharnement, elle envisagea de sang froid la seule, la suprême ressource de tous ceux qui se croient trop malheureux et trop faibles pour lutter plus longtemps.

Elle regarda la mort face à face. — Si elle eût aimé Claudien, elle n'eût jamais eu cette pensée... — Exaltée par les souffrances, elle voulait voir dans la mort une expiation dernière à ajouter à ses expiations, — lorsque la mort n'eût été pour elle qu'un asile et un champ de repos longtemps attendu. Elle s'arrêta en regardant son enfant. En voyant cette pauvre petite créature, maladive et déjà condamnée, Jeanne se dit qu'elle n'aurait pas longtemps à attendre.

Elle attendit, — ayant enfin une espérance, elle qui vivait depuis si longtemps sans espérance, s'appuyant et se soutenant sur cette idée fixe, invariablement arrêtée. Cela lui donna quelque consolation et ranima son courage! Elle commençait à en manquer tout à fait. Avec Claudien, sa conduite fut toujours la même. Elle continua d'opposer le silence et le calme aux violences et aux emportements. Chaque fois que Claudien, fatigué de quelque crise sanglante, eut la fantaisie de faire un retour et de se faire pardonner, elle se prêta à sa volonté avec douceur et complaisance; mais elle ne s'abusa plus. — Le secret qu'elle avait en elle lui donnait désormais la force de tout supporter.

Claudien s'était créé dans la ville quelques relations sur lesquelles il avait toujours évité de répondre aux questions de Jeanne. Depuis quelque temps, il rentrait fort tard. D'habitude, Jeanne l'attendait en travaillant.

Une nuit, Jeanne entendit sonner deux heures. Claudien n'était pas encore revenu. Elle pensa qu'il ne pourrait tarder, et, succombant à la fatigue, elle se mit au lit; mais elle ne put dormir. Elle entendit les horloges de la ville sonner les quarts d'heure et enfin les trois coups de trois heures du matin. Jeanne fut effrayée. Elle pensa qu'il était peut-être arrivé quelque accident à Claudien. Chaque coup d'horloge lui retentissait dans le diaphragme. Elle eut un instant la folle pensée de se lever et de chercher Claudien. Mais où pouvait-il être? Jeanne ne savait rien de sa vie hors de la maison, et elle connaissait tout au plus la rue où elle demeurait. Elle attendit encore, dans des transes mortelles, frissonnant aux suppositions de sa pensée, retenant son souffle au moindre bruit lointain.

Enfin, un bruit de pas se fit entendre dans l'escalier. Jeanne respira. La clé tourna dans la serrure. C'était Claudien.

Il referma la porte et jeta négligemment sur un meuble son chapeau, qui glissa à terre; Claudien ne le releva pas.

— Déjà couchée! dit-il.

Jeanne resta muette. — Pouvait-elle répondre qu'elle avait passé la nuit précédente entière à travailler et qu'elle continuait chaque soir jusqu'à la moitié des nuits le travail commencé les jours?

Claudien allait et venait dans la chambre, comme irrésolu.

— Cette enfant est à peine couverte, dit-il en regardant la petite fille qui dormait. — Elle est malade pourtant... Si ce sont là les soins que vous lui donnez...

Jeanne frémit. — Elle savait bien que, tous les soirs, ses propres vêtements déposés sur le berceau de l'enfant suffisaient à la préserver du froid. Elle vit avec terreur — car elle avait l'expérience de cette vie-là — que Claudien cherchait un prétexte de querelle.

Elle se glissa vers le berceau et parut disposer quelque chose au-dessus; puis elle se recoucha.

Claudien la regardait. — Il y eut un instant de silence.

— Combien reste-t-il d'argent ici? demanda-t-il tout à coup.

Jeanne répondit que les dépenses quotidiennes du ménage, quelques légères emplettes et quelques dettes avaient absorbé l'argent que Claudien avait apporté. — Il avait remis à Jeanne la moitié de ce qu'Eleuthère lui avait donné, se réservant, sans en rien dire, l'emploi de l'autre moitié. — Il ne laissa pas à Jeanne le temps de détailler les dépenses qui avaient employé cette faible somme.

— Comment! dit-il avec colère, — soixante francs en huit jours?... A quoi donc avez-vous pensé?... Est-ce que vous croyez que je fais de la fausse monnaie, par hasard?... Hein?... Répondez donc!...

Et comme Jeanne restait silencieuse :

— Mais dites donc quelque chose au moins! s'écriat-il en frappant violemment du poing la table.

Un verre qui se rencontra sous sa main fut brisé. La vue de son sang excita toutes les lâches colères de Claudien. Il poussa un affreux juron — et l'attaque s'engagea.

Cette fois comme les autres, plus que les autres, — car il y a dans ces querelles d'intérieur un fatal crescendo à monter, — ce furent des injures, des cris et des outrages. La fureur de Claudien monta à un diapason effrayant qu'elle n'avait pas encore atteint. Jeanne le regardait avec terreur. — Les traits livides de Claudien étaient bouleversés, ses cheveux en désordre, ses lèvres pâles; — ses yeux bombés semblaient vouloir jaillir de leurs orbites. La pauvre femme ne répondit rien à ces flots d'insultes. Claudien, exaspéré par cette résistance inerte, trouvait avec une effrayante méchanceté et un infernal bonheur les mots les plus sanglants. Après avoir épuisé jusqu'à la dernière les ressources de son imagination et de son esprit, — pourquoi n'y a-t-il pas un autre mot que celui-là pour l'écrire ici? — il se mit à vomir, dans sa misérable folie, des paroles tirées d'un dialecte ignoble inconnu à Jeanne. Il lui jeta à la fin une épithète qu'il lui fut impossible de ne pas comprendre, de la plus révoltante grossièreté.

Jeanne, depuis quelques minutes, s'était dressée sur son séant. Elle avait une affreuse pensée... En voyant les yeux hagards de Claudien, cette physionomie sauvage qui n'avait plus rien d'humain, elle s'imagina que Claudien devenait fou!.... C'était à la rendre folle elle-même. — Les instincts de pitié et de charité de la femme se ranimèrent; la source sans fin des tendresses se raviva magiquement; elle crut voir un effroyable malheur à consoler et à guérir. Elle se jeta hors du lit, pleurant, et s'élança au cou de Claudien, qu'elle serra de ses bras.

— Claudien! mon Claudien! s'écria-t-elle avec désespoir. Qu'as-tu, au nom du ciel?... Je ne t'ai jamais vu ainsi... C'est moi, Jeanne, c'est moi, Claudien!

Mais tout d'un coup elle se tut; ses larmes s'arrêtèrent, ses bras lâchèrent le cou de Claudien, — et elle recula avec horreur...

Claudien était ivre!...

Plaindra-t-on Jeanne comme nous la plaignons nous-même? — Hélas! nous l'ignorons, et peut-être est-ce notre faute. Peut-être, pour plusieurs, n'avons-nous pas assez expliqué et excusé sa chute, sa première, sa grande faute. Peut-être avons-nous eu tort de laisser de côté toutes ces redites du cœur, ces analyses de commencements de la passion. — Disons donc enfin — s'il n'est pas encore trop tard — ce qui était arrivé à Jeanne.

Avant d'aimer, l'âme vide, ennuyée à son insu de

vivre seule, se crée, sans s'en apercevoir, un modèle idéal, une figure, un semblable. Lorsqu'elle rencontrera ce semblable, elle aimera d'autant plus qu'elle aura attendu plus longtemps, fatiguée — si nous osons le dire — du secret ennui de la vertu. Et cela arrivera à l'improviste, un beau jour, sous le moindre prétexte. Car l'amour est comme la fièvre : il naît et s'éteint sans que la volonté y ait la moindre part.

C'est ce qui était arrivé à Jeanne. — On aime à première vue toute physionomie qui indique à la fois quelque chose à respecter ou à plaindre. Quand on ne rencontre pas à temps cette figure que l'imagination s'est dessinée lentement et avec soin, on s'imagine la voir — quelquefois sur les épaules du premier misérable qui passe. — On a eu tort de dire que l'amour est aveugle ; il n'est pas aveugle, mais il voit à l'envers et à faux.

Jeanne avait trouvé du premier coup dans Claudien ce que bien d'autres y eussent en vain cherché. Dès le premier jour, la moindre action, le moindre geste de Claudien — comme il arrive toujours — avaient eu, aux yeux de Jeanne, cet air céleste qui sur-le-champ fait d'un homme un être à part, le différencie de tous les autres. Elle avait voulu à toute force lire dans ses yeux cette soif d'un bonheur plus sublime, cette mélancolie non avouée, qui aspire à quelque chose de mieux que ce que nous trouvons ici-bas.

Claudien, auprès de beaucoup de femmes, aurait passé inaperçu. — Il n'en devait être aimé qu'avec plus de force quand il serait aimé. Moins on plaît généralement, plus on plaît profondément. Il y avait surtout — ainsi que nous l'avons dit — une tentation bien alléchante pour Jeanne dans la pauvreté de l'homme qu'elle aimait. Le malheur affriande les femmes de la nature de Jeanne. Et il faut ajouter que les femmes de ce caractère ont trop de hauteur dans l'âme pour aimer autrement que par passion : elles seraient sauvées si elles pouvaient s'abaisser à ce qu'on appelle la galanterie.

Jeanne passa par toutes les exagérations, toutes les transes, toutes les extases de son amour. Du moment qu'on aime, on ne voit plus aucun objet tel qu'il est. Les craintes et les espoirs prennent quelque chose de romanesque. L'esprit n'attribue plus rien au hasard. Il perd le sentiment de la probabilité. Une chose imaginée est une chose existante quant à l'effet qu'elle a sur ce qui l'intéresse. — Il y a peut-être là une cause physique, un commencement de folie, une affluence de sang au cerveau, un désordre dans les nerfs et dans le centre cérébral.

Ce sont ces choses-là qui font dire aux bonnes gens que l'amour déraisonne.

Eh! bon Dieu! oui, l'amour déraisonne! — Eh bien! après ?

## XXI

### Manche à manche.

Après son mariage, Beauplaisir resta quelque temps à Moulins.

Il avait besoin de respirer, arrivé au but après tant d'efforts, et de se reposer un instant sur son triomphe. — Mais ce temps de repos même fut employé par lui à des travaux sérieux.

Bien que — grâce à la non opposition d'Armand — l'élection de Regis n'eût pas été contestée, il y a toujours dans ces opérations, où de puissants intérêts sont en jeu, un mouvement, une agitation, une excitation d'espoirs et de craintes, curieux pour l'observation. Même dans les arrondissements les plus calmes et les plus effacés, chacun, bien avant le jour fixé, se tient prêt pour toute lutte possible, regarde au loin, et se barricade dans sa défiance soupçonneuse et inquiète. Il se forme en un clin d'œil des partis, et il survient des hostilités là où il y avait l'unanimité la plus complète et la plus cordiale indifférence. C'est une manière de petite guerre où sont employés mille petits moyens de toute espèce, démarches et agressions — indirectes ou précises, paniques simulées, audaces anonymes et provocations, ruses et contre-ruses.

Tout cela était nouveau pour Beauplaisir. — Et si son intelligence, clairvoyante et prévoyante, avait pu se faire un tableau de ces choses inconnues et imaginer ce qu'elle ignorait, — il n'en est pas moins vrai qu'il était d'une grande utilité pour lui de voir ses suppositions se formuler en faits positifs et nets, — de se placer derrière le rideau pour assister de plus près à la comédie, et examiner comment tel acteur agit et comment tel autre met son rouge.

Beauplaisir s'initia donc aux coulisses électorales. — Nous avons déjà dit qu'une étude préliminaire de cette nature était nécessaire, indispensable aux desseins qu'il avait formés pour l'avenir.

Un autre motif devant encore retarder son départ pour Paris, — il entreprit de commencer, sans perdre une seconde, la mise à exécution d'un plan nouveau qu'il avait formé. A cet effet, il persuada à M$^{me}$ de Simons de vendre une terre.

Cela ne se fit pas sans difficulté. Camille ne voyait pas aussi clairement que Beauplaisir pouvait la voir la nécessité de s'exproprier dans un but qu'elle ne pouvait comprendre.

Beauplaisir employa les raisonnements les plus spécieux, les plus victorieux prétextes. Mais M$^{me}$ de

Simons mit tant de lenteur à consentir, manifesta tant de répugnance, qu'il trembla un instant de ne pouvoir réussir. — Le cas était de la plus haute gravité, cependant. — Il jugea indigne de lui et de plus dangereux de reculer devant la difficulté et d'ajourner la lutte. Alors il eut recours — avec réserve et économie toutefois — aux grands moyens. Il se servit des bienheureuses influences de la lune de miel, fit jouer mille ressorts de loin et de près, agit et réagit sur sa femme par tous les côtés à la fois et sur toutes les surfaces, tant et si bien qu'il finit par l'emporter.

Un magnifique domaine d'un rapport annuel de trente mille francs fut vendu par lots. — Quelques langues défiantes s'émurent à ce sujet dans le pays, et s'étonnèrent de ce que Mme de Simons se dépossédât sans motif plausible, d'un bien aussi important. On s'entretint longtemps à l'avance de ce grand événement de localité, — et la surprise fut plus grande encore quand on apprit que la propriété avait été vendue au-dessous de sa valeur.

Ce qui étonna d'autant plus qu'on connaissait déjà M. de Simons comme un homme adroit aux affaires, réservé, prudent et entendu.

Beauplaisir seul eût pu donner le mot de l'énigme.

Avec le prix de ces terres, il voulait acheter de la rente. — Ainsi ameublées, elles tombaient nécessairement dans le domaine de la communauté, — et le tour était fait.

Il ne s'agissait plus que de passer à un autre.

De retour à Paris, Beauplaisir continua son œuvre. — Pendant six mois entiers, il ne quitta pas les côtés de sa femme et lui arracha pièce à pièce tout ce qu'il voulut. Il parvint à lui persuader qu'il y avait pour eux avantage certain — et même nécessité pressante — à réaliser le plus tôt possible leur fortune. Si les mille prétextes qu'il sut trouver à mesure qu'il en eut besoin lui firent quelquefois défaut et ne purent convaincre M^me de Simons, — qui tremblait instinctivement à cet étrange bouleversement de toute sa fortune, — il sut mettre alors à profit l'espèce d'amour qu'elle avait pour lui, surexcitant à propos sa coquetterie jalouse, calmant ses appréhensions, ou ne lui permettant même souvent pas d'oser les manifester. Camille se trouvait petite devant le génie de son mari, faible devant cette adresse et cette corruption. Elle sentait qu'elle avait trouvé plus fort qu'elle, et que toujours il lui fallait finir par se soumettre. — Lorsque Beauplaisir, d'ailleurs, s'apercevait qu'il venait de serrer d'un peu trop près son adversaire, il faisait aussitôt appel aux caresses, aux transports extatiques, aux protestations d'honneur, de désintéressement, de délicatesse, — et Camille, poussée à bout comme un cerf forcé, signait, étonnée, et ne s'expliquant pas l'influence magique que son mari exerçait sur elle.

Bref, Beauplaisir avait, en quelques mois, aliéné, moitié de gré, moitié de force, tous les immenses domaines de la veuve du marquis de Sillerey. Il avait à peine réservé une maigre et chétive propriété qu'il était indispensable de garder, et qui, encore en y ajoutant l'impôt mobilier, complétait juste le cens d'éligibilité. Il avait dissimulé et fait passer sur des banques étrangères la plus grande partie des énormes capitaux qu'il avait retirés de ces ventes. — En sorte qu'au cas d'une séparation, — cas prévu, avec bien d'autres, par la sagace prudence de Beauplaisir, — ces placements, faits en son nom seul, appartenaient incontestablement à lui seul en toute propriété, — et que M^me de Simons était encore forcée de partager avec lui le peu de rentes constituées en France.

Beauplaisir savait ce que c'était que la clause d'ameublement. Il en avait d'avance calculé et compris les effets, — et ce n'était pas pour rien qu'il avait fait introduire cette clause dans son contrat de mariage.

Arrivé à cette hauteur, Beauplaisir s'avisa de regarder le point d'où il était parti. — Il ne fut point surpris; la tête ne lui tourna point. — Mais il se fit en lui un changement étrange qui paraîtrait inexplicable au premier abord, avec les données que nous avons sur ce caractère.

Dès qu'il vit entre ses mains ce qu'il avait convoité depuis si longtemps, le but de ses rêves, la cause de ses brûlantes insomnies, il ne put s'empêcher de contempler son triomphe, non pas avec orgueil, — son positivisme ignorait à peu près l'orgueil ou en faisait peu de cas, — mais avec le sentiment de calme et de quiétude satisfaite de l'homme qui a atteint le but de sa vie et pour qui a sonné l'heure du repos. — Il était à peu près comme le marchand qui s'arrête après cinquante laborieuses années, et se dit : « Je n'ai plus besoin de travailler. »

Les idées et les vues de Beauplaisir étaient beaucoup trop larges et trop étendues pour que la vie active et militante fût de si tôt terminée pour lui. Il n'était pas près encore de composer avec son ambition — et d'examiner s'il pouvait se déclarer satisfait de sa part.

Mais — après un si grand pas — il devait forcément y avoir une halte. C'était un temps d'arrêt inévitable. Il fallait respirer.

Beauplaisir, en se voyant maître d'une fortune princière, calcula la distance qu'il avait franchie, compara le but et l'arrivée avec le point de départ.

Au souvenir saignant encore de toutes les misères qu'il avait endurées, — il frémit d'une terreur vague. Il eut besoin de contempler ses richesses, de calculer sa fortune pour se rassurer lui-même. — C'est que par moments il lui arrivait de se dire que tout cela n'était qu'un rêve, et qu'en se réveillant il allait se trouver au phalanstère de la rue Saint-Jean-de-Beauvais. Il éprouvait alors des craintes terribles, des désespoirs faméliques en pensant à cette misère glacée et éternelle. Il voyait tous ses travaux perdus, sa fortune s'évanouissant comme une fumée. Il avait l'horrible maladie de l'idée fixe... Une nuit, il avait vu le cachot d'Ugolin... — Et ces terreurs étaient d'autant plus cruelles qu'il se disait que cette vie de fatigues incessantes, de ruses, de lâchetés, de luttes, de périls, — il ne se sentirait plus aujourd'hui la force ni le courage de la recommencer...

Alors il éprouvait le besoin de s'enfoncer sous cette opulence qui lui avait coûté si cher, pour ne pas voir le fantôme évoqué par ses terreurs, debout devant lui; — il étreignait avec une frayeur convulsive ces trésors si péniblement amassés, — il se cramponnait — presque fou de peur — à ces gages de sa richesse...

Ce fut, comme nous le disions, une révolution tout entière qui s'opéra en lui.

Dès que la crainte de perdre ce qu'il possédait lui en eut fait comprendre et exagérer la valeur, il voulut aussitôt s'en servir. Il ne perdit pas de temps et donna à sa passion nouvelle toutes les larges satisfactions qu'il était en son pouvoir de lui donner. — Il se plongea avec une promptitude brutale, avec la rapidité d'un homme qui fuirait un péril imminent, dans les égoïstes voluptés du riche. Il s'en oura avec une ardeur puérile et minutieuse de toutes les jouissances. Il voulait ne pas avoir perdu un seul instant de jouir, s'il lui fallait un jour renoncer à ces biens qu'il appréciait maintenant si haut. A le voir si pressé de se saturer des plus ingénieuses combinaisons du luxe, on eût dit que chaque seconde qui arrivait allait lui arracher tout cela. L'image horrible de son ancienne misère, toujours présente à sa mémoire, activait cette avidité fiévreuse, cette soif des bonheurs que l'argent procure. Jusqu'alors, son existence, toute d'ambition et de fatigue, n'avait pas daigné prendre le temps de se retremper dans le plaisir. — Il voulait, convive nouveau à une table largement servie, goûter à la fois à tant de mets inconnus. Beauplaisir était venu à l'âge où l'on dit que les hommes commencent à penser sérieusement. L'égoïsme sensuel se développa chez lui avec une force incroyable. — Jusque-là, il avait vécu pour lui ; désormais, il se concentra davantage encore, et il vécut pour lui et en lui.

Mais si, dans l'exagération de ses frayeurs, il se dépêcha ainsi de profiter de ce qu'il avait entre les mains, il faut dire qu'au fond l'homme primitif que nous connaissons ne changea pas. Beauplaisir était toujours Beauplaisir. L'instrument était toujours complet ; il n'y avait qu'une mauvaise corde de plus. — Il ne perdit pas de vue un instant que la carrière qu'il s'était tracée s'étendait longue encore devant lui, et qu'il lui fallait marcher jusqu'au bout dans l'intérêt même de sa passion nouvelle. Loin de renoncer à ses grands desseins, il se dit que pour lui s'arrêter en route, c'était reculer, — et il fit deux parts de sa vie : l'une destinée aux voluptés de l'oisiveté et du luxe, — l'autre aux pénibles travaux qu'il s'était imposés. — Cette intelligence supérieure dans ses vices trouva le moyen d'associer ces deux principes si contraires et d'harmoniser parfaitement ces deux existences qui eussent absorbé chacune un homme d'une force commune.

On se rappelle qu'Éleuthère avait annoncé à Claudien que Beauplaisir venait souvent le voir dans son atelier.

Depuis le départ du peintre, Beauplaisir n'avait pas cessé ses visites. — Peut-être même étaient-elles plus fréquentes qu'auparavant.

Grouard n'avait jamais aimé Beauplaisir. Ces deux caractères étaient vis-à-vis l'un de l'autre dans une opposition si nette et si tranchée, le contraste était si complet, qu'il ne pouvait y avoir entre eux la moindre sympathie.

Beauplaisir — qui n'estimait les hommes que d'après le parti qu'ils savaient tirer d'eux-mêmes — avait, dès l'abord, considéré le gauche et inhabile Grouard comme un pauvre sire. Il daignait tout au plus quelquefois écouter avec complaisance les beaux vers du long poète, — ces vers qui transportaient Éleuthère et l'avaient fait souvent se précipiter avec enthousiasme dans les bras de Grouard. — Beauplaisir regardait Grouard comme une inutilité — agréable parfois, plus souvent insignifiante, — une superfétation, une maison qui aurait pu ne pas être trop désagréable si elle avait eu un toit, une porte et des fenêtres, — un arbre sans fruits. — Son indifférence pour le poète était sans égale, et il ne se donnait pas la peine de la dissimuler.

Les sentiments de Grouard, quant à Beauplaisir, étaient tout autres. — Grouard haïssait le gentilhomme et le haïssait cordialement. Quand même il eût pu passer par dessus son antipathie instinctive, pardonner à Beauplaisir son habileté, sa finesse, son aisance, — toutes qualités que Grouard possédait si peu et qu'il enviait tant; — quand même il eût pu amnistier Beauplaisir de sa supériorité, — il était de ces choses que la fibre irritable du poète ne pouvait pardonner. Les indifférents mépris de Beauplaisir pour un talent sans résultats formulés étaient une offense sanglante que Grouard ne devait jamais oublier.

Un autre motif plus puissant encore, et que le lecteur va connaître, tenait constamment en haleine toute la haine de Grouard contre Beauplaisir.

Un jour, Beauplaisir était dans l'atelier d'Éleuthère.

Un cigare aux lèvres, il feuilletait un album de croquis. Louise, assise à quelque distance de lui, s'occupait assez nonchalamment — car elle n'aimait guère le travail — à passer en revue le linge de son *futur*.

Louise et Beauplaisir causaient ensemble d'Éleuthère, de son voyage, du tableau qu'il destinait au prochain salon... Grouard, dans son cabinet, dont la porte était ouverte, transcrivait une pièce de vers qu'il comptait jeter timidement dans la boîte de quelque Revue, — mauvais procédé qu'il avait tenté vingt fois sans succès.

Peu à peu la conversation entre Beauplaisir et Louise, — commencée sur un diapason assez haut pour que Grouard, de son cabinet, pût tout entendre, s'affaissa et se poursuivit à voix plus basse. — Beauplaisir s'était rapproché de Louise. — Il tenait machinalement l'album qu'il avait entre les mains, mais sans y jeter les yeux et par manière de maintien.

— Et dans combien de temps Éleuthère annonce-t-il son retour? demanda-t-il à Louise.

— Dans quinze jours, répondit celle-ci.

— Il a terminé ses travaux bien vite, reprit Beauplaisir.

Louise jeta autour d'elle un regard circonspect, et dit tout bas à Beauplaisir en se penchant vers lui :

— Que faire?...

Qui eût entendu l'accent avec lequel elle prononça ces deux mots, qui eût pu voir sa figure anxieuse en attendant une réponse, eût déclaré sans hésiter qu'il y avait entre elle et Beauplaisir un secret qu'Éleuthère n'était pas appelé à connaître.

Beauplaisir réfléchit quelques instants. — Le regard inquiet de Louise ne quittait pas le sien.

— Parbleu! dit-il tout à coup, — c'est bien simple.
— Je vais lui écrire de faire deux ou trois doubles copies. D'ici là, nous verrons, — car il faut prendre

une décision enfin ! — *Es-tu décidée à partir d'ici, ou veux-tu rester ?*

Louise allait répondre, lorsque la pâle et longue figure de Grouard apparut auprès d'elle.

Nous n'essaierons pas de décrire le regard qu'il jeta à Beauplaisir. Il y avait de la haine, de l'envie, du mépris, et surtout une jalousie de fauve. — Beauplaisir, malgré le peu de cas qu'il faisait de Grouard, se sentit mal à l'aise — et se leva pour sortir.

Louise ne s'était aperçue de rien.

— Je pars, dit Beauplaisir. — Si vous recevez des nouvelles d'Éleuthère, avertissez-moi. — Adieu, madame. — Au revoir, Grouard.

— Adieu, monsieur, répondit Grouard sans saisir la main que Beauplaisir lui tendait.

Il l'accompagna jusqu'à la porte, qu'il referma brusquement.

Puis il rentra dans l'atelier, — et se tint debout devant Louise, les bras croisés.

Les soupçons qu'il couvait depuis longtemps déjà venaient de se changer en certitude. Il avait tout entendu. Il n'en pouvait douter : — Beauplaisir avait séduit Louise.

A cette découverte, prévue pourtant et attendue, Grouard sentit un nuage passer sur ses yeux. — Il n'avait pu faire respecter le trésor à lui confié : il n'avait pas su garder la femme de son ami. Cette femme qu'il avait aimée, qu'il aimait encore, — cette femme que, par excès même d'amour, il avait cédée à une autre affection, — cette femme, il l'avait laissée enlever sous ses yeux par l'homme qu'il exécrait et qu'il méprisait le plus au monde. Il avait laissé pénétrer la trahison dans la maison de son ami absent.

Comment lui annoncerait-il cette nouvelle ? Quel coup allait-il porter à l'heureuse et naïve confiance d'Éleuthère ? Le dévoûment qui l'avait fait renoncer à

Louise devenait inutile et rendait plus amers encore ses regrets. Il se sentait au cœur des accès de colère furieuse contre cette misérable femme qui écrasait ainsi deux hommes en se jouant. — Puis cette colère se changeait en pitié devant cette malheureuse et incomplète nature, toute facile aux plus méprisables séductions, — et il était désespéré à en pleurer, car il n'avait jamais cessé d'aimer Louise, et son cœur triste saignait à cette dernière blessure, la plus profonde de toutes.

Louise, — préoccupée, — ne faisait pas attention à Grouard et ne se doutait pas des pensées qui l'occupaient. — Grouard eût donné sa vie en ce moment pour que Louise se prît à parler la première, — à raconter les entraînements de sa faute, — à lui demander appui et protection, à lui, l'ami fidèle et dévoué... Le pauvre Grouard eût attendu longtemps!

A la fin, comme Louise ne parlait pas et ne semblait pas s'apercevoir qu'il fût là, — il l'appela doucement par son nom. — Sa voix était tremblante.

Louise, étonnée, leva la tête — et regarda avec surprise la physionomie altérée du poète.

— Est-ce que vous êtes malade? lui dit-elle.

Grouard, sans répondre, continuait à la regarder.

— Ah çà! — reprit-elle, — qu'avez-vous à me considérer ainsi? Devenez-vous fou, — ou bien est-ce la première fois que vous me voyez?

— Éleuthère va arriver bientôt, — dit tristement Grouard, — et quand je lui rendrai compte du cher dépôt qu'il m'avait confié, il me demandera à son tour, lui aussi, si je suis fou!...

Louise pâlit : — Grouard savait tout.

Elle prit le parti que prennent tout d'abord les femmes en circonstance pareille ou de même nature — Elle fit un bruyant appel aux plaintes et aux cris, aux reproches, dirai-je même aux incroyables récriminations, aux pleurs, aux injures même. — Elle étourdit et accabla Grouard.

Si elle eût eu un peu plus d'adresse, elle eût alors changé de rôle. — Par l'application des larmes caressantes et repentantes, des paroles déférentes et affectueuses, d'une main saisie et serrée à propos, d'un long regard mouillé jeté à temps, — elle eût pu convaincre Grouard, — qui n'était pas fort, — et qui ne demandait pas mieux que croire et pardonner.

Mais l'intelligence de Louise n'alla pas jusque-là. — Son esprit rétréci n'avait pas pu comprendre le poète et l'avait toujours regardé comme une créature si malléable, si secondaire, si insignifiante, qu'elle jugea inutile d'aller plus loin et qu'elle ne daigna pas faire usage du second procédé, comptant sur un plein succès avec le seul emploi du premier.

Grouard — un moment atterré — s'irrita de cette impudente sortie. — Il vit à nu les mauvais côtés de cette perverse nature de la femme sans éducation et sans principes qu'il avait si niaisement poétisée. Dès le moment où il rougit pour celle qui ne pouvait rougir, toute illusion s'évanouit, et le mépris — froid et éternel — survint. — Cette impression une fois et ineffaçablement produite, Louise eût eu recours à toutes les ruses de la femme, qu'elle n'eût pu faire revenir à elle ce cœur fatigué par d'aussi imprudentes secousses. Le coup était irrévocablement porté.

Les inévitables relations de la vie quotidienne continuèrent entre eux comme elles avaient toujours été depuis le départ d'Éleuthère. — Cette scène n'eut pas d'écho. Grouard fut si calme, si égal, que Louise put croire qu'il avait pardonné — ou oublié.

Grouard, inflexible désormais, avait deux injures sanglantes à venger : celle du peintre absent et la sienne. — Il attendait Éleuthère avec la froide impatience de l'homme qui a une résolution arrêtée...

Il ne faudrait pas croire que Beauplaisir fût guidé par une méchante influence lorsqu'il eut, pour la première fois, l'idée d'enlever Louise à Éleuthère. — Ce désir ne fut que la conclusion déduite par une infernale logique.

Étourdi par le succès si longtemps et de si loin visé, Beauplaisir s'était arrêté un instant en haut du pic gravi. Arrivé à son but à l'âge où bien des hommes ont encore un but, il s'était trouvé un instant rassasié avant l'heure du repas, et il avait ressenti les précoces atteintes de ce mal qui ne pardonne plus : la satiété. Un changement étrange s'était produit alors chez cet homme, trop jeune pour son ambition, trop vieux jusque-là pour le plaisir ; et, presque blasé déjà sur l'une, il avait essayé de se retourner vers l'autre. Comme rien en lui n'eût pu procéder de l'instinct, il s'était mis à analyser le plaisir, — à en rechercher les causes et les effets, — à les arranger d'après les ingénieuses combinaisons de son intelligence. Il s'était demandé où et comment il devait faire aboutir ses passions nouvelles, d'autant plus exigeantes qu'elles avaient été comprimées plus longtemps, et les plus mauvais penchants s'étaient spontanément et simultanément développés chez lui sans fatigue ni efforts. — Les instincts de sa perversité lui avaient fait juger que pour lui les voluptés seraient d'autant plus vives qu'elles seraient prises, arrachées aux autres. Beauplaisir devait appartenir à cette école sans nom qui demande à la souffrance des autres ses jouissances les plus ardentes et les plus complètes.

Il n'avait pas eu beaucoup de difficulté à en venir à ses fins avec une fille inhabile à la défense, faible comme toute femme dans sa position, avide des séductions inconnues du luxe, et qui n'avait pas seulement été à même de profiter des bienfaisantes influences de l'éducation première et de la vie de famille...

Beauplaisir, — pour en finir plus vite avec quelques bien faibles scrupules, n'avait pas reculé devant la nécessité de la tromper, en lui faisant espérer qu'il l'enlèverait à une vie laborieuse, simple, uniforme, pour lui créer une existence toute de bruit, de plaisir, de fêtes et de vanité.

Mais pour rien au monde il n'eût voulu rompre le mariage projeté avec Éleuthère. Il n'avait jamais eu un seul instant la pensée de se charger d'un fardeau inutile, qu'un autre pouvait porter pour lui. De toutes manières, son égoïsme féroce trouvait son compte à ce que la situation ne fût pas changée.

D'autre part, Beauplaisir n'était pas sans quelque appréhension. Il ne manquait pas de ce courage, le plus facile de tous, qui ne recule pas devant une situation difficile prévue et résolue, lorsqu'il ne s'agit que de jouer sa vie contre la vie d'un autre. — Mais, outre les inconvénients de toute nature, le bruit que n'aurait pas manqué de provoquer une rencontre avec Éleuthère, — il redoutait, sans vouloir se l'avouer à lui-même, de se trouver face à face avec cet homme qu'il avait trahi, et qu'il ne pouvait s'empêcher de respecter et d'estimer.

Beauplaisir avait nécessairement dû apprécier et juger Grouard de toute autre manière que Louise ne l'avait pu faire. Il pressentit les cas extrêmes que la haine vindicative du poète pourrait amener, — et il résolut, en conséquence, d'aller au devant des complications fâcheuses.

Il ne s'agissait que d'empêcher Grouard de parler. — Or, Beauplaisir comptait sur un moyen qui eût pu être en effet excellent.

En donnant à Grouard la facilité de produire ses œuvres au grand jour de la publicité, en payant les frais d'impression de ces poésies que Grouard conservait amoureusement, inutile trésor, Beauplaisir se croyait sûr d'acheter son silence.

Le plan était des plus simples et des plus faciles comme exécution. La vanité de Grouard, la connaissance si parfaite que Beauplaisir avait de ce caractère, devaient inévitablement le conduire à la certitude du succès.

Pour mieux assurer sa réussite, il résolut de ne brusquer en rien cette petite négociation et de tourner la question. Il s'agissait de ne pas demander trop brutalement la bourse ou la vie à la conscience du poète, — conscience d'autant plus scabreuse à aborder qu'elle prenait son point de départ dans l'amour-propre.

Beauplaisir se fit donc du temps devant lui en écrivant à Éleuthère de faire quelques nouvelles copies. — De là à son arrivée, il ne doutait pas de persuader Grouard.

Tranquille de ce côté, il s'occupa d'achever son œuvre vis-à-vis de M$^{me}$ de Simons.

Pendant les six premiers mois de leur mariage, il l'avait presque constamment retenue chez elle; les intérêts précieux qu'il cachait sous le masque de la passion lui en avaient fait une nécessité.

M$^{me}$ de Simons se complut d'abord aux choses nouvelles de cet amour et s'y prêta avec complaisance, ne pouvant voir au juste à quel prix elle les achetait. — Elle éprouva même une secrète satisfaction à s'isoler ainsi — pour quelque temps — du monde, comptant bien que son absence y serait remarquée et interprétée, et que sa réapparition n'en aurait que plus d'éclat.

Mais lorsque Beauplaisir eut obtenu ce qu'il voulait, dès qu'en regardant bien autour de lui il ne vit plus rien à demander ou à emporter par ruse — il ne s'inquiéta guère des désirs de sa femme, — désirs qui pour elle étaient des besoins sérieux. A ses prières, il commença à répondre par d'ironiques promesses qu'il ne se faisait pas scrupule d'éluder ensuite; chaque jour, il remettait au lendemain. — Lorsqu'enfin M^me de Simons, surprise de cette résistance négative à des volontés qu'elle avait vues jusqu'à ce jour obéies avec tant d'empressement perfide, provoqua une explication, Beauplaisir, qui n'avait plus besoin de rien ménager, déclara nettement — qu'il n'avait pas épousé M^me de Sillerey pour tenir auprès d'elle l'emploi de cavalier servant; — que le monde où il allait, son monde à lui, n'était pas le monde de M^me de Simons, — et qu'enfin lorsque les cercles où il devait aller seul, et où il se montrait fort assidu, épargneraient assez son temps et sa fatigue pour lui permettre d'accompagner M^me de Simons, — alors, — mais seulement alors, — il ne se refuserait pas à lui laisser — quelquefois — prendre sa part de distractions — qu'il jugeait d'ailleurs d'une très-médiocre importance.

Rien ne peut égaler la surprise qu'éprouva M^me de Simons à cette déclaration si formelle et précise. — Elle en fut tellement saisie, qu'elle ne trouva pas un mot à répondre.

Beauplaisir sortit tranquillement, la laissant accablée.

Ce changement — qui venait de s'opérer avec une promptitude si brutale chez son mari — devait donner à réfléchir à Camille : elle en rechercha les causes, et trembla en approchant de la vérité. Elle voulait fermer les yeux à la lumière qui l'épouvantait, ne pas voir le fond de l'abîme dans lequel elle s'était jetée. Elle ne pouvait consentir encore à se dire à elle-même qu'elle avait été indignement trompée. Tout son orgueil saignait à cette pensée.

Cet amour auquel elle s'était livrée avec tant de confiance, ces caresses, ces protestations, — tout cela n'était qu'une odieuse comédie. Cette passion qu'elle avait crue si vraie et si profonde, cette passion n'avait pas été éprouvée pour elle : sa fortune en avait été l'objet. — Elle se disait alors que sa beauté était donc bien perdue, sa jeunesse bien passée, puisqu'elle avait été le but d'une aussi honteuse intrigue, — et que ces avantages personnels dont elle avait toujours été si fière étaient bien misérables, puisqu'elle avait été le jouet d'un homme sans fortune comme sans cœur, qui n'avait visé qu'à un mariage de convenance.

Elle n'eût plus douté, si elle le pouvait encore, lorsqu'un jour elle trouva sur sa toilette une lettre mystérieusement déposée.

Cette lettre — sans signature et d'une écriture inconnue — lui disait qu'elle avait été victime de la plus infâme machination. *On* y avertissait M^me de Simons des projets de son mari. On lui ouvrait forcément les yeux sur certaines choses qu'on avait pu apprendre, et on la conjurait, au nom de ses intérêts les plus chers, de ne plus accorder la moindre concession à des spéculations perfides. — On désirait enfin très-ardemment — car *on* était l'ami de M^me de Simons — que pour elle il fût temps encore de s'arrêter dans cette voie de ruine.

M^me de Simons chercha longtemps qui avait pu lui écrire cette lettre.

Elle soupçonna M. Regis, et chercha à le sonder, sans le questionner positivement en rien. Ne pouvant parvenir ainsi à aucun résultat, elle se décida à lui parler à cœur ouvert, et elle lui montra la lettre qui lui causait un si grand trouble.

Mais le banquier lui répondit vaguement et de la manière la plus naturelle qu'il ne fallait pas s'arrêter sans autres preuves à des accusations anonymes. Il l'engagea pourtant à se tenir sur ses gardes, trop confiant, ajouta-t-il, dans sa prudence pour ne pas être certain qu'elle ne s'engagerait pas sur un terrain dangereux. Camille n'osa en dire davantage : son orgueil l'arrêtait.

Mais ses alarmes étaient dès lors éveillées. Elle suivit pas à pas la conduite de son mari, sans que celui-ci pût s'en douter, — et, du reste, il ne s'en inquiétait guère. Elle l'observa; elle écouta et retint ses moindres paroles pour leur chercher, seule, un sens caché. — Elle se plaignit même enfin à lui de l'abandon dans lequel il la laissait.

Beauplaisir éluda une réponse à ces plaintes, qu'il écoutait nonchalant et distrait. Lorsqu'il daigna y répondre, ce fut avec une sorte de mépris vague, spirituel, froid, calme, qui déchirait M<sup>me</sup> de Simons.

C'est qu'en effet ce devait être pour elle une chose accablante de voir cet homme parti de si bas, arrivé si haut par elle, la traiter ainsi, lorsque pour lui elle avait tout fait, lorsqu'il était son ouvrage.

Beauplaisir, qui de rien savait faire quelque chose, avait su tirer de sa position d'homme marié un prodigieux parti. Le monde, qui l'accueillait déjà pauvre et sans consistance, lui avait fait une sorte d'ovation lorsque son brillant mariage était venu lui donner ce qui lui manquait.

C'était de cette hauteur que Beauplaisir accablait M<sup>me</sup> de Simons, et pour elle les coups étaient terribles. Il employait toujours avec elle des formes exquises, — agissant en scélérat, mais en scélérat homme d'État, — poli et froid, mais tranchant comme l'acier. Entre eux, les luttes ne duraient pas longtemps : M<sup>me</sup> de Simons se sentait bientôt faible et cédait la place, et chacune de ces défaites augmentait sa tristesse et son désespoir, tandis que chaque nouvelle victoire donnait une force nouvelle à son mari. Les terribles soupçons qu'elle avait conçus, et que la lettre anonyme était venue raviver, lui causaient des insomnies chaque nuit plus cruelles.

Beauplaisir ne s'en émouvait pas. Il s'était fait la part du lion : il s'était entouré de toutes les jouissances du luxe intelligent; rien n'égalait le sybaritisme de son intérieur particulier; à sa femme il accordait seulement, à peu près sans se faire prier, ce qu'elle était en droit d'exiger. Suivant un dicton populaire, il tirait à lui la couverture — sans embarras comme sans scrupule.

M#########e de Simons reculait chaque jour devant une explication définitive, conçue et résolue la veille. Elle tremblait de demander compte de ce pouvoir illimité qu'elle avait confié à son mari. — Et pourtant les circonstances rendaient cette explication si appréhendée plus nécessaire chaque jour. — Elle allait se résoudre enfin à lui demander quel était son sort — lorsque Beauplaisir lui en épargna la peine.

Il lui annonça un jour avec le plus grand flegme qu'il fallait réduire la dépense commune.

L'argent s'écoulait trop vite, disait-il; les réceptions à l'hôtel, bien qu'elles fussent rares, étaient inutiles, puisque lui recevait de son côté, et qu'en ce dernier cas seul les frais étaient nécessaires.

Camille pâlit de surprise. Elle répondit qu'elle avait sans doute mal compris, et le pria de répéter ce qu'il venait de lui dire.

— Vous m'avez fort bien entendu, reprit Beauplaisir avec un sourire acerbe, et vous m'avez fort bien compris. Je n'avais rien en vous épousant: il est juste que votre fortune serve aujourd'hui pour deux.

M#########e de Simons se leva en lui jetant un regard d'indignation et de mépris.

— Votre conduite est odieuse, monsieur, dit-elle. Elle me dicte ce que j'ai à faire.

— Et que ferez-vous, madame? — demanda Beauplaisir impassible.

— Je vais demander notre séparation.

— A votre aise, répondit-il en riant. — En ce cas, il vous restera le tiers de votre fortune — à peu de chose près — que vous aurez à partager avec moi.

— Vous voudriez m'effrayer et me faire renoncer à un dessein qui vous couvrira de honte, car j'élèverai haut la voix!...

— Je ne me sers pas de pareils moyens, répondit avec dédain Beauplaisir. — Le dernier clerc de notaire vous dirait tout de suite à quoi vous en tenir. Et, d'ailleurs, ajouta-t-il avec une sorte de solennité railleuse, je n'aime pas le mensonge. — J'ai donc l'honneur de vous répéter qu'il vous reste à peu près le tiers de vos biens...

— Et le reste?...

— Le mari n'est-il pas administrateur de la communauté? Eh bien! j'ai administré.

Mme de Simons se laissa tomber accablée sur son siége.

— Mon Dieu, vous n'êtes pas raisonnable, reprit Beauplaisir. Vous ne me rendez pas justice. — De quoi vous plaignez-vous? Je ne suis pas dissipateur: mes besoins satisfaits, on pourrait presque me reprocher de l'avarice. — C'est que j'ai des vues plus élevées. Cette fortune, entre mes mains, aura cent fois la valeur qu'elle avait entre les vôtres. Elle servira à mon élévation politique. — Et puis, ne faut-il pas que je pense un peu à mon avenir et que je prenne mes précautions? Qui sait ce qui peut arriver d'un moment à l'autre? Si j'avais, par exemple, la douleur de vous perdre? — Pensez donc un peu à tout cela.

Comme Mme de Simons, la tête baissée, ne répondait pas:

— Nous avons joué au plus fin, reprit Beauplaisir; nous nous sommes mariés tous deux avec une arrière-pensée. Chacun avait son but. Ce n'est pas ma faute si vous avez joué moins bien que moi. Ne m'en veuillez pas si j'ai un peu triché. — Je n'en aurais pas eu de moi-même l'idée; mais on me le conseillait si vivement, que, ma foi!...

— Qui donc? demanda Camille tremblante.
— Mais — votre meilleur ami.
— Regis? dit-elle.

Et elle se leva les dents serrées.

— Regis, dit affirmativement Beauplaisir.

— Mon Dieu! mon Dieu! dit M$^{me}$ de Simons. — Et que lui avais-je donc fait à lui?

— Oh! moins que rien, dit Beauplaisir avec satisfaction. — Demandez-le-lui. — Mais, avec lui, la partie n'était pas la même qu'avec moi. Vous aviez gagné la première fois. Maintenant, vous êtes manche à manche!

Camille se leva avec une rage concentrée — et sonna.

Un domestique parut.

— Faites atteler, dit-elle.

— Est-ce que vous allez jouer *la belle?* dit Beauplaisir.

## XXII

### Le banquier Regis.

Le jour se lève à peine. M. Regis est dans son cabinet, assis devant la cheminée. Des tronçons de bois carbonisé — épars des deux côtés de l'âtre — et qui se ravivent en réunissant leurs flammes en deux petits foyers particuliers, témoignent que le feu a brûlé longtemps et que le maître a dû passer là une partie de la nuit. Entre les rideaux fermés, une longue fente de douteuse lueur annonce que la nuit va finir, tandis qu'une grosse lampe, encapuchonnée de vert, coupe horizontalement le cabinet en deux parties; — l'une d'éclatante lumière qui ne laisse perdre aucun détail, découpe le moindre accident de forme avec un reflet bien arrêté; — l'autre, sombre, dans laquelle se perd la tête et le haut du corps du banquier.

Le silence le plus profond règne dans ce cabinet. A peine entend-on bien au loin, dans la rue, le bruit indu de quelque voiture matinale, quelques portes cochères qui s'ouvrent successivement, le cri étrange et inexpliqué du ramoneur.

Le banquier est depuis longtemps immobile. Son front repose entre ses deux mains. A sa respiration seule, on peut deviner qu'il ne dort pas.

Enfin, il fait un mouvement; il regarde vers la fenêtre, se lève, baisse la lampe et va ouvrir largement les rideaux des deux fenêtres. La lumière, plus vive et plus abondante que tout à l'heure, envahit la chambre.

— Nous pouvons enfin regarder Regis, que nous avons perdu de vue depuis assez longtemps.

Comme M<sup>me</sup> de Simons, comme Claudien, comme Éleuthère, comme Jeanne, il est bien changé aussi, lui. Quelques rares cheveux gris, ralliés sur le devant, essaient en vain de dissimuler l'ampleur dépouillée de son front; ses traits sont durement arrêtés et se cassent aux angles; des rides épaisses et profondes sillonnent ses tempes et ses joues; son regard s'est éteint, et, d'ailleurs, le feu s'en perdait au fond de ses orbites. Sa bouche sévère s'est contractée sous une longue et invincible tristesse. Ses gestes, son allure ont perdu toute jeunesse, toute ardeur. Ses mouvements sont lents et compassés comme ceux d'un vieillard; sa taille élevée et distinguée s'est courbée; son dos est voûté, sa marche est indécise. On dirait que sur ses mains, si belles de formes, si pleines autrefois, aujourd'hui décharnées, les grosses veines s'efforcent de corder les os et de les maintenir. Le lierre court sur les ruines. — Regis a bien vieilli!

C'est qu'en effet on vieillit vite avec les chagrins, les insomnies, — les remords : pour le banquier, presque toutes les nuits se passent comme celle qui vient de passer. Il craint les ténèbres et recherche la lumière. Il est abattu sous un incurable désespoir.

Il a dû bien souffrir. Il était honnête et bon. Sa jeunesse avait été pure et féconde en rêves beaux et pleins de fraîcheur... Et un amour joué, une passion trompée sont venus bouleverser cette vie paisible et d'espoir, troubler cette onde unie.

Il a connu ces deux monstres qui dévorent : la haine et la soif de la vengeance. Dès qu'il a pu haïr, il s'est haï et dédaigné lui-même. Il a fatigué toutes ses facultés ; il a usé son corps, tué son esprit pour chercher la vengeance. Il a voulu se persuader, le malheureux ! que les passions mauvaises pouvaient satisfaire un cœur comme le sien.

La vengeance : dès qu'il l'a eu atteinte, il s'est étonné de ne pas la trouver douce comme il l'avait rêvée. Ce fruit qu'il voyait de loin si mûr et si doré, dont il croyait d'avance sentir le parfum, — ce fruit s'est désséché sous ses lèvres, et la cendre a craqué entre ses dents. Il a rendu M$^{me}$ de Simons, sa sœur — si malheureuse, qu'aujourd'hui il en a pitié. Il ne peut s'empêcher de frémir en contemplant son œuvre.

Beauplaisir, — ce cœur vif qu'il a accepté comme complice pour parvenir au but trompeur qu'il s'est posé, Beauplaisir, qu'il avait senti plus fort que lui, lui fait maintenant jalousie et horreur. Il éprouve un dégoût profond en pensant qu'il a pu, lui, dans la candeur de sa haine, accepter des intérêts, une volonté, des moyens communs avec des moyens, la volonté, les intérêts de cet homme qu'il méprise comme la fange. Il s'indigne, et il rougirait s'il avait encore assez de chaleur à la tête et au cœur pour rougir, en repassant dans son esprit ces misérables considérations, ces ruses, ces intrigues dont il est aujourd'hui la première victime, dont son front dévasté porte la fatale expiation.

Lorsqu'il pense à sa femme, à cette autre malheureuse qu'il a si lâchement abandonnée à elle-même, absorbé qu'il était dans les combinaisons de sa rage et dans ses pensées de ruine, — il se dit amèrement qu'il a sacrifié deux existences, qu'il a immolé deux femmes à ses tristes et vaines passions.

Et il se rappelle, désolé, quel était ce cœur qu'il a mis de côté avec une si brutale insouciance. Il regrette cette douceur, ce dévoûment, cette simplicité qui lui serait d'un si grand secours aujourd'hui, et auxquels il a voulu renoncer. Il se dit qu'elle doit être bien malheureuse, la femme qu'il a perdue, et il souffre de se voir entouré de richesses sans résultat, d'un luxe inutile, qui n'est qu'une douleur et presque un remords de plus. Il pense à l'existence qu'elle a dû mener, à la misère qui a dû la frapper, et, bien qu'il se trouve plus malheureux qu'elle, il sent s'émouvoir pour elle au fond de son cœur une pitié déchirante et inutile...

L'ambition, cette autre chimère sur laquelle il comptait tant, qui devait, pensait-il, lui rendre et au delà tous les bonheurs qu'il répudiait dans son farouche égoïsme, — l'ambition s'est trouvée pour lui également vide et stérile. Il a touché du doigt le néant de ces deux grands mobiles de sa vie, et c'est seulement alors qu'il a vu de ses propres yeux qu'il s'est trompé, qu'il a reconnu son erreur. Mais, lancé dans la vie, lors même qu'il s'est bien assuré qu'il s'était trompé de chemin, il n'a su que faire pour se remettre dans la vraie route, — et il a continué forcément de tourner péniblement cette meule à laquelle il s'est attaché.

L'une des plus fortes absurdités dont on ait le plus abusé, c'est l'expérience. Le lieu commun, ce qu'on appelle le bon sens, se nourrit depuis des siècles de ce mot sans signification. Qu'est-ce que c'est donc que l'expérience? Où l'a-t-on vue? S'est-elle perdue? A qui a-t-elle servi? Les conseils du vieillard guident-ils le jeune homme aujourd'hui plus qu'hier? — Non. On ne voit que les trous dans lesquels on est tombé, — ce qui n'empêche pas d'y retomber encore. L'expérience n'existe pas. C'est la plus insolente des utopies ; c'est un mythe qui n'est bon qu'à faire confectionner d'ennuyeux proverbes par les gens qui aiment ces choses-là. Rayez-le donc de toutes vos langues, ce mot inutile, parasite, odieux, et qui se moque éternellement de vous!

L'ambition de Regis, si vaste, si dévorante, n'a abouti qu'à de bien minces et de bien piètres résultats. Il est député ; mais toute sa force et son intelligence se perdent au milieu de cette foule d'hommes qui l'entourent. En abordant la politique, il en a vu toutes les difficultés. Il a compris quelle supériorité il faut s'être acquise, n'importe par quels moyens ni de quelle sorte, pour arriver à dominer l'élite puissante qui se presse et qui lutte autour du pouvoir.

Chef de parti, il a senti depuis longtemps qu'il ne peut l'être. Il n'est pas né pour cela. Penser à un portefeuille, ce serait une folie! La vaste et brillante carrière administrative lui est également fermée, car il est de l'opposition, et il n'a pas su se choisir une place intelligente dans l'opposition. Il s'est troublé d'abord, lui, l'homme froid et calculateur, lorsqu'il s'est vu placé à cette hauteur; il s'est indiscrètement avancé. Désormais, pour un mot imprudent, sa place est irrévocablement fixée. — Et puis, lors même qu'il passerait sur ces obstacles, il ne pourrait aller plus loin, car Armand, en acceptant le contrat odieux qu'on lui a si cruellement imposé, Armand a fait ses conditions. Si le banquier passe à l'ennemi, le marché est rompu, — car l'imprimeur ne pouvait aller plus loin dans ses sacrifices, et il a juré que Regis ne serait pas réélu s'il **manquait à ses promesses.**

Regis a donc épuisé cette coupe aride qui n'a pu calmer sa soif, et il est prêt à la jeter loin de lui avec mépris et colère. D'autres préoccupations plus pénibles l'assaillent encore. Sa position politique, quelle qu'elle soit, l'a mis en vue bien mieux encore qu'auparavant. La médisance et les soupçons s'agitent dans l'ombre et murmurent autour de lui. — On commence à s'occuper de la si longue absence de M^me Regis. — Les commentaires circulent, la calomnie agite sa tête de vipère et siffle avec une gaîté sinistre. Le banquier a senti plus d'une fois de bouillonnantes colères à certaines questions singulièrement posées.

Un homme n'est pas loin qui fait parler ces bruits, qui excite ces demandes, qui fait mouvoir ces fils ; c'est l'homme qui se venge de Regis, comme Regis s'est vengé de M^me de Sillerey. C'est Beauplaisir qui ameute toutes les petites haines, les petites vanités de ce monde impur contre celui dont il a juré la perte, et dont il veut recueillir l'héritage ; — car Beauplaisir a résolu de se porter aux élections prochaines, dans l'Allier, concurremment avec le banquier.

Il sème adroitement le mensonge et la perfidie autour de Regis. Il l'enveloppe d'un inextricable réseau. Il a divulgué l'histoire du mariage du banquier, — de ce mariage pressé et hâté pour venir contre-balancer les déboires espagnols. Puis il a continué une narration si curieuse pour un public avide. — Il a dit la fuite de Jeanne ; il a nommé et décrit le Claudien ; il a raconté toute l'histoire, — sans laisser de côté les détails et les accessoires, — et il a suivi, le sourire de la satisfaction sur les lèvres, les progrès de son œuvre. Il l'a vue se développer et grandir, et devenir forte et envahissante. — Bientôt le banquier ne pourra plus se taire; l'explosion va avoir lieu, — et Beauplaisir se frotte joyeusement les mains.

Au milieu de cet orage qui gronde sourdement autour

de lui, Regis est calme dans sa tristesse, ferme dans son abattement. — On ne se doute pas de ce qu'il souffre, — lors même qu'on voit ses traits altérés.

Mais, lorsqu'il est seul, il se laisse aller avec une amère volupté à ses chagrins dévorants, à ses douleurs cuisantes, découragé, rompu par les fatigues de cette vie homicide, — et il se repose de ses terribles secousses en se réfugiant dans les consolations déchirantes et les amères tristesses de ses souvenirs et de ses regrets. Il passe les nuits tête-à-tête avec sa pensée, et lorsqu'au milieu du silence, seul, debout entre tous ces hommes qui reposent, il évoque devant lui son passé et l'avenir dont il n'a pas voulu, — qui le surprendrait alors, cet homme impassible et glacé par tant de froides déceptions, verrait peut-être une larme indécise briller sous sa paupière.

Cependant le jour est tout à fait venu. L'hôtel du banquier se peuple et s'anime. Les innombrables employés qui occupent cette immense ruche ont commencé leurs travaux quotidiens. La cour de l'hôtel est sillonnée en tous sens par des pas pressés.

Regis, appuyé sur la crémone dorée de sa fenêtre, contemple indifféremment, l'œil fixe, cette foule et ce bruit. — Tous ces hommes travaillent pour lui, vivent par lui, sont à lui, et il jalouse la position du dernier d'entre eux.

Deux coups furent tout à coup discrètement frappés à la porte du cabinet. Le banquier fronça le sourcil. Il alla tirer un petit verrou, et un domestique parut.

— Je vous ai donné l'ordre de ne jamais me déranger, dit sévèrement Regis.

— Monsieur, balbutia le valet, — c'est que — c'est M. Armand...

Le banquier réfléchit un instant.

— Faites entrer, dit-il.

Armand fit quelques pas au devant de M. Regis, — et ils se serrèrent la main.

Regis lui avança un siége qu'Armand ne parut pas voir.

Regis sentait qu'il y avait là aussi un cœur brisé. Ils se regardaient tous deux : tous deux se plaignaient, car chacun comprenait que l'autre avait sa blessure. Armand examinait avec attention la physionomie austère et fatiguée du banquier, pour découvrir si le mal avait fait des progrès ou si l'on pouvait encore espérer la guérison, — et ces deux douleurs se tenaient debout, l'une devant l'autre, immobiles et muettes.

— Eh bien ! dit enfin Armand — si bas, que Regis seul eût pu entendre.

Regis répondit par un geste de tristesse et de découragement.

— Je sais où *ils* sont, reprit Armand.

Et l'on eût dit que sa voix consolante voulait compatir au désespoir et à l'abandon du banquier.

Celui-ci fit un léger mouvement — et garda le silence.

— Ils sont à Bruxelles, reprit Armand — et elle souffre... Elle souffre, comme il devait arriver, par celui qui l'a rendue coupable. — Elle a trouvé le châtiment dans sa faute, mais un châtiment si effroyable, qu'il fléchirait la sévérité du plus impitoyable juge... Elle a souvent manqué de pain... Je leur ai envoyé de l'argent, et (ici la voix d'Armand se voila) le misérable s'est emparé de cet argent...

Regis s'était couvert la figure de ses deux mains. — Lorsqu'il releva la tête, il était plus pâle encore. Il ouvrit un tiroir et y prit quelques billets de banque qu'il remit à Armand.

— Envoyez-lui cela, dit-il.

Armand prit ses billets.

— Ce n'est pas tout, reprit-il. — Elle ne peut rester

un jour, une heure de plus dans cette affreuse position...

— Qu'allez-vous donc me demander? dit Regis avec une certaine froideur.

— Je vous le dis, monsieur, — la punition a dépassé la faute. C'est assez d'épreuves pour cette pauvre femme... Et peut-être cette terrible leçon aura-t-elle été trop forte pour elle, — peut-être ne sera-t-il plus temps!...

Regis l'écoutait, penché.

— Que faut-il faire? demanda-t-il.

— La rappeler près de vous.

— Jamais! dit Regis en se levant comme par un ressort.

Il y avait dans son accent quelque chose de tellement résolu et irrévocable, qu'Armand fut abattu et perdit tout espoir.

— Si vous saviez!... reprit-il après un moment de silence.

— Ne parlons plus de cela! dit sèchement le banquier.

Et comme Armand paraissait hésiter :

— Pas un mot de plus! ajouta-t-il. — Je souffre... et je vous céderais la place.

Armand se tut.

Le banquier se promenait dans son cabinet à pas précipités.

Malgré ses efforts pour ne rien laisser paraître, il était dans une vive agitation.

Armand le regardait — et il secoua la tête avec tristesse.

— Eh bien! reprit tout à coup Regis, on parle d'une dissolution de la chambre.

— Oui, répondit Armand, — je le sais.

— Est-ce à propos de cela que vous veniez? demanda,

avec un demi-sourire forcé, le banquier en s'arrêtant tout à coup devant lui.

— Oui, répondit encore Armand; mais ce n'est pas pour vous dire que notre contrat va se trouver rompu. Je ne vois personne qui puisse — en ce moment — nous représenter mieux que vous à la Chambre, et je viens vous annoncer que vous pouvez compter sur mon appui auprès des électeurs.

Regis parut surpris, et il l'était en effet. — Même après la nuit qu'il venait de passer, les paroles d'Armand lui firent éprouver une satisfaction si vraie, qu'elle éclaira légèrement sa physionomie. — Le mal était chronique.

— Mais, — vous-même, — dit-il, un peu honteux devant Armand de ce mouvement de joie, — pourquoi ne vous présenteriez-vous pas?

— Moi, dit Armand avec simplicité, je travaille; je veux attendre encore.

— Eh bien! soit, reprit Regis, j'accepte votre offre, et je vous en remercie.

Et il serra la main d'Armand.

— Eh bien, oui, — dit-il comme en se parlant à lui-même, — je recommencerai cette vie-là... Il le faut... Que pourrais-je faire?... — Et pourtant, si vous saviez, Armand, quelle triste chose que cette vie tout en dehors? si vous saviez combien, lorsqu'on est seul avec soi-même, on trouve pâles et froides ces luttes brûlantes où l'on se livre tout entier! si vous saviez tout ce qu'on éprouve en tombant tout à coup — de cette vie de mouvement et de bruit — dans le sépulcre d'un intérieur désert!...

Armand le regardait avec pitié.

— Mettez votre cœur au lieu de votre tête dans cette vie-là, dit-il, — et vous êtes sauvé!...

— Et le puis-je? reprit amèrement Regis. Le cœur n'existe plus chez moi... il a été brisé et foulé aux pieds... il n'y a plus place en moi que pour des émotions factices, des passions artificielles d'un moment... c'est l'ivresse de l'opium... — Tenez, Armand, je vous le dis à vous : je souffre, j'ai l'enfer là!... je suis seul, tout seul... je n'ai pas seulement un enfant... Moi qui donnerais ma fortune et ce qui me reste à vivre pour avoir près de moi un enfant à moi, — un enfant contrefait et méchant, qui lèverait la main sur son père... Je ne l'ai pas voulu! — Je me suis imbécilement arraché par précaution les entrailles. — Je mourrai entre mes domestiques...

Et le banquier resta accablé.

— Il est temps encore, dit Armand; vous pouvez...

— Ne parlons pas de cela, je vous en suplie, répondit Regis; vous me déchirez inutilement. Je ne lui pardonnerai jamais le mal — que je lui ai fait. — Envoyez-lui cet argent : arrangez-vous pour qu'il lui soit bien remis, à elle... Et... — lui écrirez-vous?

— Oui.

— Eh bien ! — dites-lui que cet argent vient de vous; — ne manquez pas à cela, au moins! — et — dites-lui encore — que je n'ai pas voulu vous entendre parler d'elle...

— Adieu donc ! dit Armand avec tristesse.

— Adieu, dit Regis. — Pourquoi ne vous ai-je pas connu plus tôt ?...

Et, lorsqu'il fut seul, le banquier resta longtemps immobile et abattu...

Puis il réfléchit qu'il y avait séance ce jour-là, et qu'il avait quelques affaires à terminer avant d'aller à la chambre.

Comme il allait sortir de son cabinet, — M<sup>me</sup> de Simons, qui n'avait pas voulu donner le temps de l'annoncer, apparut, le regard foudroyant...

Le banquier regarda sa belle-sœur avec étonnement.

Les traits de M^me de Simons étaient bouleversés. Elle était d'une pâleur livide et marbrée. Tout son corps tremblait, et ses dents serrées, ses lèvres blanches attestaient sa rage concentrée.

Sa colère était telle, qu'elle fut longtemps sans pouvoir parler.

Regis, qui pressentait quelque scène grave, se recueillit un instant en lui-même pour être prêt à parer tous les coups. — Il avança un siége à M^me de Simons, qui se laissa tomber suffoquant de fureur.

— Vous paraissez bien agitée, dit Regis. — Que vous serait-il donc arrivé ?

Camille, sans répondre, tenait son œil ardent fixé sur celui du banquier.

— Vous me regardez d'une façon singulière, reprit Regis, qui commença à se sentir un peu embarrassé. Aurais-je le malheur d'avoir été pour quelque chose dans ce qui a pu vous arriver?...

— Pour quelque chose! répondit Camille d'une voix stridente. — Ah! oui, en effet, vous êtes pour quelque chose là-dedans.

— Mais enfin, qui peut vous troubler ainsi?

— Vous êtes un misérable! dit Camille haletante et penchée vers lui, — vous m'avez indignement trompée; — vous vous êtes conduit comme un lâche, et c'est une femme que vous avez été prudemment choisir pour la perdre et l'écraser.

— Que voulez-vous dire? demanda Regis interdit.

— Vous m'avez livrée à un infâme dont vous vous êtes fait le complice. — A vous deux, vous m'avez volé ma fortune. Oui, votre digne association avec M. de Simons a eu plein succès. — Je suis honteusement jouée, on me traîne dans la boue; — je suis ruinée; il ne me reste rien. — Êtes-vous content? — Vous allez vous reposer, n'est-ce pas, maintenant que votre ouvrage est fini?

— Oh! soyez tranquille, vous le pouvez en toute confiance. Il ne vous reste plus rien à faire. Il n'y a pas chez moi une place qui ne soit meurtrie, pas une blessure qui ne soit toute saignante et toute fraîche... Soyez heureux!... Quelle honte! Deux hommes s'unir courageusement pour tuer une femme... et la tuer par derrière!...

Regis ne répondit pas. Il laissait passer ce torrent de reproches et d'injures.

Et Camille continuait, lui jetant au visage sa perfidie. Elle employa ces paroles homicides, traits empoisonnés qui font d'incurables blessures.

Puis, après qu'elle eut largement épanché sa fureur, la faiblesse naturelle de la femme reparut, et Camille versa quelques larmes — larmes difficiles, arrachées à des yeux inhabiles à les verser, — larmes cuisantes et arides qui brûlent comme des gouttes de plomb fondu.

— Que puis-je faire maintenant? dit-elle. Où irai-je?
— Car je ne puis vivre un jour de plus sous le même toit que cet homme... — Et c'est vous, ajouta-t-elle avec une sanglante ironie, c'est vous qui êtes à vous seul toute ma famille! Je n'ai plus que vous aujourd'hui : vous êtes mon dernier, mon unique refuge. — Ouvrez-lui donc les bras, à cette sœur qui vient à vous, puisque vous êtes le seul homme qui puisse et qui doive la protéger!... Rachetez-moi donc, vous qui m'avez vendue!

Et sa fureur se réveillant tout à coup avec une force nouvelle, elle accabla Regis de nouveaux outrages. Elle puisait à pleines mains, dans son désespoir, les plus sanglantes, les plus terribles injures. Pâle, les yeux hagards, les traits tirés, les cheveux en désordre, elle tenait, victorieuse, sous elle celui qui l'avait attaquée, et elle épuisait toutes les cruautés du triomphe.

Regis était immobile, sombre et silencieux.

Puis, par ce même retour si fréquent dans les

crises des femmes, Camille s'attendrit encore sur elle-même.

— Et, dit-elle, j'étais pourtant heureuse avant cette infernale union. Je vivais tranquille, respectée. — Vous avez détruit tout cela. Vous avez fait de moi la plus malheureuse des femmes. Vous avez impitoyablement écrasé ce bonheur inoffensif qui ne vous demandait rien. — Avez-vous jamais eu le moindre sujet de plainte ou de reproche contre moi? Que vous avais-je donc fait?...

A ces dernières paroles, le sourcil de Regis se fronça; son œil baissé s'anima, se releva et embrassa l'âme de M<sup>me</sup> de Simons dans une inflexible étreinte. — A ce regard, Camille ne put s'empêcher de frissonner. Il y avait dans la physionomie du banquier une telle expression indignée, que M<sup>me</sup> de Simons se sentit plier malgré elle. — Elle sentit que son ressentiment était moins fort et moins implacable que celui-là. Camille trembla.

— Vous me demandez ce que vous m'avez fait? dit lentement Regis en appuyant sur chacune de ses paroles. — C'est vous qui vous plaignez! c'est vous qui venez m'accuser!... — Ce que vous m'avez fait?... Oh! presque rien, certes, bien peu de chose!... Ce que vous m'avez fait?... — Eh bien, dit-il d'une voix tonnante, — je vais vous le dire, — car mon cœur est plein, et l'amertume déborde!...

« J'étais jeune, plein d'avenir et de vigueur: je vous ai aimée. — Qu'avez-vous fait alors? — Vous avez perfidement accueilli cet amour; vous l'avez arrosé d'espérances; vous l'avez fait croître et grandir... — Puis, quand le moment est venu de me donner enfin une preuve, un gage de vos menteuses et décevantes promesses, vous avez reculé devant des considérations qui intéressaient votre égoïsme, sans trop vous soucier de ce qui adviendrait au malheureux qui avait été assez fou pour vous croire!...

« Eh bien! cela, je vous l'avais pardonné! — Brisé par le coup terrible qui me frappait, j'ai rappelé toutes mes forces, et j'ai eu assez de courage pour vous voir passer aux bras d'un autre... — Je voulais croire qu'une volonté plus forte avait dû faire céder la vôtre, et je me créais dans mon isolement glacé des consolations étranges, douces dans leur amertume. Je me disais que vous n'étiez coupable que de faiblesse, que vous m'aimiez encore, — et cette pensée folle m'a donné le courage de vivre. — Bien plus, pour ne pas vous faire souffrir de chagrins que je voulais garder pour moi seul dans l'égoïsme de ma douleur, pour ne pas vous inquiéter en vous rappelant des souvenirs importuns pour la femme de M. de Sillerey, j'ai dévoré mon désespoir et mon amour. J'ai eu l'atroce courage de jouer l'indifférence!... Et vous avez pu croire que, comme vous, j'avais tout oublié; et vous l'avez cru, que j'avais renoncé à de folles espérances, à ces projets d'une trop confiante jeunesse!... Vous l'avez cru, car j'ai si bien joué mon rôle dans cette sinistre comédie, que vous n'avez pas craint de m'ouvrir votre maison, de m'appeler et de me traiter comme votre ami... — Votre ami!...

« Et puis il est venu un jour où la mort de Sillerey vous rendait libre... — Je suis accouru vers vous, — radieux d'espoir et de joie, — étalant orgueilleusement au grand jour cet amour que j'avais si mystérieusement conservé dans mon cœur, que j'avais nourri de mes larmes solitaires... — Et puis, à cette époque — vous n'avez jamais su cela — des pertes énormes m'avaient mis sur le bord de ma ruine. Je me disais que ce mariage allait me sauver, — et il m'était doux de vous devoir mon salut. Mon malheur même devait rendre mon bonheur plus complet...

Alors vous m'avez souri, comme jadis vous me souriiez ; — vous m'avez fait espérer, — sans me rien dire, oh ! vous êtes prudente... et je le reconnais ! — vous avez fait miroiter à deux pas devant moi ce bonheur ineffable... — et lorsque, à votre grand dommage et à votre grand regret, n'est-ce pas ? est venu le moment décisif de vous prononcer, — vous rappelez-vous, vous rappelez-vous ce que vous avez fait ?...

« Vous m'avez jeté votre sœur, qui vous embarrassait, marâtre que vous étiez ! — Je vous ai connu alors ! le prisme était brisé. J'ai vu votre égoïsme dans sa hideuse nudité. J'ai vu que vous vous étiez jouée impitoyablement de moi ! J'ai vu que vous n'aviez pas de cœur ! — Et j'ai conçu contre vous une haine d'enfer ! Je vous ai haïe de tout l'amour que j'avais pour vous !

« Ah ! vous me demandez ce que vous m'avez fait !... La honte de Jeanne — cette pauvre créature que vous avez perdue — ma honte à moi, — ces rides, — ce front blanchi avant l'âge, — les tortures de mon âme, — deux existences déviées et perdues, — ma vie tuée, — tout cela est votre ouvrage ! Vous parlez de votre malheur, de ce que vous avez souffert, — et moi, moi, dit-il en s'approchant d'elle, regardez !...

Camille le regarda longtemps, — et, par degrés, sa figure, atterrée sous les foudroyantes paroles de Regis, prit une infernale expression de cruauté satisfaite.

— Eh bien ! dit-elle en se redressant à son tour, — eh bien ! vous n'aurez toujours pas souffert moins que moi ! Je suis contente !...

Et, dans un effrayant paroxysme de colère, elle l'accabla de malédictions et sortit furieuse, — mais abattue et terrassée dans un affreux désespoir.

Regis la regarda partir d'un œil où il n'y avait plus ni haine ni colère. Resté seul, il se laissa aller sur un fauteuil, anéanti, déchiré, bourrelé...

La scène qui venait d'avoir lieu l'avait profondément ému, en lui présentant avec les couleurs les plus vives ses maux et ses douleurs. La colère de M^me de Simons lui avait causé moins de ressentiment que de dégoût. Il venait de voir chez une femme la passion violente, — brutale et nue. — En s'interrogeant dans sa morne tristesse, il ne se trouvait plus au cœur la moindre haine contre cette femme. Il la plaignait, — et déjà même, auparavant, il s'était quelquefois reproché d'avoir été trop loin dans sa vengeance. C'était lui qui, sous le voile de l'anonyme, avait envoyé à Camille un avertissement tardif — et inutile — pour la mettre en garde contre des projets déjà accomplis. Il était las de cette vie mesquine de rancunes, de petitesses et de trahisons. Il était rongé de remords en pensant à sa femme, à tout le mal qu'il avait fait ou laissé faire. — Après les remords venaient les soucis dévorants de l'ambition déçue, puis la désillusion après la vengeance, — et le suprême regret d'avoir méconnu et repoussé les biens qu'il avait sous la main.

Il sentait en lui un vide affreux. Il se voyait seul et était ému en pensant à la misère de Jeanne, aux souffrances d'une faute si chèrement expiée. Il resta longtemps immobile, — pénétré de repentir et de tristesse.

Tout à coup il prit une plume et écrivit deux lettres.

L'une était adressée au président de la chambre des députés. — Elle annonçait la démission de M. Regis.

Il venait de se décider à aller chercher dans la retraite la paix avec soi-même et le repos qui le fuyaient.

L'autre lettre portait en suscription le nom d'Armand.

## XXIII

#### Décadence de Claudien.

Depuis que nous avons quitté Jeanne et Claudien, la vie pour eux a été à peu près la même. Seulement, les absences de Claudien sont devenues de jour en jour plus fréquentes, et son caractère plus sombre et plus indifférent à ce qui n'est pas lui. Souvent deux et trois jours se passent sans qu'il adresse une parole à celle qui se consume en suprêmes efforts, et souvent aussi il arrive à Jeanne de l'attendre en vain des nuits entières.

A ces secousses, — si rudes et si multipliées, — le cœur ulcéré de Jeanne s'est replié sur lui-même et s'est rompu avec une sorte d'indifférence passive à cette triste existence. Elle voit maintenant avec calme et tranquillité ces absences nocturnes, dont la seule pensée lui eût fait tant de mal autrefois; bien plus, sans qu'elle veuille se le dire, elle en est presque heureuse : elle se sent plus libre lorsque Claudien la laisse seule; elle peut caresser à son aise ses tristesses et ses douleurs, et elle redoute les arrivées odieuses et bruyantes de Claudien, car Claudien se livre maintenant sans scrupule et sans honte au vice de l'ivrognerie. — Peut-être cherche-t-il dans les torpeurs fiévreuses de l'ivresse à se créer une vie factice qui lui permette de s'isoler de sa vie réelle, — et d'oublier ses remords.

Grâce à ces absences quelquefois bien longues, grâce à cette bizarre disposition de la nature humaine qui se change en métamorphose par une habitude une fois prise, Jeanne serait peut-être un peu moins malheureuse, — si elle n'avait pas près d'elle un nouveau et incessant sujet de craintes terribles, de douleurs déchirantes.

Son enfant, débile et chétif, s'éteint. Le doigt fatal l'a marqué au front. Un mal inexorable, venu avec la naissance, a resserré sa petite poitrine à peine formée, maigri ses membres délicats, pâli sa figure. Une toux saccadée, sèche, au son métallique, secoue convulsivement cette pauvre petite créature, — qui achève de mourir chaque jour sous les yeux d'une mère en larmes. Jeanne a tout fait pour éloigner le moment suprême : elle s'est épuisée en maternels efforts. Sa sollicitude désespérée a suivi nuit et jour sans relâche les progrès de la maladie. — Elle a assisté à cette mort lente de son enfant, sans perdre un spasme, un soupir de cette longue agonie. — Elle sait que bientôt sa douleur n'aura plus la triste consolation de ces soins inutiles qui la ruinent elle-même. — Elle sait que le moment approche chaque jour où elle verra fermer le dernier refuge de son cœur, le tombeau qui attend, ouvert, sa dernière affection, cette pauvre petite créature qui l'attache encore à la vie. — Lorsqu'elle songe à ce moment terrible, elle s'épanche en longs sanglots, elle pleure sa vie qui s'en va avec celle de son enfant, — et les froides angoisses de la mort remplissent et glacent son âme.

Jamais Jeanne n'avait été soumise à de plus rudes épreuves. Le sentiment maternel s'était développé chez elle avec une richesse et une vigueur incroyables. — Ce caractère, pur malgré sa chute, mais faible, facile aux entraînements, sans résistance contre les demi-secousses, ce caractère s'était subitement révélé avec une magnifique énergie. Épouse coupable, la mère avait apparu avec tous les rayonnements éclatants et imposants de ses tendresses infinies. Jeanne avait veillé attentive et penchée sur ce berceau, tombe anticipée : elle avait lutté, courageuse, contre l'ange de la mort, et, dans cette lutte funèbre, elle n'avait pas un seul instant senti faiblir son courage et sa force. Cette immense douleur maternelle avait été le lieu d'asile de ses autres chagrins, et les avait absorbés. — Quand le mobile sublime qui soutenait encore Jeanne et galvanisait cette âme morte, quand ce mobile ne serait plus, Jeanne avait senti qu'elle ne pourrait se résoudre à supporter les peines de sa vie première avec Claudien : sa puissance, une fois essayée, ne pouvait se résigner à un aussi mesquin combat. — La vie de son enfant, c'était sa vie à elle, et la mort devait donc être la même pour tous deux. — Jeanne, épurée par ces infinis dévoûments, se sentait peu à peu détachée de la terre : — à mesure que le mal faisait de nouveaux progrès, elle offrait, suppliante, ses larmes au juge terrible qui la punissait.

Le moment approchait; — l'agonie touchait à son terme. — Depuis plus d'une semaine, Jeanne n'avait pas pris un seul instant de repos, se donnant tout entière et rappelant toutes ses forces à cet instant où elle touchait presque le but. — Claudien n'avait pu se défendre d'être ému dans cette maison que la mort allait frapper : il avait apporté à Jeanne son aide inutile, et avait tâché d'oublier pour quelques heures par jour sa vie extérieure. Et comme Jeanne, épuisée par la misère, était forcée de plier son orgueil pour implorer un crédit qui se fatiguait et allait se fermer, — Claudien avait remis à différentes reprises à Jeanne de légers secours qui avaient à peu près suffi. — Ses absences étaient aussi fréquentes, mais moins longues. L'exemple splendide de Jeanne lui causait une sorte de crainte honteuse, et — s'il était toujours presque aussi acerbe et rigoureux avec elle — il tenait, justement à cause de cela, à ne pas se faire juger par ell comme dénué du dernier sentiment qui reste au cœur de l'homme.

Un matin, il était sorti — pour une heure seulement, avait-il dit en partant. — Jeanne avait eu le courage de lui adresser une prière. Elle lui avait demandé de rentrer le plus tôt qu'il le pourrait, craignant, après une nuit des plus orageuses, quelque accident nouveau.

Cependant l'absence de Claudien se prolongeait; Jeanne surveillait avec la plus vive anxiété le demi-sommeil dans lequel était tombé l'enfant, respirant avec elle, comme si — crédulités touchantes des mères! — elle aidait ainsi cette respiration difficile et embarrassée.

Tout à coup l'enfant fit un soubresaut. Un accès de toux aigre et violente se déclara. Jeanne, effrayée, se redressa. — Jamais la maladie ne s'était montrée plus terrible et plus déchaînée. — Un tremblement convulsif secouait le corps de l'enfant; une écume sanglante s'échappait en bouillonnant de ses petites lèvres décolorées; — ses yeux fixes étaient injectés et démesurément ouverts... Jeanne, hors d'elle-même, appelait à son secours; — elle invoquait Claudien, qui ne venait pas; elle adressait à Dieu des prières brûlantes qu'elle interrompait pour essayer un remède ou faire prendre à l'enfant une position nouvelle; — elle était folle de douleur, de terreur et de désespoir, — et étreignait contre son sein, en versant des torrents de pleurs, cet enfant qu'elle allait perdre...

A ces derniers moments, la lutte entre la vie et la mort, dans cette frêle créature, devenait plus acharnée et plus violente. Les effrayants symptômes avant-coureurs de la fin apparaissaient confus et hâtés...

Tout à coup l'enfant ne remua plus...

Jeanne le regarda avec la plus déchirante expression

d'angoisses, appuya sa bouche sur sa bouche dans une dernière étreinte et s'affaissa mourante.

Son évanouissement dura longtemps. — En revenant à elle, elle comprit tout : — elle se leva, blanche et froide comme une statue, et déposa l'enfant mort sur le berceau. — Elle le contempla d'un visage morne et éteint, — se pencha sur lui et l'embrassa.

Elle tira ensuite avec de minutieuses précautions les petits rideaux de la couchette, — et elle s'assit à côté.

Ses yeux se portèrent vers la fenêtre et s'animèrent tout à coup d'un triste éclat. — Elle avait souvent considéré cette fenêtre avec une dernière pensée d'espoir. Là, il n'y avait pas de remède, et nul ne pouvait arriver à temps pour vous sauver : la mort était là, sûre, inévitable, — car les pauvres demeurent haut.

Elle réfléchit un instant, — et elle se décida à ne pas écrire à Claudien : deux cadavres lui en diraient assez.

Puis — elle calcula froidement — elle disposa sa mort avec une espèce d'amour. — Elle se voyait déjà ouvrant la fenêtre et s'aidant, pour y monter, d'un tabouret placé à côté : elle arrangeait autour d'elle ses vêtements par une dernière pudeur, et — tout était fini.

Enfin Jeanne se leva calme et résolue, et s'avança vers la croisée...

Elle prit le tabouret — encombré — et le débarrassa...

Lorsque tout à coup elle entendit remuer derrière elle... Elle pensa à l'âme de son enfant qui venait de s'envoler, et ne put retenir un cri en se retournant...

Un homme vêtu de noir était devant elle. — C'était Armand...

Il était là depuis quelques instants. Jeanne, éperdue, appelant Claudien — courant pour sauver son enfant —

avait laissé la porte ouverte. Armand était entré au moment où Jeanne se retirait et déposait l'enfant dans son berceau.

Il avait tout compris — et était resté immobile — respectant le silence de la mort et la douleur d'une mère.

Lorsque Jeanne se retourna et l'aperçut, elle tâcha de rassembler quelques idées, et attendit que l'inconnu s'expliquât.

Armand, muet, la contemplait avec un profond sentiment de tristesse. — M<sup>me</sup> Regis ne l'avait pas connu et ne l'avait sans doute jamais vu dans ses voyages à Moulins, perdu qu'il était au milieu de la foule des ouvriers. — Mais lui, il avait vu Jeanne plus d'une fois; il l'avait plus d'une fois bénie en secret et de loin, en apprenant quelque nouveau bienfait, car M<sup>me</sup> Regis était aimée à Moulins. Elle s'était plu à se faire la providence des pauvres familles, des malheureux délaissés. Son cœur avait été ouvert à toutes les infortunes, avait été au devant de toutes les douleurs — ingénieux à découvrir les souffrances ignorées, les maux cachés. Armand avait vu cette femme dans toutes les gloires de sa jeunesse, de sa beauté et de cette opulence dont elle faisait un si noble usage. — Et aujourd'hui il la retrouvait pâle, flétrie, accablée par les terribles conséquences d'une faute. Tel était le changement opéré en elle, qu'Armand avait besoin, pour la reconnaître, de se dire qu'il ne se trompait pas, et que, sous ces traits amaigris, fatigués et vieillis, dans cette physionomie dégradée par la misère et le chagrin, il distinguait encore cette beauté douce dans son éclat, ce visage régulier et noble qu'il avait jadis vu tant de fois.

Jeanne, ne pouvant s'expliquer cette contemplation muette, et étonnée de la présence d'un homme qu'elle n'avait jamais vu, allait parler, lorsque Armand la prévint.

— Vous ne me connaissez pas, madame, lui dit-il en s'inclinant, — car le respect d'Armand était grand pour le malheur, — et pourtant je vous ai vue souvent.

— J'arrive dans un instant bien cruel pour vous, et vous me pardonnerez de ne pas vous laisser cet instant à vous seule, car ce dont j'ai à vous parler est d'un intérêt bien grave pour vous. — Mais notre entretien sera long peut-être. Vous devez être bien accablée: permettez-moi de vous prier de vous asseoir pour m'entendre.

La voix grave d'Armand était émue; il y avait dans cet homme tant de douceur jointe à tant de dignité, la pitié que lui inspirait Jeanne était si tendre et si affectueuse, que Jeanne, brisée, s'assit machinalement.

Armand prit une chaise auprès d'elle et poursuivit avec lenteur:

— Malgré la terrible secousse que vous venez d'éprouver, j'ose compter, madame, sur toute votre attention. Ce que j'ai à vous dire vous touche si profondément, le sort d'une autre personne y est tellement intéressé, que je ne doute pas de trouver en vous-même un auxiliaire puissant pour m'aider à vous persuader.

Jeanne regarda Armand avec une sorte de curiosité triste, puis elle lui dit:

— Parlez, monsieur; je vous écoute.

— J'ai depuis longtemps, madame, reprit Armand, l'honneur de vous connaître. Je vous ai vue souvent à Moulins (Jeanne baissa les yeux, et une imperceptible rougeur anima un instant sa figure), et permettez-moi d'ajouter que je sais tout ce qui vous est arrivé avant et depuis votre départ de Paris. — Vous avez en moi depuis longtemps, sans vous en douter, un ami dévoué — Soyez donc sans embarras et sans défiance en ce moment.

Jeanne regarda encore Armand — et à ces paroles simples et bonnes — elle qui était depuis si longtemps privée d'entendre une voix amie — elle ne put retenir une larme qui brilla au bout de ses cils.

— Je vais peut-être rappeler des souvenirs qui vous sont pénibles, mettre le doigt sur des plaies bien douloureuses. Vous me le pardonnerez, madame, je vous en prie. — J'ai donc appris votre départ avec un homme dont le nom ne peut être prononcé entre nous. — Ma pensée et ma sollicitude vous ont suivie ici, et j'ai pour ainsi dire vécu auprès de vous, partageant toutes vos peines, prenant la moitié de chaque nouveau coup qui vous frappait. Cette existence a duré trop longtemps pour vous, madame ; un jour de plus, et elle vous tuerait. Il faut la fuir, et je viens vous en offrir les moyens.

— Vous me paraissez bon, monsieur, et il faut bien que vous le soyez pour vous intéresser à une femme malheureuse comme moi et coupable comme moi. Je vous remercie de vos bonnes paroles et de votre intérêt. — Mais, puisque vous m'avez suivie de si près, vous devez comprendre que cette vie que je mène me pèse : elle est trop lourde pour mes forces, vous aviez raison — et je suis prête à en finir avec elle.

— Que voulez-vous dire ? demanda Armand.

— Monsieur, reprit Jeanne, quand vous êtes entré, j'allais mourir. Je vous le dis simplement et fermement, parce que c'est une résolution prise depuis longtemps, et que, eussiez-vous tous les moyens possibles et le dessein le mieux arrêté d'empêcher l'accomplissement de cette volonté, vous n'y parviendriez pas. Je mourrai parce que je veux mourir. J'ai attendu pour cela la mort de mon enfant, parce que je ne voulais rien laisser derrière moi ni emporter avec moi aucun regret. — Mon enfant est mort, monsieur !

— Vous n'avez pas le droit de mourir, dit Armand.

— Dieu me pardonnera, dit Jeanne, d'avoir été à lui

quelques jours avant qu'il m'appelât. — J'ai tant souffert!...

— Vous n'avez pas de droit sur vous, reprit avec solennité Armand qui se leva. — Votre enfant mort, tout n'est pas mort avec lui : vous laissez encore quelqu'un derrière vous. — Il y a encore un être brisé que votre perte accablerait sans retour, un être qui attend de vous le peu de bonheur qu'il puisse encore espérer, — qui dépend de votre existence et qui espère en ce moment dans votre cœur. — C'est au nom de celui-là, madame, que je viens vous arracher à vous-même. C'est celui-là qui m'envoie et qui vous attend. Sa douleur a besoin de la vôtre : vous n'avez pas le droit, une fois encore, de lui enlever un dernier espoir qui fait toute sa vie.

Jeanne, dans la plus violente émotion, tremblait.

— Je n'ai plus personne sur terre! dit-elle.

— Votre mari, madame! dit Armand.

— Lui!... s'écria Jeanne en se couvrant la figure de ses deux mains.

— Vous ne vous appartenez pas, madame, reprit Armand avec solennité. — La faute que vous avez commise ne vous laisse pas la disposition de vous-même. Vous vous devez en expiation, — et bénissez celle qui vous est encore offerte!... Votre mari malheureux et souffrant attend de vous des consolations qu'il ne peut espérer que de vous seule. — C'est lui qui revient à vous le premier avec des paroles d'oubli et de pardon ; c'est lui qui s'accuse le premier, — et à cet appel, il est impossible que vous ne répondiez pas!...

Jeanne écoutait, courbée, la voix sévère d'Armand. La figure de celui-ci s'était animée. Il était debout — semblable au prêtre qui exhorte, qui console et qui va absoudre.

— La mort de votre enfant, continua-t-il, ne vous dégage pas vis-à-vis de vous-même. Votre mort serait un moyen trop facile d'acquitter la dette sacrée que vous avez contractée aux yeux des hommes et de Dieu. Vous avez mieux que cela à faire, et il n'y a pas à hésiter. — Il faut partir.

— Mon Dieu! mon Dieu! murmura Jeanne.

— Il faut partir aujourd'hui même. — On vous attend.

— C'est impossible, monsieur, dit Jeanne timidement. Comment oserais-je reparaître devant M. Regis?... Oh! vous ne pouvez exiger cela de moi!... ce serait au-dessus de mes forces...

— Et c'est pourtant la seule expiation qui vous soit permise, et cette expiation est encore bien douce, madame. Que serait-ce donc si cet enfant vivait encore, et si M. Regis l'avait arraché de vos bras pour l'élever loin de vous dans la haine et le mépris pour sa mère! Que serait-ce si vous eussiez retrouvé plus tard cet enfant, devenu grand, et qu'il eût repoussé vos caresses de mère avec horreur et dédain!... Ah! ne vous plaignez pas, ne trouvez pas la punition trop sévère, — lorsque des jours tranquilles peuvent encore vous attendre...

Jeanne secoua tristement la tête.

— Lorsqu'il vous est donné, poursuivit Armand, de trouver dans votre résignation même l'oubli de votre erreur et de votre remords; — et cette résignation vous sera rendue facile, car votre mari a souffert depuis vous, et il souffre cruellement encore. Il a besoin de guérir ses blessures avec le pardon. Le malheur est compatissant et tendre au malheur! — C'est votre mari qui vous attend et tremble que vous ne veniez pas... Ah! ne vous plaignez pas, madame, ne vous plaignez pas!...

Jeanne, vivement émue, tremblait devant une épreuve trop redoutable pour elle. La vie qu'elle avait menée depuis deux ans avait gravé sur son front, pensait-elle, un indélébile stigmate que le pardon de son mari ne pourrait effacer. Après sa faute, elle se jugeait indigne de celui qui se montrait aujourd'hui si généreux pour elle ; elle se jugeait au-dessous de toute miséricorde.

Armand parlait toujours, et — au milieu de ses paroles d'espoir et d'encouragement — il disait à la malheureuse femme, éperdue dans sa honte et ses larmes, le grand mot de devoir, — sainte obligation, rigoureuse et fatale, pour le bonheur de tous — le devoir, qui, pour elle, si coupable ! — avait des consolations et des douceurs dans son inflexibilité même.

Puis, — craignant de prolonger cette lutte si pénible entre le repentir et la honte, — de faire un appel trop brutal à la résignation de Jeanne et de violenter une résolution qui devait venir d'elle-même, il laissa son but un instant de côté. — Pour amener entièrement la confiance de Jeanne, pour provoquer des épanchements dont le résultat devait être précieux pour le bonheur de deux existences, — par une généreuse adresse, il se mit à parler à Jeanne de sa situation présente. Il sollicita, avec des ménagements d'une délicatesse touchante, des confidences où le cœur brisé de Jeanne se répandit avec une amère satisfaction. Intelligent des maux de l'âme, il donna à cette âme désolée la douce consolation de parler de ses souffrances.

C'est un grand pas, c'est un pas irréparable lorsqu'on dévoile tout à coup aux yeux d'un tiers les replis cachés d'une liaison intime. Le jour qui luit subitement dans ce sanctuaire, conservé jusque-là dans une religieuse obscurité, constate et achève les destructions que la nuit enveloppait de ses ombres. — Ainsi les corps renfermés dans les tombeaux conservent souvent leur première forme, — jusqu'à ce que l'air extérieur vienne les frapper et les réduire en poudre.

Jeanne était désabusée depuis longtemps. Elle avait bu jusqu'à la lie la coupe du dégoût. Pour elle, Claudien n'existait plus — que comme un souvenir pénible et pesant. Elle avait tant souffert, — elle regardait ses souffrances passées comme tellement au-dessus de ses forces d'aujourd'hui, — qu'elle ne pouvait se persuader avoir réellement supporté tout cela : elle était dans cet état qui suit les rêves effrayants, à ce moment indécis de douloureuse torpeur qui précède le réveil. La mort de son enfant avait coupé le dernier lien de ce passé honteux. Toutes les passions de l'amante et de la mère s'étaient écroulées en elle sous de terribles coups : il ne restait plus que la femme, mais la femme éprouvée et rompue par le malheur, la femme soumise aux résignations et acceptant comme un inappréciable bienfait un religieux espoir, — suprême consolation.

Armand regardait avec émotion et un sentiment de satisfaction pénible cette pauvre créature à qui il venait d'ouvrir une dernière porte de salut. Dans son œuvre de persuasion, il avait touché, sans irriter le mal, aux parties les plus sensibles de ce cœur mis à vif; il avait trouvé en lui-même de quoi répondre à toutes ces douleurs, à tous ces déchirements. Il s'était montré tel qu'il était, dans toute la sensibilité et la noble générosité de son noble caractère, et il avait convaincu, car ce n'était pas sa bouche seule qui avait parlé.

Les préparatifs du départ ne furent pas longs. — Jeanne avait hâte maintenant d'aller au devant de la miséricordieuse expiation qu'on lui demandait; elle était pressée de mettre le pied hors de la fange.

Cependant de longues heures s'étaient passées. — Jeanne toucha en passant le berceau de son enfant mort et pensa que Claudien avait oublié de revenir. — Elle frissonna...

Lorsqu'elle fut prête, elle jeta à Armand un regard que celui-ci comprit. — Les nobles sentiments se devinent.

Armand déposa sur le berceau une somme d'argent, — pour les derniers devoirs..,

Jeanne le remercia par une larme, — et s'agenouilla près de l'enfant...

Armand s'éloigna dans un silencieux respect, la tête découverte.

Jeanne, prosternée, pria longtemps. Sa prière, ardente, où elle jetait tout ce qui lui restait encore de passion dans le cœur, fut interrompue souvent par des sanglots étouffés et convulsifs.

Lorsqu'elle se releva, elle voulut entr'ouvrir les rideaux du berceau... Armand vit l'altération profonde de ses traits : sa figure décomposée avait une expression effrayante de désespoir et presque de folie. Il comprit qu'il ne fallait pas laisser aller plus loin cette grande douleur. Il arrêta doucement la main de Jeanne.

Elle obéit, — resta un instant immobile et muette ; — puis elle murmura avec effort, d'une voix éteinte :

— Partons !

Armand écrivit un mot, — un seul ! — sur un papier déposé sur le berceau.

Et tous deux partirent.

Quelques heures après, des pas se firent entendre dans l'escalier. La porte, poussée brusquement, s'ouvrit, et Claudien apparut sur le seuil.

Il était ivre...

Un homme était avec lui. — Il était facile de voir à l'allure de ce deuxième personnage qu'il avait dû partager ou plutôt guider les libations de Claudien. Celui-ci était complètement ivre; ses yeux étaient voilés et indécis, sa parole mâchée et difficile, ses jambes avinées.

Son compagnon était calme et plus sûr de lui-même. C'était un de ces hommes faits à l'acool, que le vin traverse comme un entonnoir — sans laisser de traces. Il était maigre et de haute taille. Ses yeux, presque imperceptibles, d'une impudence inquiète, pinçaient de chaque côté le haut d'un nez d'aigle, à arête aiguë. Sa peau était d'une couleur indécise, où le violet, le bistre et les tons fauves dominaient. Les arcades zygomatiques étaient saillantes et découpées comme deux anses. Parmi cette étrange physionomie, il y avait çà et là d'épais fourrés de moustaches, de barbe et de cheveux roux, tordus, trahissant les occupations de la matinée par d'odieux reliefs de festins appendus. — Sa respiration était bruyante et sifflante : il semblait qu'on la vît sortir de cette bouche impure en longue colonne bleuâtre.

Cet homme portait un chapeau graisseux, périlleusement jeté sur l'oreille gauche. Un col de velours noir, qui laissait, aux angles et aux plis, voir son squelette de carton, entourait son cou. — Une redingote à brandebourgs dépareillés, incomplets, et montrant par endroits le chanvre, — à jour aux aisselles et aux coudes, vernissée aux parements et tout le long de l'avant-bras; à la jupe flétrie au point qu'elle semblait mouillée, — venait rejoindre et serrer dans une étreinte avare et craintive le col de velours, comme pour mieux indiquer l'absence de la chemise. Un lambeau de ruban, dont l était presque impossible de distinguer la primitive nuance, se crispait honteusement à une boutonnière, comme craignant d'attester quelque étrange exploit. — Le pantalon à plis, véritable pantalon de sacripant, élimé et frangé par le bas, serré à partir des genoux, retroussé et repoussé vers le haut par des bottes à talons biseautés, et rougies par l'oubli du cirage : — et tout cela imbibé de senteurs fangeuses et nauséabondes, qui prenaient à la fois au nez et au cœur.

Ce personnage jeta autour de lui, en entrant, un regard, par manière d'inventaire, et son odieuse physionomie ne manifesta rien des pensées qu'avait pu lui suggérer cet examen.

Il s'assit sans façon sur la table. Claudien s'était déjà laissé tombé sur le premier siége qui s'était rencontré sous lui.

— Eh bien! dit à Claudien l'individu que nous venons de décrire, où est donc votre femme?

La voix de cet homme, d'ordinaire basse et grave, montait par moments tout à coup au fausset le plus inattendu. C'était une de ces voix qu'on entend aux heures indues en passant devant les mauvais lieux, une voix cassée à coups de petits verres.

— Je ne sais pas, répondit Claudien en tournant ses yeux sans regard. — Au fait, où est donc ma femme?

— Ah! ah! fit M. de Sant-Yago, l'un des quelques amis que Claudien s'était faits dans certain estaminet borgne de Bruxelles, — il paraît qu'elle se promène sans vous; excusez! — Ça ne fait rien, — nous serons mieux pour causer, n'est-ce pas, mon vieux? — Nous sommes des amis, nous, sacredieu!

Et il secoua la main de Claudien de manière à la briser.

— Oui, reprit Claudien, — les amis, — il n'y a que ça, — parce que les femmes, — voyez-vous, — prrr!...

— Mais où donc est-elle?...

— Eh bien, vieux, — dit le sacripant, — sans laisser à Claudien le temps de se souvenir, — voilà le cas de parler de notre grande affaire. — Poule mouillée! il y a trois mois que tu lanternes! — Allons donc, un peu de cœur, sacredieu! — Tiens, veux-tu signer? ça sera fait tout de suite. Tu ne peux pas rester comme ça. — Ça sent la misère chez toi!... — Des hommes comme nous!... Voyons!... Pense donc: un mot, rien qu'un mot, et après ça de l'argent, de la joie à mort! — Veux-tu?

— Mais, balbutia Claudien, si l'on découvrait...

— Plus souvent! répliqua M. de Sant-Yago en tirant un papier de sa poche. — Plus souvent!... Eux, découvrir quelque chose? Allons donc! Ce n'est pas de *la haute* comme nous qui laisse voir son jeu! — Tu es un homme, toi, Claudien, sacredieu! — Tu as de l'éducation. — Tu sais bien que je suis ton ami, — que je ne voudrais pas te mettre dans une mauvaise affaire, n'est-ce pas? — Eh bien, signe; qu'est-ce que tu crains? et tu verras, — tu n'en seras pas fâché, je t'en réponds. Allons, du cœur, allons!...

En parlant ainsi avec beaucoup de feu, et sur le diapason de son fausset le plus aigu, M. de Sant-Yago tendait à Claudien le fatal papier. — Claudien le prit du bout des doigts avec indécision, comme il faisait toute chose :

— Je ne dis pas... murmura-t-il en chancelant, si je n'avais pas peur... si seulement j'avais vu ma... Mais où est-elle donc, mille dieux?...

— Est-il enfant! il a peut-être besoin de demander permission à sa femme; qui sait? — Ah! Claudien, — je suis sûr qu'elle te mène un peu, celle-là. — Si tu dis que non, tu n'es pas un homme! — Il y a longtemps que je m'en doute; tu t'occupes à ces bêtises-là, toi : — tu as des délicatesses de cœur... — Ah! si tu n'avais pas tant fait le dégoûté, nous aurions pu faire une affaire... fameuse! — Mais chut! suffit... Tu n'es pas un homme, — t'en as peur. — Elle te tient, la fine mouche!

— Elle, dit Claudien, dont le courage s'animait à l'idée d'un combat facile, — prrr! — Voilà comme elle me mène, et, pour te le prouver...

Il saisit le papier que lui tendait M. de Sant-Yago, s'assit à une table, et, malgré son ivresse, se mit à exécuter avec le plus grand soin les premières lettres d'une signature compliquée, qui, quoique toute différente de la sienne, paraissait pourtant lui être très-familière.

M. de Sant-Yago, assis derrière lui, semblait du regard guider sa main, et laissait éclater sur son visage la joie d'un grand capitaine qui voit exécuter enfin un plan de bataille longtemps conçu.

— Bien! disait-il, — bien, mon vieux, — ne te presse pas! — Il ne faut rien faire trop vite. — Bien! — c'est cela! — Un peu moins tremblé...

L'application que Claudien avait mise à exécuter posément cette signature — si précieuse sans doute — l'avait soudainement calmé. Quand il eut fini, il passa sa main sur ses yeux et dans ses cheveux, comme au sortir d'un rêve, jeta autour de lui un regard hébété — et répéta encore une fois :

— Où est donc ma femme? où est donc Jeanne? — Et l'enfant! il était malade... Est-ce que....

Claudien regarda autour de lui — et vit toutes les traces du départ de Jeanne. Il se précipita vers le berceau et tira le petit rideau...

En voyant le cadavre, il poussa un cri terrible et déchirant, tandis que M. de Sant-Yago donnait les marques de la plus vive impatience.

Du même regard, Claudien avait aperçu un nom terrible, — remords écrit en lettres de feu, — comme les trois foudroyantes paroles du festin biblique :

## ARMAND

Il tomba évanoui.

M. de Sant-Yago le reçut dans ses bras, — et dit en haussant les épaules :

— Que c'est jeune!...

## XXIV

#### Peines d'ambitions perdues.

Beauplaisir de Simons travaillait dans son cabinet. — Mais ce cabinet nous paraît — à tort ou à raison — mériter une mention spéciale avant d'aller plus loin.

C'était un cabinet somptueusement conçu, et qui ne manquait pas, avec toutes ses élégances, d'un certain ton doctoral et magistral, merveilleusement approprié aux intentions et au caractère — extérieur du propriétaire.

Il est devenu étrangement difficile, au temps constitutionnel et égalitaire où nous vivons, de juger les gens sur l'apparence. Le costume a tout nivelé. Les distinctions — sur la forme — en beaucoup de cas ne sont plus possibles qu'à certains nez fins, d'autant mieux, d'ailleurs, qu'il est à présent du dernier mauvais goût de ne pas avoir l'air de tout le monde.

Il est plus difficile que jamais de juger un homme à la première vue, à la première chose, et bien petit est le nombre des signes extérieurs dans lesquels l'homme se révèle absolument et tout entier.

Dans ces signes extérieurs, l'appartement doit être placé en première ligne. Une station d'une demi-heure dans le cabinet de toilette d'une femme la fera plus sûrement et plus profondément juger — par quelques-uns, bien entendu, — qu'une conversation de trois mois sur les variations de l'atmosphère et la sympathie des âmes.

Le chez soi décèle tout, — et certaines autres choses encore. Il porte toujours, et quoi qu'on fasse, des traces évidentes de la vie de chaque jour. Le chez soi trahit la fortune équivoque, l'orgueil, la vanité, les antécédents, les désirs, les projets, — et partout les besoins de l'actualité. — Il n'y a pas de fumeur qui n'ait son crachoir.

Beauplaisir était trop complet pour n'avoir pas reconnu ces simples vérités — à l'usage de tout le monde. Aussi son cabinet était une manière de prodige. Il y avait là une énorme habileté de prestidigitation et une connaissance transcendante des différentes impressions destinées aux visiteurs.

A ceux qui se laissent imposer par un nom, balbutient en parlant à une célébrité et pâlissent en s'adressant à un secrétaire de ministre ou au moindre directeur de la moindre des choses, — ceux-là, les fauteuils à larges bandes de velours intersticées de tapisseries et à dos aristocratiques, — les écussons des bibliothèques portant chiffres et blasons, — la lourdeur féodale des crépines et la vastitude du manteau du foyer disaient : « Nous appartenons à très-haut et très-puissant seigneur Beauplaisir de Simons. C'est un homme fier et de race, celui que sa naissance oblige à s'entourer ainsi de ces marques de supériorité interdites à vous autres. »

Aux gens profonds et froids, de savoir, de calcul ou d'instinct, — les lourds in-quarto entre-bâillés et désordonnés, — les dépêches froissées aux larges cachets ministériels, — les deux corbeilles regorgeant de papiers licenciés ou missives lues, — les cinq ou six écritoires placées çà et là au hasard, attendant la pensée au passage — toutes ces choses disaient gravement, sans rire : « C'est un homme d'intelligence, d'action et d'avenir, celui qui oublie les jouissances du luxe, les vanités splendides d'une vie dorée, pour venir se réfugier ici dans sa pensée. »

Et, en effet, le cabinet de Beauplaisir présentait deux physionomies bien distinctes.

C'était un cabinet d'homme d'État, — car, pour commencer, il avait cette sévérité que donnent aux appartements les plafonds élevés.

Deux cartonniers de haute et imposante dimension faisaient face aux bibliothèques, abondamment et sévèrement garnies. L'un de ces cartonniers portait des étiquettes dont le grand nombre laissait présumer le grand nombre des dossiers; l'autre était affiché de titres dont l'importance faisait deviner des relations élevées et actives : « Correspondance (Conseil d'État), — Cour des comptes, — Conseil général de... etc... etc. » — Sur un bureau large, ventru et de prestance ministérielle, se pressaient pêle-mêle, dans un intelligent désordre, des journaux parisiens et départementaux noircis d'indications hiéroglyphiques et d'annotations, — des brochures semi-coupées, etc., etc.

C'était aussi un cabinet d'homme élégant et du meilleur monde. — Autour du plafond courait une moulure de lierre merveilleusement découpée et d'un fini tout à fait artistique. La boiserie, de vieux chêne ouvragé, avait reçu du temps cette teinte nègre dont la richesse fait oublier la sévérité. Le meuble était rare et du bon faiseur. A l'exception du fauteuil du bureau, les seuls siéges étaient deux voltaires largement cambrés, dont l'un, placé en permanence en face du bureau pour les visiteurs, — et quelques chauffeuses d'allure admirablement paresseuse. Le tapis du parquet était moussu, épais d'un pouce et discret comme la tombe.

Évidemment, l'homme qui avait présidé à l'arrangement de ce cabinet était toujours un homme de goût, souvent un homme d'art. Les rideaux tombaient droits, et donnaient des plis lourds et graves. Une étagère fouillée comme une dentelle de Malines était chargée de chinoiseries du plus haut prix et des plus curieuses. La tablette de la cheminée était sobre d'ornements, portant tout au plus un bloc et deux coupes de malachite. Les boiseries supportaient deux ou trois bronzes de haut prix, — la Vénus de Milo, la seule statue que nous ayons vraiment complète dans sa mutilation, — et deux tableaux frais et d'une tendresse humide comme s'ils venaient d'éclore de la palette rose de Boucher.

Et dans toutes ces choses contrastantes, il y avait un ensemble, une harmonie, un parfum de distinction saisissant et imposant le respect. — En entrant dans cette pièce, — même déserte, — le drôle le plus grossier et le plus impertinent eût tiré son bonnet.

Ce cabinet était conséquent avec le système de Beauplaisir. — Beauplaisir pensait bien qu'il faut un rare esprit de conduite pour mener une vie toujours pure et irréprochable, et mourir honoré de tous et de soi-même avec une épitaphe méritée; mais il se disait qu'il faut une habileté autrement grande, un esprit autrement ferme pour être immoral à son avantage et dépravé à son profit. Il était bien d'accord sur cette grande vérité : qu'il y a plus de profit à être honnête qu'à être malhonnête homme, — et c'était justement là ce qui piquait son émulation. Il trouvait un élément de plus pour les jouissances altérées de son orgueil arrivant à un but par la route la plus difficile. L'évêque d'Autun lui semblait d'une tout autre force que le bonhomme Sully; il était convaincu que le banquier Law aurait eu bien de la satisfaction et de la facilité à jouer sous jambe M. de Montyon, et, entre don Juan et Alceste, il eût parié pour don Juan.

Beauplaisir, qui avait vu jusqu'à ce jour son système réussir assez bien, était de plus en plus satisfait de son heureux choix.

Ce jour-là, il était donc dans son cabinet, se promenant très-gaillard, se réjouissant fort et se chatouillant la vanité en pensant au fossé d'où il était parti et au faîte où il était arrivé.

Sans doute, dans la traversée, il avait bien traité un peu légèrement la morale, et sa conscience n'avait pas craint de se retrousser pour passer plus aisément les mauvais pas. Sans doute, il avait trahi parfois, même souvent, trompé toujours. Il avait commis nombre de ces crimes qui ne sont pas justiciables de la cour d'assises, et il se disait que quelques pointilleux d'honneur — oisons bridés — pouvaient bien l'accuser d'assez nombreuses lâchetés.

Mais il pensait aussi que l'homme qui arrive n'est jamais un lâche, et que celui qui est arrivé est toujours courageux. Il plaçait l'honorabilité dans le résultat obtenu.

— Et puis, se disait-il, la vertu, ce mot si vanté de ceux qui n'ont ni la force ni l'esprit d'être vicieux; la vertu, si féconde en théorie, est un peu plus stérile en résultats effectifs et immédiats. C'est un luxe de sentiment, et les gens vraiment bien doués — c'est-à-dire possesseurs de cent mille livres de rente — peuvent seuls, lorsqu'ils sont paresseux et n'ont rien de mieux à faire, se passer ce luxe-là. — Le vice force bien des vertus — et même de ces dernières — à le saluer jusqu'à terre.

Si les pas gigantesques faits par Beauplaisir vers la fortune avaient, et il se l'avouait bien, broyé plus d'une victime, si Jeanne et Claudien honteusement vendus, M^me de Sillerey lâchement exploitée devaient savoir ce que coûte une ambition à satisfaire, c'étaient là, après tout, des victimes nécessaires; — on ne s'élance pas d'un bourbier sans éclabousser un peu autour de soi.

Et Beauplaisir, dans ces réflexions, s'amnistiait avec la plus généreuse tendresse...

Un valet de chambre — vêtu rigoureusement de noir, grand habit de cour, un gros nœud de longs rubans amarantes sur l'épaule gauche — ouvrit la porte — et annonça :

— Monsieur Armand !

Beauplaisir fit un signe au domestique, qui disparut.

Il attendait Armand, car la démission de Regis, démission qu'il eût bien su provoquer si elle n'avait été spontanée, — lui ouvrait toutes les voies vers la députation.

Il était prévenu de la visite d'Armand.

Celui-ci entra.

Dans sa vie de travail et de pureté, Armand avait peu vu le monde, nous l'avons dit. Les habitudes et les façons de ce monde lui étaient inconnues. Il était strictement poli, sans tournure, et n'avait qu'une sorte de dignité simple — et peut-être disgracieuse.

Beauplaisir s'était toujours trompé sur Armand. — Il crut encore voir là l'homme de peu, intimidé par l'appareil et le luxe, et affectant des airs dignes pour se rassurer lui-même.

— *Mon cher monsieur*, lui dit-il, veuillez vous asseoir, et dites-moi ce qui me procure l'honneur de votre visite.

Or, Beauplaisir, tout en sachant fort bien l'influence d'Armand dans une certaine classe d'électeurs de l'arrondissement sur lequel il avait des vues, — influence qu'il avait pu constater lors de l'élection de M. Regis, — Beauplaisir n'admettait sous aucun prétexte, et quelle qu'elle fût, l'importance d'Armand. Il le traitait donc tout à fait sans façon. — Nous allons voir si Beauplaisir raisonnait toujours juste.

Armand répondit, comme d'habitude, en allant droit au but.

— Monsieur, dit-il à Beauplaisir, j'ai appris que vous étiez sur le point de vous présenter aux électeurs de notre collége en remplacement de M. Regis. — Vous pouvez savoir qu'une certaine partie des électeurs ont placé en moi leur confiance et m'ont offert de présenter et de soutenir ma candidature. — Sans vouloir préjuger ici les résultats que cette offre, une fois acceptée par moi, pourrait amener, je vous annonce que je suis à peu près décidé à ne pas me présenter encore et à céder la place à celui qui méritera de la prendre. — Le mandat de député est une chose sérieuse, et je me suis dit que, pour le remplir selon ma conscience, je serais obligé de laisser en souffrance des intérêts — secondaires, il est vrai, — mais qu'il ne m'est pas permis d'abandonner. Dans cette circonstance, je puis donc disposer du vote des électeurs qui ont mis leur confiance en moi, et je dois chercher à l'utiliser d'après les intentions et les vues des commettants. — Maintenant, vous devez savoir ce que nous demanderons à celui que nous enverrons à la chambre. Vous connaissez nos opinions ; — quelles sont les vôtres?

Ces claires paroles, l'accent net et bref avec lequel elles étaient prononcées, surprirent un peu Beauplaisir. Il regarda fixement Armand, se demandant à lui-même si, par hasard, ce n'était pas un véritable honnête homme qu'il avait devant lui. Ce qu'il savait des antécédents d'Armand devait lui rendre cette nouveauté moins singulière. — Mais ce doute ne dura pas longtemps, — et il arriva bientôt à se railler intérieurement de s'être laissé prendre.

— Eh! eh! — se dit-il — Regis m'avait annoncé que ce drôle était fort!... Le fait est que moi-même, pendant une demi-minute, j'ai presque failli le prendre au sérieux... Et par un moyen si simple!... C'est ce qui m'empêchait de me défier. — Mais je l'ai vu venir.

Beauplaisir pensait que les hommes qui se vendent n'aiment pas à brusquer les choses, et que leur honneur se réserve d'établir les distinctions dans les mots ; il se dit qu'Armand voulait se faire marchander, et il n'hésita pas à le considérer dès ce moment comme un paysan matois se faisant, par circonstance, courtier d'élection.

— Il va me parler, — reprit Beauplaisir en continuant sa conversation avec lui-même ; — il va me parler une heure durant de conscience, d'intégrité, d'honneur et de désintéressement, — et conclura en vendant ses voix le plus cher possible.

Et, en conséquence de ce petit raisonnement, Beauplaisir répondit à Armand, d'un air facile et délibéré :

— Votre démarche, mon cher monsieur, vous honore, et je vous remercie de l'obligeance qu'elle témoigne pour moi. Mes convictions, soyez-en persuadé, sont pures et telles qu'un homme comme vous ne doit pas hésiter à leur donner son appui. Maintenant, vous pouvez dire à ceux pour qui vous avez bien voulu faire cette démarche auprès de moi que je saurai me rappeler ce qu'elle a de flatteur et que, si je suis assez heureux pour parvenir à la députation grâce à leurs suffrages, je n'oublierai ni les intérêts de ma ville, ni les intérêts de ceux qui m'auront confié leur mandat.

Armand, qui regardait fixement Beauplaisir pendant cette tirade, lui répondit :

— Vous ne m'avez pas compris, monsieur : je me suis peut-être mal expliqué. Personne ne m'envoie vers vous : je suis venu de moi-même, voulant connaître, dans cette entrevue, quelles étaient vos intentions. Je ne viens rien vous offrir : c'est, au contraire, votre programme que je viens vous demander, — et que j'attends.

Une seconde fois, Beauplaisir regarda Armand avec une surprise interrogative. Tout en comprenant mieux que personne la nécessité en affaires de ne se livrer en rien, il trouvait que son interlocuteur n'était guère pressé d'en finir avec les préliminaires et de se mettre à l'aise.

Mais, dans son étonnement, il n'y eut pas le moindre signe de contrariété ni de désappointement. — Il avait plus d'un motif pour se croire certain de réussir.

Cependant, un peu blessé en quelque sorte de l'obstination qu'Armand mettait, pensait-il, à jouer avec lui au plus fin, et croyant bien un peu, après tout, qu'il pouvait y avoir quelque franchise dans les sympathies radicales de son adversaire, il voulut un instant jouer avec la situation et s'amuser de l'homme qu'il avait entre les mains.

— Ma foi, — dit-il, — vous me prenez au dépourvu. Si vous m'aviez fait prévenir au moins hier, j'aurais eu un jour devant moi pour faire rédiger ce que vous me demandez. On n'a pas ainsi, à l'improviste, un plan de conduite tout prêt dans la poche. — Nous allons pourtant tâcher de nous entendre, et j'essaierai de vous dire à peu près ce que je pense.

« Et je commencerai par vous déclarer que je vénère essentiellement vos doctrines égalitaires, monsieur Armand. Je suis de votre avis des pieds à la tête : — le peuple ! tout est là. — Certes, monsieur, le grand principe proclamé par la révolution, — je veux dire la grande révolution, la révolution de 93, celle que nous n'avons pas faite, — ce principe est à jamais digne des respects de tout homme d'intelligence et de cœur, des respects de tous, monsieur, des miens comme des vôtres, de mes respects, à moi, monsieur, qui, quoique sorti d'une autre souche, dois au moins à ce principe l'honneur de traiter et de m'entendre avec M. Armand.

Ici Beauplaisir toussa, se moucha et cracha. — Armand, son chapeau entre les jambes, laissa passer le compliment sans bouger ; — et Beauplaisir, qui se divertissait fort à se jouer d'une vanité plébéienne, à se poser en tribun philanthropique et à s'emplir la bouche avec le mot *principe*, Beauplaisir poursuivit sa harangue.

Armand crut d'abord comprendre, à travers cet inextricable et inexplicable bavardage, que Beauplaisir était disposé à partager ses vues. Mais l'allure singulièrement sans façon de Beauplaisir et l'espèce d'ironie qu'il mettait dans ses protestations venaient détruire l'effet déjà douteux de ses paroles. — Fatigué de chercher en vain un sens à un discours vide, et se demandant, dans sa simplicité peu défiante, si on ne se jouait pas de lui, Armand voulut couper court aux faux-fuyants et aux grands mots, en posant la question plus nettement encore qu'il ne l'avait fait.

— Monsieur, dit-il, je ne comprends pas bien tout cela, et je vous serai obligé de répondre directement et précisément à ce que je vais vous demander. — Que pensez-vous des besoins du pays? quels remèdes croyez-vous qu'on puisse leur appliquer? à quels hommes vous rallierez-vous?

— Monsieur, — répondit alors Beauplaisir, laissant enfin de côté ses tendresses humanitaires, et tout disposé à parler en marquis constitutionnel, — puisque vous voulez savoir ma pensée, la voici : — si les principes sont une grande chose, les faits dont on fait les principes sont, en définitive, plus forts qu'eux, par le motif que ce qui engendre doit avoir raison sur ce qui est engendré. Les principes doivent céder devant les faits, lorsqu'il est nécessaire qu'ils cèdent, — quand nous avons besoin qu'ils cèdent. Nous, les hommes qui faisons les principes et qui formulons les règles, nous avons bien le droit d'user un peu à notre fantaisie de ce que nous avons fait. Laissez les principes aux masses, très-bien! rendez-les, ces principes, plus sévères et plus inflexibles encore. Mais n'oubliez pas que c'est la bride pour tous les chevaux et qu'elle est inutile aux chevaux de race. Notre époque a trop d'esprit pour être rigoriste, et — dans ces deux vies que des gens habiles ont si spirituellement créées à l'usage de ceux qui savent s'en servir : la vie publique et la vie privée, — dans ces subtiles distinctions entre le permis et le défendu, — ce que l'on dit et ce que l'on fait, — ce que l'on montre et ce que l'on cache, — notre société admet à merveille les conventions faites au grand jour — avec des contre-lettres : elle accorde — devant la contrainte extérieure — tous les petits dédommagements privés.

Armand s'était levé depuis quelques instants, et paraissait disposé à interrompre Beauplaisir, lorsque celui-ci se tut.

— Je crois vous comprendre, dit-il, et je m'étais à peu près attendu à vous entendre parler ainsi. Mais je dois rapporter à ceux qui m'envoient quelque chose de plus positif encore et de plus clair. En somme, où siégerez-vous à la chambre?

— Où je me trouverai le mieux assis, répondit Beauplaisir en riant très-ouvertement de la physionomie sévère et un peu animée d'Armand, et en se carrant sur son fauteuil. — Je suis trop intelligent, monsieur, pour ne pas comprendre la nécessité de la popularité, et trop bien né pour ne pas détester cordialement la populace. Plaire à ce que vous appelez les masses, ce doit être non pas un but, mais un moyen.

— C'est assez, monsieur, dit froidement l'imprimeur en se dirigeant vers la porte.

— Je tiens trop à ce que vous me considériez comme un homme d'esprit, dit agréablement Beauplaisir, pour ne pas dire tout ce que je pense. Vous avez ma profession de foi tout entière.

Et comme Armand allait sortir :

— Eh bien ! reprit Beauplaisir en le retenant par le bras, vous ne m'avez pas répondu?

— C'est que je n'ai rien à vous répondre, monsieur, dit Armand en se débarrassant avec un dédain mal dissimulé de l'attouchement de Beauplaisir.

— Alors, dit celui-ci, c'est une affaire faite — et je compte sur vous?

— Voulez-vous m'insulter, monsieur? dit Armand se redressant.

— Qu'est-ce que cela? reprit Beauplaisir, qui ne s'attendait pas à une pareille sortie. — Ah çà! est-ce que nous ne nous entendons pas? Voyons, me donnerez-vous vos électeurs, oui ou non?

— Non! dit Armand, — et cette demande est presque une offense.

Beauplaisir le regarda assez stupéfait; mais il se remit aussitôt et reprit avec fermeté :

— Prenez garde à ce que vous me dites, monsieur, prenez garde!

Armand haussa les épaules et se dirigea vers la porte.

— Un mot encore! dit Beauplaisir.

Mais comme Armand allait sortir, Beauplaisir s'élança au-devant de lui, couvrant la porte.

Armand s'arrêta — et croisa les bras en cherchant à lire l'intention de son adversaire dans ses yeux.

— Vous vous repentirez plus tard, monsieur, dit Beauplaisir, de n'avoir pas répondu à mes dispositions amicales. Je me souviens toujours de ceux qui m'ont été hostiles. — Oh! ne vous impatientez pas ainsi, et écoutez-moi, car vous vous repentiriez bien plus encore d'avoir passé le seuil de la porte sans avoir entendu ce qui me reste à vous dire. Maintenant ce n'est plus de conditions et d'arrangements qu'il s'agit entre nous; je ne vous demande plus votre concours. — Je l'exige!

— Que prétendez-vous donc faire? dit Armand avec pitié.

— Si vous ne vous engagez pas ici — sur-le-champ — à me soutenir de tout votre pouvoir, de toutes vos forces, — dans un quart d'heure — j'envoie ceci au parquet du procureur du roi!...

Et il tendit à Armand — sans s'en dessaisir — un papier sur lequel celui-ci jeta les yeux tout à la fois avec indifférence et curiosité.

Mais à peine eut-il lu les trois lignes qui y étaient écrites, qu'Armand devint pâle, — et se rapprocha brusquement de Beauplaisir.

— Quel est ce nouveau piége? dit-il avec la plus vive émotion. Quelle est cette nouvelle infamie? D'où vient ce billet?

— Ce billet, répondit Beauplaisir, est tout simplement un faux de votre frère...

— Mais ce billet est à mon ordre, et...

— Mais il y aussi un autre nom que le vôtre, — et ce nom, c'est le mien; voyez!

Et il remit le fatal billet sous les yeux d'Armand, qui tomba accablé sur un siége.

— *Votre frère*, reprit Beauplaisir, en ajoutant un nom d'endosseur, aura voulu s'assurer toutes facilités pour tirer parti de ce billet. — Vous comprenez sans doute la situation dans laquelle vous vous trouvez vis-à-vis de moi. — Mais vous ne savez pas tout encore! Votre frère a quitté Bruxelles, où il allait être poursuivi pour d'autres escroqueries. Il est à Paris, et voici son adresse.

— Dans un quart d'heure, je puis le faire arrêter comme escroc et comme faussaire. — Il est de plus réfractaire; mais c'est une misère, cela. — Comprenez-vous bien?...

Armand était atterré. — Pour la seconde fois, on lui proposait, on lui imposait le plus déshonorant contrat. Son premier sacrifice pour sauver un misérable à jamais perdu, ce premier sacrifice avait été inutile, et ce second marché était plus hideux encore que le premier, car Beauplaisir était bien loin de valoir Regis.

C'était trop: — il ne pouvait souscrire à une aussi épouvantable condition. Il avait trop pleuré la première fois ses ardentes sympathies rendues inutiles, ses généreuses convictions frappées de stérilité et d'impuissance. Il ne pouvait recommencer sur lui cette homicide épreuve. Mais, s'il refusait, Claudien était perdu, voué à l'infamie, traîné devant un tribunal, condamné comme faussaire!...

Armand, les yeux fixes, était immobile et sans voix.

— Eh bien! dit tout à coup Beauplaisir après lui avoir donné un instant pour bien comprendre, — eh bien! je vous attends!...

Et comme Armand n'avait pas la force de répondre :

— Écoutez, reprit Beauplaisir, prenez jusqu'à demain soir pour réfléchir et vous assurer de tout cela. Voyez *monsieur votre frère*, et rendez-moi réponse avant cinq heures. — Vous voyez que je n'abuse pas de mes avantages, ajouta-t-il avec une odieuse ironie. — Réfléchissez bien — et je suis sûr que demain nous nous entendrons au mieux. Je vous aiderai à vous débarrasser une fois pour toutes de ce diable d'homme qui doit bien vous gêner, j'en conviens — et vous enverrez à la chambre un député qui ne sera pas, ma foi! plus mauvais qu'un autre!

— Et moi, je vous dis que vous mentez et que rien ne se fera ainsi! — dit un nouvel interlocuteur qui se présenta tout à coup entre eux.

C'était Éleuthère, qui d'un bond s'élança sur le billet faux que Beauplaisir avait déposé sur son bureau, — et s'en empara avant que celui-ci eût pu faire le moindre mouvement pour s'y opposer.

Éleuthère jeta dans le foyer le billet, que la flamme dévora aussitôt.

Nous allions oublier de dire qu'un second personnage était entré derrière Éleuthère : — c'était Grouard, qui — machinalement, avait mis son chapeau à la main, — et suivait son ami d'un air embarrassé.

Beauplaisir à son tour était resté stupéfait et interdit. C'est qu'il n'attendait pas la visite du peintre, et que la physionomie bouleversée de celui-ci donnait à craindre quelque sanglante et tragique péripétie.

— Soyez sans crainte, Armand, dit Éleuthère en étreignant vigoureusement celui-ci dans ses bras, — et restez honnête homme. Il n'y a plus rien à redouter maintenant! Et vous, dit-il en se retournant vers Beauplaisir, remerciez Dieu, si vous l'osez encore, de ce qu'il m'a inspiré pour vous trop de mépris dans le cœur pour qu'il reste encore place à la colère. Sans cela, je vous écraserais !...

— Que signifie cette scène ridicule? dit Beauplaisir, cherchant à reprendre contenance.

— Tu es un misérable!... dit Éleuthère en s'avançant sur lui et le faisant reculer. — Je sais tout : tu es venu chez moi qui ne suis qu'un pauvre diable, et tu m'as volé, pendant que je n'étais pas là pour le défendre, tout le peu de bonheur que je croyais avoir. Tu as été traître et perfide autant que tu es lâche. — N'aie pas peur! — je ne me salirai pas en te touchant. Mais tu seras puni, je le jure par Dieu! Tant qu'il me restera le souffle, je briserai tout ce que tu élèveras. N'espère plus arriver à cette existence politique que tu achetais par tes infâmes moyens !... Tu ne pourras plus corrompre personne... — car si tu bouges seulement, tu apprendras qu'il reste encore à ma vengeance des moyens pour te traîner devant l'opinion et faire justice de ton infamie. Moi vivant, jamais tu ne seras député ! — Venez, Armand, votre place n'est pas ici!

Et il fit passer devant lui Armand et Grouard. — Sur le seuil de la porte, il se retourna et cracha froidement au visage de Beauplaisir.

La figure de celui-ci prit les teintes verdâtres de la tête de la vipère.

— Vous êtes une triste canaille, mon cher! dit Éleuthère.

Et il sortit.

Dans la rue, il serra affectueusement la main d'Armand, qui, vivement ému par ces scènes, était muet.

— Du courage, Armand, dit-il. — Vous voilà débarrassé de ce drôle-là.

— Mais, demanda Armand, comment êtes-vous arrivé là?...

— Vous ne savez pas tout cela, au fait, vous, répondit Éleuthère. J'allais me marier — avec une femme que... j'aimais. — Il a trouvé agréable de se prostituer cette femme et de la salir de son amour pour m'empêcher d'en approcher. Grouard m'a tout écrit : j'étais à Anvers. J'ai pris la poste : j'ai été chercher Grouard, et je suis arrivé ici. — Je n'ai pas voulu nous faire annoncer, vous comprenez! Les domestiques m'ont laissé faire, car je suis l'*ami* de la maison. — Vous avez deux fois ouvert la porte au moment où j'allais entrer : j'ai reconnu votre voix ; j'ai entendu une discussion vive, et, connaissant l'homme avec qui vous étiez aux prises, j'ai écouté et entendu. — Voilà. — Eh bien, Grouard! tu faisais tant de difficultés pour venir ; tu vois bien que tout s'est passé au mieux!

— Mais... balbutia Grouard, très-ennemi de ces choses-là de sa nature, je ne dis pas non.

— Et cette femme? demanda avec un affectueux intérêt Armand à Éleuthère.

— Nous nous sommes dit très-gentiment adieu, — et nous ne nous verrons plus, répondit Éleuthère avec une triste gaîté qui serra le cœur d'Armand.

Et tous trois se remirent silencieusement en marche.

Éleuthère donna son adresse à Armand.

— Puisque ce malheureux est ici, lui dit-il, il faudra que vous le voyiez. — Mais il n'y a plus de ressource, allez, mon pauvre ami ! Ne vous inquiétez plus, et abandonnez-le... C'est un homme tué !...

## XXV

#### Le mauvais frère.

Armand se présenta le jour même dans un de ces nombreux hôtels qui entourent les Messageries.

Éleuthère, en le quittant, lui avait mis dans la main un papier sur lequel était écrite au crayon l'adresse de Claudien. C'était Claudien lui-même qui avait remis cette adresse chez le portier d'Éleuthère, car, arrivant à Paris dénué de toutes ressources, et ne pensant pas que ses anciens amis fussent au fait de l'existence qu'il avait menée à Bruxelles, la première pensée de Claudien avait été de recourir à eux.

On indiqua à Armand une chambre située au fond d'un noir corridor, à un étage élevé. Armand frappa longtemps à la porte ; et, n'obtenant pas de réponse, il se décida à tourner la clé, laissée en dehors dans la serrure, et il entra.

Claudien était endormi, tout habillé, sur son lit, la face tournée vers la ruelle. — Il y avait dans l'atmosphère de la chambre étroite, sombre et humide, une vague odeur dont la cause était révélée par une bouteille d'eau-de-vie, vide et débouchée, placée sur la table de nuit.

Armand ouvrit la fenêtre.

Éveillé par le bruit, Claudien fit un mouvement et se retourna.

En apercevant quelqu'un dans sa chambre, il se mit sur son séant et jeta les jambes hors du lit. — Il resta un instant dans cette position, passant les mains sur sa figure en frissonnant, — car il avait passé, ainsi habillé et étendu sur son lit, la seconde partie de la nuit.

Armand était debout, et le regardait avec un douloureux sentiment de mépris et de pitié.

La figure de Claudien portait la trace de ses fautes et de ses vices. — Son ivresse de la nuit accusait plus sévèrement encore ces traces et leur donnait un caractère plus odieux. — Ses yeux étaient gonflés, ses joues pâles et comme boursouflées, ses lèvres pâteuses. Ses cheveux, devenus rares, étaient mêlés et hérissés sur son front dégarni. Des rides précoces et nombreuses attestaient la dépravation de son esprit et de son corps. Mais ce qu'il y avait de plus triste dans l'aspect de cette physionomie, c'était l'indifférence cynique, l'abrutissement profond et tous les symptômes de dégradation qui s'y révélaient.

Armand comparait, dans sa pensée, cette figure flétrie et souillée au visage noble et ouvert de Claudien, lorsque celui-ci demeurait encore rue Saint-Jean-de-Beauvais, et c'était vraiment un pénible contraste.

Claudien cependant, encore alourdi par ses libations de la nuit, cherchait à rassembler ses idées. — Dans le sombre demi-jour que recevait, par une étroite fenêtre à guillotine, la chambre où il se trouvait, il reconnut enfin Armand et ne put se défendre d'un sentiment d'embarras.

— Ah! dit-il, — c'est vous, Armand! — Asseyez vous donc.

— Voilà donc où il devait en venir! dit Armand à demi-voix, avec un invincible mouvement d'horreur.

Claudien entendit ou n'entendit pas cette exclamation.

Quoi qu'il en soit, il reprit avec ce ton d'assurance douteuse et de laisser-aller équivoque qui lui était devenu familier :

— Vous vous êtes bien porté depuis moi? — Il paraît que vous faites de bonnes affaires. — Vous avez plus de bonheur que moi, vous!

— Est-ce là tout ce que vous avez à me dire? demanda Armand avec sévérité.

— Qu'est-ce qu'il y a donc encore? dit Claudien en regardant son interlocuteur.

— C'est vous qui le demandez? dit Armand.

— Mais, pour savoir une chose.... répondit insouciamment Claudien.

Armand se contint.

— Vous osez dormir, malheureux! reprit-il; et que savez-vous si la justice n'est pas sur vos traces et si l'on ne va pas vous arrêter ici?...

— Qu'est-ce que c'est? qu'est-ce que c'est? dit brusquement Claudien en relevant la tête avec inquiétude.

— Faudra-t-il que j'aie la honte de vous le répéter, et ne savez-vous pas que vous avez commis un double faux?...

— Ah! répondit Claudien du ton d'un homme subitement rassuré. — Si c'est cela, je suis tranquille, puisque vous voilà. Le papier est entre vos mains, et vous avez arrangé la chose. Je vous en remercie.

Et il tendit la main à Armand, qui se recula avec dégoût.

— Ne me remerciez pas! C'est un hasard providentiel qui vous sauve.

— Quoi que ce soit!... dit Claudien ironiquement.

Il était blessé de ce que son frère avait repoussé sa main!..

— Mais vous n'en êtes pas quittte avec votre vie passée, reprit Armand. — Vous êtes parti de Bruxelles, où vous étiez poursuivi pour escroqueries. En supposant que la plainte puisse s'assoupir, vous allez être arrêté comme réfractaire. — Que ferez-vous? quelles sont vos intentions?

— Ma foi, je ne sais pas, répondit Claudien.

— Je vais vous le dire. — Je ne vous ferai pas d'exhortations ni de reproches : tout cela, je le crains bien, serait en pure perte. Tant que j'ai pu, tant qu'il était temps encore, ma voix ne vous a pas manqué. Vous ne l'avez pas entendue. Vous subissez aujourd'hui les tristes conséquences de votre conduite. — Maintenant, vous êtes perdu. Je vous dirais bien qu'il faut vous tuer, pour vous rendre à vous-même satisfaction d'honneur; mais vous ne me comprendriez pas. — Il faut que vous quittiez la France, et vous comprenez mieux cela, j'espère. Je vous en faciliterai les moyens, et je vous mettrai à même de vous créer à l'étranger une existence nouvelle. — Mais, si vous voulez recommencer celle-ci, je vous le dis, vous auriez tort de compter sur moi.

Dans tout cela, Claudien comprit et vit clairement une chose : c'est que sa présence à Paris gênait Armand, et que celui-ci voulait à toute force se débarrasser de lui. Il se dit que nécessairement il était, lui, maître du terrain, et qu'il s'agissait de poser ses conditions le plus avantageusement possible.

— Il faut que je quitte Paris, alors? dit Claudien, bien résolu à refuser d'abord toute proposition — pour arriver aux conditions les plus avantageuses.

Claudien, d'ailleurs, se sentait intérieurement fier en ce moment de dicter la loi à ce frère qui s'était tant de fois montré si supérieur à lui. — Il y avait, en outre, un autre mobile dans le ton ironique, presque insolent qu'il prenait avec Armand. Cet être avili, descendu aux derniers degrés de la corruption et de la bassesse, avait eu, vivant avec Jeanne, qu'avait malheureusement entrevue son ami Sant-Yago, la pensée d'une spéculation infâme, et cet horrible projet, qu'il n'avait pu se résoudre à exécuter avant la fuite inattendue de Jeanne, une fois celle-ci partie et partie à tout jamais, lui était venu à cœur par l'impossibilité même de son accomplissement. Il avait regretté de ne pas s'être assez pressé et de n'avoir pas suivi les avis de ce digne conseiller. — Dès le moment où il avait pu être convaincu qu'Armand avait retiré Jeanne de ses mains, il avait conçu contre son frère une basse haine, et il ne devait jamais lui pardonner d'avoir ainsi déçu ses infâmes projets.

— Je comprends, reprit-il, que vous désiriez me voir quitter Paris; mais il y a malheureusement à cela un petit inconvénient : — c'est que je veux y rester.

Armand réprima un mouvement de colère.

— Si vous ne sortez de France, dit-il, avant qu'il soit deux jours, vous êtes immanquablement arrêté, et vous devez savoir ce qui vous attend. — Si vous voulez partir, je vous offre...

— N'offrez pas, répondit Claudien : je ne veux pas partir.

Claudien venait d'arrêter une résolution définitive. D'après l'instance que mettait son frère à exiger son départ, il comprenait que celui-ci y tenait beaucoup, et il se disait que, quels fussent les avantages à lui offerts pour s'expatrier, il trouverait bien mieux son profit à rester à Paris à côté de son frère, comme une terrible menace.

Armand ne put contenir son indignation devant cet impudent cynisme.

— Et que prétendez-vous donc faire ici? dit-il. Voulez-vous vous déshonorer davantage? N'avez-vous pas assez de tout votre passé honteux?

— Pourquoi me dites-vous des choses désagréables? répondit Claudien avec le plus grand calme, et en s'étendant sur le lit. — Je ne vous en dis pas, moi. — Quel mal y a-t-il donc à ce que je reste à Paris? C'est donc un crime, ça? — Vous n'aviez qu'à me laisser à Bruxelles, au lieu de venir, comme vous l'avez fait, vous introduire chez moi pendant mon absence et emmener Jeanne. Tout ça, c'est votre faute; ne vous en prenez qu'à vous. Vous avez toujours voulu me conduire et me dominer : ça vous a servi à grand'chose, n'est-ce pas? Mais, mon cher, j'ai assez de vos leçons; j'ai été élevé de manière à m'en passer. Ainsi, ne me parlez plus sur ce ton-là, s'il vous plaît. Je suis d'âge à me passer de vos conseils. — Et d'ailleurs, qui êtes-vous pour moi? — Nous ne sommes rien l'un à l'autre.

— Misérable! s'écria Armand au paroxysme de l'indignation.

— Si vous m'appelez misérable, dit Claudien avec un sourire d'horrible méchanceté, je vous appellerai *bâtard!*...

Et il se dressa subitement sur son séant, comme pour parer une attaque probable.

Mais cette précaution était inutile, car Armand, qui s'était levé depuis quelques instants, retomba sur son siége à cette sanglante insulte. — Il couvrit son visage de ses mains, — et il se fit un long silence...

Lorsque Armand releva la tête, sa figure était décomposée et pâle, — ses yeux et ses joues mouillés.

Il y avait sur cette figure noble et digne un tel sentiment de douleur, le coup avait porté si profondément, que nous ne saurions dire si Claudien n'eut pas un moment de repentir, et s'il ne regretta pas d'avoir lâché ce mot terrible. — Mais ce regret, s'il exista, ne fut qu'un éclair, et Claudien reprit en une seconde son insouciance féroce.

— C'est notre mère que vous outragez, notre mère morte!... — répondit Armand d'un ton bas et sombre.

Puis il reprit :

— Vous aviez raison de le dire. — Vous avez été élevé de telle sorte que vous pouvez vous passer des conseils d'un pauvre ouvrier qui s'est fait lui-même et seul son éducation. — Vous êtes venu au monde avec une famille heureuse et respectée, vous, car l'outrage que vous venez de jeter à votre mère est le premier qu'elle ait reçu, et vous l'avez jeté sur une tombe! — Vous avez été bercé par les caresses et les soins de votre mère; vous avez eu à côté de vous un père qui vous a conduit par votre main d'enfant, et vous a montré ce qu'il fallait faire et ce qu'on devait éviter. Les maîtres et les serviteurs ne vous ont pas manqué; ils se sont pressés autour de vous, pour faire de vous un homme honorable et fort, si les jours de lutte arrivaient, ce que l'on ne pouvait guère prévoir sans doute, car tant de bonheur vous entourait! — Aussi, quand un matin vous vous êtes réveillé orphelin et pauvre, vous aviez en vous les éléments de richesses nouvelles; vous pouviez vous créer une existence et large et complète avec ce que vous aviez reçu. — Je ne dirai pas ce que vous avez fait de tout cela.

« Pour moi, tout a été bien différent. — J'ai été abandonné en naissant par celle qui vous a élevé et chéri. — Mais ce n'est pas moi qui l'insulte aujourd'hui : le fils doit toujours bénir sa mère. J'ai été pauvre et nu dans un hospice avec d'autres enfants pauvres et nus; — une faute que je n'avais pas commise devait être étouffée et mourir avec moi. — Mais ce n'est pas moi qui me plains! — Et puis j'ai grandi, j'ai vécu, j'ai travaillé; j'ai mangé le pain de mes veilles. J'ai forcé aux labeurs pénibles mon corps chétif, et j'ai dompté ma nature faible et incomplète. Je me suis dit que j'avais bien des jours à passer avant d'arriver au but éloigné dont la vue lointaine me soutenait dans mes instants de découragement et de défaillance, et j'ai lutté contre les difficultés et les entraves Je me disais que ma mère devait me voir de là-haut, et je voulais mêler des larmes de consolation et d'espoir à ses larmes de regret!...

« Quand je vous ai connu, je vous ai aimé. Aux

yeux du monde, nous étions étrangers l'un à l'autre.
— Mais je savais que vous étiez mon frère. Je vous ai vu plus faible que moi dans la lutte. Je vous ai soutenu, encouragé. J'ai tout fait, j'ai employé tout ce qu'il y avait en moi de désir et de volonté pour vous aplanir une voie trop dure. Dites-le : quand vous m'avez appelé, vous ai-je manqué? Eh bien! maintenant, je vous le demande à mon tour : que m'avez-vous donné pour cette affection inépuisable et sans bornes?
— Vous avez foulé aux pieds ma tendresse et mes conseils fraternels; — lorsque, tremblant de douleur et de crainte, je vous ai vu vous jeter dans un gouffre sans fond, je vous ai appelé, — je me suis jeté entre vous et votre perte, et vous m'avez repoussé, sans pitié pour moi, sans pitié pour vous!

« Et vous ne savez pas tout encore!.... Lorsque l'homme à qui vous aviez ravi sa femme a voulu, indigné, vous jeter sous le coup vengeur de la justice, je me suis, là encore, sacrifié pour vous. Cet homme voulait m'acheter au prix.... mais vous ne comprendriez pas cela, maintenant, vous! — J'ai tout donné pour vous : les fruits de mon travail pénible, les sollicitudes et les transes de ma tendresse... alarmée, les conseils ardents de ma conscience... qui parlait à défaut de la vôtre; j'ai renoncé enfin à ce qui est ma vie, à ce qui est plus que ma vie, — à mes opinions, que je me suis faites par les longues et pénibles études de trente années! — Ce sacrifice était le dernier : mes forces sont à bout; — je vous parle pour la dernière fois. — J'ai fait plus que mon devoir ne m'ordonnait de faire; j'ai accompli plus que ma tâche.

« Maintenant, — dit Armand en se levant, les mains étendues, — vous êtes seul, vous êtes libre, vous n'êtes plus mon frère, — je ne vous connais plus!.....

Et Armand resta un instant dans l'attitude solennelle de la malédiction. Tout son corps était dans une agitation extrême; sa figure honnête et noble resplendissait...

Claudien, malgré lui, s'était tu pendant que son frère avait parlé; il avait même une fois courbé le front sous ces paroles accablantes...

Et pourtant, lorsque Armand eut fini de parler, après avoir été un instant sans répondre, il reprit froidement :

— Soit, nous ne nous connaissons plus. — Croyez-vous que je ne saurai pas me passer de vous?

Armand frémit. — Dans ces derniers mots, il y avait une menace, et Claudien avait mis un étrange accent à les prononcer.

— Un mot encore, dit-il. — Vous ne voulez pas quitter Paris?

— Non! dit Claudien d'un ton haineux et résolu.

— Je vous écrirai donc ce soir, dit Armand.

Et il sortit.

Arrivé à l'étage inférieur, il s'arrêta tout à coup, chancelant, — et il éclata en sanglots étouffés...

## XXVI

### Retour à Moulins.

A son départ de Bruxelles, lorsque Jeanne monta en voiture avec Armand, elle était résignée. Pendant le premier jour de leur voyage, ils se parlèrent à peine ou ne causèrent que de choses indifférentes, — ainsi qu'il arrive presque toujours à deux personnes qui ont entre elles un secret douloureux ou terrible.

Armand ne voulut pas troubler de graves pensées et fut plus discret encore à mesure qu'ils approchaient davantage de Paris.

Jeanne en était venue à ce moment de toutes les existences agitées où on a rompu du fond du cœur avec un passé impossible et où on ne l'aperçoit plus que confusément. Elle ne voyait plus que de loin les événements de sa vie si tristement agitée. Seulement, lorsqu'elle pensait à l'avenir, elle les sentait peser de tout leur poids sur sa tête, comme un fardeau éternel. Elle était bien décidée à revoir M. Regis, à accepter ce qu'il lui offrait généreusement, à revenir vivre auprès de lui; — mais, comme un enfant coupable, elle redoutait le moment précis, l'instant où il faudrait se retrouver en face de lui. Elle ne pouvait, malgré tout ce que lui avait dit Armand, croire qu'un changement si complet se fût opéré dans celui dont elle portait le nom. Elle se le représentait encore tel qu'il glaçait autrefois en elle tout épanchement et toute sympathie, cet homme qui n'avait jamais vis-à-vis d'elle fait appel qu'à ses droits de mari, et auquel il allait être maintenant si facile de se draper dans l'orgueilleuse clémence de l'époux outragé qui pardonne.

Alors, effrayée également par le souvenir du passé et l'appréhension de l'avenir, elle tâchait d'étouffer sa pensée et regardait dans une sorte de vague somnolence, à mesure qu'elle approchait de Paris, les plaines, les bois et les villages que déroulait en un long ruban panoramique la vitre de la portière.

Peu à peu le paysage se couvrit des teintes vagues du soir. Jeanne ne put s'empêcher de frissonner lorsqu'elle ne put voir devant elle que sa pensée, et bien plus encore quand les lumières éparses çà et là au loin se rapprochèrent et s'unirent dans un éclatant ensemble. Déjà elle entendait, de la route, les mille bruits confus de la grande cité, qui se fondent à l'oreille du voyageur encore éloigné en un bourdonnement uniforme et confus.

Il était nuit lorsqu'on approcha de l'hôtel de la route

d'Orléans que la voiture avait gagnée par un assez long détour.

Il avait été convenu entre Jeanne et Armand que celui-ci la déposerait à la maison que M. Regis possédait auprès de la route, à cette maison que nos lecteurs connaissent déjà, et où Jeanne avait laissé tant de ses souvenirs.

Le banquier était absent. Jeanne ne craignait pas de hâter, en se rendant à l'hôtel, une entrevue qu'elle attendait avec angoisses.

Mais si Jeanne esquiva pour quelques moments cette entrevue pénible, combien n'eut-elle pas à souffrir et à se souvenir en se retrouvant devant cette demeure où pour la première fois elle avait vu Claudien évanoui et sanglant, — Claudien, qui avait eu besoin de toute la vie de Jeanne pour tenter de devenir un homme, et dont l'apathie coupable avait dévoré en vain cette jeune et superbe existence, ce riche trésor !

— Mon ami, dit-elle à Armand tristement, car, à la fin du voyage, l'intimité était venue entre ces deux âmes faites aux douleurs, — c'est ici que j'ai commencé à être coupable. C'est là que j'ai abandonné mon cœur à cette pitié qui devait être de l'amour.

Armand lui prit la main avec une respectueuse compassion.

— Prenez courage, — lui dit-il, et espérez !...

Armand avait besoin de rester un jour ou deux à Paris. Ce délai avait été convenu entre lui et le banquier, qui attendait à Moulins son retour.

Nous avons vu que la précaution lui avait, d'ailleurs, été utile par l'arrivée de Claudien.

Il demanda à Jeanne la permission de prendre les deux journées qu'il avait à lui et de les consacrer à ses affaires. — Le surlendemain, il viendrait la chercher pour la conduire à Moulins, où M. Regis effectuait la vente de ses propriétés.

Armand, ainsi que nous l'avons dit, avait vu Claudien le jour même de son arrivée à Paris. — Celui-ci était parti de Bruxelles presque en même temps que son frère, — et, malgré la diligence qu'il avait mise à son départ, sur l'avertissement très-inquiétant à lui envoyé par son ami Sant-Yago, à peine avait-il été assez heureux pour se mettre hors de l'atteinte de la police bruxelloise, qui avait depuis longtemps l'œil fixé sur lui.

Le lecteur se rappelle ce qui se passa entre les deux frères.

Le soir venu, Armand se disposa, selon sa promesse, à écrire à Claudien. Tout sentiment d'affection était à jamais éteint chez Armand; mais chez lui restait toujours la religion du souvenir. Il se rappelait que Claudien était du même sang que lui; il se rappelait, triste et désolé, que ce Claudien, descendu si bas aujourd'hui, il l'avait vu, il l'avait aimé jeune et pur, entrant dans la vie avec toutes les illusions honnêtes d'une nature vierge; il se rappelait cette seule affection profonde et sans partage qu'il eût eue à donner dans sa vie, et qui avait résumé pour lui toutes les tendresses de la famille qui lui manquait.

Et ces pénibles souvenirs semblaient lui faire encore une loi de ne pas abandonner à jamais à elle-même cette nature si misérable, dans laquelle le vice avait fait déjà de si effrayants progrès.

Éleuthère entra chez Armand au moment où celui-ci se disposait à fermer sa lettre. Les deux amis causèrent longuement ensemble. Armand annonça au peintre le dernier projet qu'il avait conçu pour empêcher Claudien de se plonger plus avant dans la fange où il s'était jeté... Éleuthère désapprouva ce plan.

— Vous avez tort, Armand, dit-il. Vous êtes trop bon. La gangrène a fait de trop grands progrès : c'est un membre qu'il faut abandonner. Il tombera de lui-même, malgré vos soins, à moins qu'on ne le coupe. — Vous ne tirerez rien de cet abîme de corruption, et vous perdrez votre temps et vos peines.

— Et que puis-je faire? demanda Armand.

— A votre place, je ne m'occuperais pas de lui. Je le laisserais faire. Dans la position où vous êtes, vous ne pouvez vous attacher un pareil boulet au pied. Vous savez déjà ce qu'il vous en a coûté. — Plus haut vous monterez, plus insolentes et plus impudentes seront les exigences de ce misérable. Ceci est évident. — Vous avez la voie belle devant vous maintenant pour arriver à la Chambre. — Vous verrez ce que vous coûtera votre folle générosité, lorsque ce malheureux viendra se réclamer d'une parenté qui n'existe pas.

— Mais si je l'abandonnais, répondit Armand en frémissant, — il serait capable de voler...

— Eh bien! — il serait arrêté, et voilà tout. Cela ne vous regarde en rien; il ne porte pas votre nom, et un être pareil ne peut rien avoir de commun avec vous. — Si vous le laissez dès maintenant à ses propres forces, il ne songera plus qu'il a en vous une ressource constante, éternelle, et vous en serez à jamais débarrassé. — Sinon, rappelez-vous ce que je vous dis; vous verrez! — D'ailleurs, vous avez déjà fait plus que vous ne deviez faire. Il ne pourra s'en prendre qu'à lui de ce qui lui arrivera. Pourquoi a-t-il repoussé votre offre et refuse-t-il de quitter Paris?

Et comme Armand, absorbé, ne répondait pas, Éleuthère reprit :

— Vous savez comment j'ai vécu avec Claudien et si je l'ai aimé. Eh bien! — je vous le déclare, — Claudien fût-il mon frère, après ce qu'il a fait, je ne le verrais plus. Il est de ces choses pour lesquelles il n'y a pas de pardon!... Et là-dessus, je m'étonne que vous ne pensiez pas comme moi. — On doit être sans pitié pour certaines fautes. Je ne serai jamais de ces gens qui disent à un voleur : « Va te faire pendre ailleurs! » C'est l'envoyer voler votre voisin. Punissez-le la première fois, ce sera l'empêcher de recommencer — de quelque temps du moins. — Ceci est une question d'intérêt général...

Armand n'écoutait pas Éleuthère depuis quelques instants. — A la fin, il releva la tête et dit résolument :

— Je vais annoncer à Claudien que je subviendrai à ses besoins pendant quelques mois. — D'ici là, on verra. — N'insistez pas, Éleuthère ; vous me chagrineriez inutilement. — Mais je ne donnerai que le strict nécessaire...

Éleuthère secoua la tête d'un air désapprobatif.

— Je ne me consolerais jamais, dit Armand, si ce malheureux pouvait se dire un jour que je n'ai pas tout fait jusqu'au dernier moment pour le sauver.

Éleuthère, sans ajouter un mot, serra la main d'Armand — qui fit porter la lettre adressée à Claudien.

Cette lettre annonçait que les dépenses de loyer, de nourriture et de vêtement de Claudien seraient payées chaque mois, — mais que le budget mensuel ne pourrait dépasser une somme que l'on fixait.

Ces conditions — trop douces — mettaient Claudien dans une facile aisance.

Claudien répondit verbalement au messager — qu'il acceptait.

Le surlendemain, Armand fut fidèle à la promesse qu'il avait faite à Jeanne. — Et ils partirent.

Ce second voyage fut encore plus triste que le premier. Quarante-huit heures de solitude absolue avaient doublé la tristesse de Jeanne en lui rappelant toutes ses douleurs passées.

Dès que Jeanne se vit approcher de Moulins, dès que la voiture eut passé les petits villages de Saint-Pierre et de Saint-Imbert, et les délicieux peupliers de

Villeneuve, — dès qu'on aperçut à l'horizon les grands toits d'ardoise du séminaire, — le Jacquemart gothique et la vieille Notre-Dame inachevée, — Jeanne se sentit prise d'un horrible effroi; une terreur invincible se glissa, froide, dans ses veines, frémit dans ses cheveux, roidit ses belles mains blanches et rendit ses yeux fixes : une fièvre lente, terrible, venait de s'emparer d'elle — et ne devait plus la quitter. Arrivés au bureau des diligences, car, par un concours de circonstances de peu d'intérêt, il n'avait pu prendre la voiture de voyage du banquier, Armand fit descendre les malles et offrit son bras à Jeanne — dont les dents s'entre-choquaient. Armand lui demanda si elle voulait remettre l'entrevue au lendemain; il insista même en examinant mieux l'état fort grave dans lequel Jeanne se trouvait. Elle refusa — et s'avança d'un pas assez ferme, après avoir rabattu son voile sur son pâle visage. — Ils traversèrent en silence le cours de la Préfecture et le cours d'Aquin, dont les grandes allées de tilleuls étaient déjà désertes, et arrivèrent devant l'hôtel où logeait M Regis.

Jeanne ne pouvait plus se soutenir; elle marchait à peine. En entrant dans la maison, elle se serra contre Armand, confuse, baissant la tête. — Elle avait peur...

M. Regis la reçut avec calme et dignité. Il lui prit les deux mains et l'embrassa. — On eût dit que rien ne s'était passé entre eux.

En voyant cette belle jeune femme si anéantie, si brisée, si profondément désolée, cet homme de fer eut pitié et remords devant son œuvre. Il se rappela ses propres torts et courba, lui aussi, le front.

Pour Jeanne, la fièvre la sauva de la peur. Elle était anéantie par le mal; elle souffrait trop pour être effrayée. Au reste, cette pénible scène ne fut pas longue : chacun sentait la nécessité de l'abréger.

Jeanne, installée chez elle, s'endormit de ce sommeil

pénible et tenace qui est semblable à la mort et qui vous accable, quand l'âme et le corps sont à bout.

Le lendemain, après une nuit obsédée par de tristes rêves, elle retrouva au réveil toutes ses terreurs. Elle se leva tard, — le plus tard possible, et osa à peine, en s'éveillant, regarder autour d'elle. Enfin, il fallut s'exécuter et voir M. Regis.

Celui-ci se montra bon, affable et digne dans cette seconde entrevue. Jeanne se montra reconnaissante, et son attitude douce et résignée toucha Regis. Leur existence nouvelle s'établit sur l'oubli généreux du passé, et sembla même pouvoir promettre certaines conditions de bonheur relatif.

Mais Jeanne était frappée au cœur. Elle avait bien eu la force de faire tous les sacrifices pour expier sa faute; mais elle se trouva trop faible pour se rattacher à la vie par un lien quelconque. La fièvre qui l'avait prise sur la route ne la quitta plus. Peu à peu sa poitrine s'affaiblit; une toux âcre et continue la mina lentement.

Ce n'était pas en vain que Jeanne avait pu souffrir tant et si longtemps. Il lui semblait que son cœur éteint n'était plus que cendres refroidies et débris mutilés. Tous les amours, tous les espoirs de sa jeunesse étaient morts sans retour, et sa grande beauté, qui avait jusqu'à un certain point survécu à tout cela, n'était plus en quelque sorte qu'une enveloppe vide. D'ailleurs, cette beauté elle-même devait se flétrir vite, brisée par la maladie acharnée et par le remords, cette maladie plus terrible encore.

Bientôt le visage de Jeanne s'amaigrit, ses lèvres plus pâles s'amincirent, ses yeux agrandis s'auréolèrent de tons bistrés.

Souvent elle allait seule, ou appuyée sur le bras de Regis, parcourir les longues promenades de Moulins, et suivre d'un regard mélancolique ces feuilles tournoyantes que le vent d'automne détachait des grands arbres et qui semblaient, élégie vivante, l'avertir de sa fin prochaine.

Plus d'une fois M. Regis voulait raccourcir ces promenades et engager Jeanne à rentrer. En effet, quand le vent du soir la frappait au visage et faisait voltiger les boucles soyeuses de ses cheveux, quand les ouragans de l'automne venaient gémir à son oreille, Jeanne se sentait défaillir et n'était tirée de son abattement que par sa terrible toux, devenue plus âcre et plus acharnée que jamais.

Comme Jeanne, Regis avait compris que la maladie ne pardonnerait pas, et il s'efforçait d'adoucir les derniers moments de cette femme digne de sa pitié. Touchée des efforts de son mari, Jeanne, en échange de l'indulgence affectueuse qu'il avait pour elle, lui offrait une amitié discrète, timide et pleine d'une gratitude craintive. Pour Armand, dont on connaît l'exquise délicatesse, il n'ignorait pas que sa vue pouvait rappeler à Jeanne un passé qu'il aurait voulu qu'elle oubliât, et il évita, autant que possible, de la venir troubler, excepté dans les moments où, tout à fait affaissée, elle avait besoin d'être relevée par une voix ferme et courageuse. Il savait que Jeanne, depuis son retour à Moulins, avait cherché surtout ses consolations vers la religion, ce suprême refuge. Elle appliqua sur son cœur meurtri le baume d'une fervente résignation. Bientôt les sorties devinrent impossibles. Étendue dans une bergère, et vêtue de noir, Jeanne ne quitta plus son crucifix.....

M. Regis seul et Armand troublèrent quelquefois cette pieuse solitude; mais ni la bonté paternelle de l'un, ni les fermes consolations de l'autre, ne pouvaient rappeler à la vie cette âme prête à s'envoler. Jeanne enfin, détachée de la terre et déjà les yeux au ciel, se serait éteinte sans autres souffrances, sans l'horrible scène qui précipita la catastrophe attendue.

Un jour que Jeanne, plus oppressée que jamais, était abîmée dans ses tristes pensées, la porte de sa chambre s'ouvrit doucement, et on annonça M<sup>me</sup> de Sillerey. — Mais ici quelques mots sont nécessaires.

De plus en plus ruinée, exploitée et bafouée par Beauplair de Simons, M<sup>me</sup> de Sillerey était venue à Moulins pour tâcher de sauver quelques débris de sa fortune si gravement compromise.

Elle avait conservé, près du petit village d'Yseure, quelques propriétés qu'elle espérait encore préserver, avec l'aide des gens de loi et des hommes d'affaires qui la tenaient entre leurs mains.

Pour conserver quelques apparences de splendeur, elle s'était logée, à quelque distance de là, dans une de ses terres nommée *le Parc*, charmante habitation, célèbre autrefois par un royal rendez-vous de chasse, et dont les tours délabrées, presque sans aucune valeur maintenant, ont encore pour les yeux un aspect seigneurial.

Là, absolument retirée, elle vivait avec une triste économie et ne voyait personne. Le dépit d'avoir été jouée, la rage d'être réduite à la misère, l'amour-propre blessé, la considération perdue, et surtout l'habitude de vivre avec les gens d'affaires qui ne la quittaient plus, tout cela avait en peu de temps rendu M<sup>me</sup> de Sillerey horriblement méchante et acariâtre. C'est pour ces raisons que M. Regis et Armand avaient fait jusque-là tous leurs efforts pour l'empêcher de voir Jeanne. Ils savaient qu'elle reprochait son malheur à tout le monde, et qu'irritée contre l'univers entier, elle tuerait sa pauvre sœur par sa dureté.

Jusque-là, ils étaient parvenus à éloigner M<sup>me</sup> de Sillerey sous mille prétextes; mais quand elle sut que Jeanne touchait à sa fin, rien ne put la retenir, et elle brava toutes les consignes.

Elle se présenta un jour à la maison qu'habitait

M. Regis. — Le banquier était absent : Jeanne était seule, confiée aux soins d'une garde-malade.

M<sup>me</sup> de Sillerey parvint sans difficulté jusqu'à sa sœur.

Jeanne était assoupie. Elle ouvrit les yeux au bruit que fit en entrant M<sup>me</sup> de Sillerey, et, sur sa figure amaigrie, se peignit l'étonnement de cette visite inattendue.

— C'est vous, ma sœur! dit-elle d'une voix faible en levant un regard éteint. Il y a longtemps que nous ne nous étions vues.

Camille regardait Jeanne. Elle contemplait avec un étrange sourire sa sœur, qui n'était plus que l'ombre, l'image indécise et lointaine de ce qu'elle avait été autrefois. — Dans le regard de M<sup>me</sup> de Sillerey, il y avait une infernale satisfaction, et pourtant il eût été possible au premier abord de prendre pour une des mines banales de la politesse du monde ce perfide regard et ce cruel sourire. — M<sup>me</sup> de Sillerey avait appris à haïr en souffrant, et ce qu'elle avait éprouvé avait mis en elle une méchanceté presque féroce.

Jeanne, en regardant la figure de sa sœur, éprouva une sorte de terreur vague : elle crut voir quelque chose de sinistre sur ce pâle et maigre visage, aux angles secs et durs, dans ces yeux enfoncés et brillant d'un lugubre éclat.

— Vous êtes bien changée, ma sœur! lui dit M<sup>me</sup> de Sillerey en s'asseyant. — Souffrez-vous beaucoup?

Jeanne, pour répondre, mit sa main sur sa poitrine.

— Oui, — on m'a dit cela, reprit M<sup>me</sup> de Sillerey; — c'est un mal terrible, — et qui ne pardonne guère!...

Mais en ce moment M<sup>me</sup> de Sillerey s'arrêta. — Armand et M. Regis entraient dans la chambre de la malade. — Le banquier la salua froidement avec un regard sévère.

Puis il s'approcha avec une tendresse empressée de

Jeanne et lui prodigua ces soins qu'une affection vraie et profonde peut seule indiquer. — Armand l'assistait dans ce touchant ministère.

Mme de Sillerey contemplait cette scène, la rage dans le cœur. Sa pâle figure pâlissait encore devant ces gages touchants prodigués par le mari clément à l'épouse pardonnée. — Camille se mettait à la place de Jeanne : elle se disait qu'elle était seule et isolée, elle qui avait toujours été vertueuse et honorée. Si la mort venait la surprendre, elle arriverait froide et glacée, sans qu'une seule amitié veillât auprès d'elle. Elle partirait sans avoir senti une main presser la sienne ; — elle partirait sans adieux !...

Ce spectacle la déchirait, et sa haine jalouse la poussa à troubler le calme religieux de cette entrevue, qui était peut-être la dernière.

— Ne vous effrayez pas, dit-elle à Regis. — Peut-être n'est-ce qu'une crise passagère. Vous la fatiguez avec vos soins.

Et comme elle ne recevait pas de réponse, elle reprit avec une horrible cruauté :

— Et... qu'est devenu ce — jeune homme, — ce — Claudien, je crois ? — Est-il malade aussi, lui ?

Armand se retourna subitement — et jeta à la mauvaise sœur un regard foudroyant. — La main de Regis, qui approchait un breuvage des lèvres de Jeanne, trembla...

Jeanne, qui s'était soulevée à grand'peine pour boire, retomba sur l'oreiller.

— Est-ce que j'ai fait une question indiscrète ? reprit Mme de Sillerey. — J'en suis vraiment désolée ; mais je croyais pouvoir parler de cela entre nous en toute confiance ; monsieur n'est pas un étranger, — et tout Moulins est au fait de l'histoire.

Regis regarda Jeanne, — puis Armand avec désespoir...

Armand s'approcha de M^me de Sillerey et lui dit d'une voix basse, mais solennelle :

— Laissez mourir cette pauvre femme tranquille, madame !

— Mon Dieu ! dit M^me de Sillerey en se levant, — c'est bien plutôt vous qui l'empêchez de revenir à la santé. — Laissez-la libre : qu'elle retourne auprès de son amant, et vous verrez !...

Armand frémit de colère.

— Sortez, madame ! dit-il, sortez !

Et il lui serra le bras avec force.

Camille fronça les sourcils, — car Armand lui avait fait mal. Une épithète dédaigneuse sortit de ses lèvres :

— Adieu, mon beau-frère, dit-elle. — Ayez bien soin de votre femme, car ce serait pour vous une perte que vous ne pourriez réparer !

Et elle s'éloigna.

Jeanne était sans mouvement. — Armand et Regis, consternés, lui prodiguèrent leurs soins. Bientôt une crise terrible survint. Le coup avait été trop violent pour que la mourante pût y résister. Une écume sanglante s'échappa de ses lèvres décolorées ; ses yeux se dilatèrent ; ses membres contractés se crispèrent en vigoureux efforts qu'Armand et Regis avaient peine à contenir. Des sanglots étouffés, mêlés au râle funèbre de l'agonie, déchiraient la poitrine de Jeanne.

Elle était tombée haletante, brisée, sur l'oreiller. — Tout à coup elle se souleva, joignit ses mains par un dernier effort, et, tournant son regard vers son mari, elle murmura, suppliante, ce mot suprême :

— Pardon !...

Regis et Armand s'agenouillèrent : elle était morte.

Dès que Jeanne eut expiré et que le doigt de la mort eut rendu à sa figure livide le calme et la sérénité d'autrefois, M. Regis, penché sur elle, poussa de longs sanglots et versa des larmes abondantes.

Alors seulement il comprit tout ce qu'il venait de perdre dans cette femme qu'il commençait à connaître et qui, s'il l'avait voulu, aurait pu l'aimer...

Il avait pardonné; mais qui pouvait lui pardonner, à lui?

Le cercueil fut porté à bras jusqu'au cimetière d'Yseure, car les corbillards étaient encore inconnus à Moulins.

Au retour du cimetière, Armand vit M. Regis si faible, qu'il n'osa pas le quitter. M. Regis, appuyé lourdement sur son bras, revint avec peine jusqu'à sa demeure, et pria Armand de passer avec lui le reste de la journée et la nuit.

— Mon ami, mon seul véritable ami, lui dit-il, je veux vous charger de mettre ordre à toutes mes affaires, car dès aujourd'hui je suis mort au monde. Quant à la vente de mes propriétés, vous serez assez bon, n'est-ce pas? pour vous en occuper. Faites à votre guise, tout à fait comme vous l'entendrez, et vous me ferez tenir mes fonds à Paris.

— Et où voulez-vous aller? demanda Armand.

— Je ne sais, répondit Regis.

— Monsieur, reprit Armand, la vie est une lutte qu'il faut toujours accepter avec courage. Vous pouvez être utile encore.

— Mon parti est pris, dit Regis; je ne sens plus en moi aucune énergie ni aucune volonté. Je pars, et vous ne me reverrez pas.

Armand, comme Regis l'en avait prié, l'assista de sa présence et de ses paroles pendant toute la triste nuit qui suivit ces événements. Le lendemain, il le reconduisit jusqu'à la route de Paris, — et ils échangèrent, en se quittant, une dernière et affectueuse étreinte.

M. Regis tint parole, et l'on n'entendit jamais parler de lui.

Sans doute son chagrin dut bientôt le réunir à la femme qu'il avait su trop tard apprécier et aimer.

## XXVII

**Conclusion.**

Les menaces qu'avait faites à Beauplaisir Éleuthère indigné ne tardèrent pas à se réaliser.

Nous avons dit qu'Armand avait utilisé les capitaux de ses sociétaires d'une manière très-avantageuse, et qu'il était parvenu à réaliser le plan, conçu par lui depuis si longtemps, de créer dans sa ville d'adoption une feuille périodique, organe de ses idées.

Armand répandait ainsi ses larges et généreux principes de socialisme possible, et, bien qu'il ne s'occupât pas officiellement de ce journal, chacun savait qu'il était l'âme de la feuille libérale de Moulins, et que cette feuille était sa plus exacte personnification.

A la tête de ce journal, Armand avait placé un homme capable et droit, auquel Éleuthère communiqua ce qu'il savait sur Beauplaisir de Simons. On connut bientôt dans Moulins l'histoire exacte de Beauplaisir, comment s'était fait son mariage, et où il en était pour le moment avec la femme qui portait son nom.

Devant ces révélations publiques et le scandale fomenté par la haine vindicative d'Éleuthère, Beauplaisir sentit qu'il lui serait impossible d'aller plus loin. Il se vit forcé de renoncer à une candidature qui ne pouvait que tourner à sa honte; il se retira frémissant de rage. Son dépit fut d'autant plus vif et plus amer que pour lui la députation n'était qu'un moyen d'arriver à la Chambre haute, dont l'importance pouvait, d'après les événements d'alors, devenir très-considérable et l'emporter de beaucoup sur celle de la Chambre élective. — Ceci servira peut-être à faire deviner au lecteur l'époque précise à laquelle se passa cette histoire.

Beauplaisir avait en effet une parole de haut lieu, car on était désireux de rallier un nom comme le sien.

Débarrassé de ce concurrent, que d'une manière ou de l'autre il devait écraser, Armand fut choisi par le collége à l'unanimité.

M<sup>me</sup> de Simons avait vu l'histoire de son mariage se répandre dans le faubourg Saint-Germain. La honte d'avoir été jouée aussi odieusement par Beauplaisir l'avait poursuivie jusque dans sa retraite, et la chanson — cette arme si cruelle en province — apportait à ses oreilles d'ironiques refrains. Personne n'avait plaint cette femme, qui n'avait jamais plaint personne. Ses anciens adorateurs repoussés par elle, les femmes qu'elle avait écrasées de sa beauté et de son orgueil, les indifférents qui avaient assisté à la lutte de cette statue de glace contre un monde ardent — se réunissaient pour l'accabler. — Elle avait quitté Paris dans le paroxysme de la rage et du désespoir.

Du fond de cette retraite, — comme la noire araignée au milieu de sa toile, — elle regardait avec une observation continuelle et attentive ce qui se faisait autour d'elle, — hargneuse et haineuse — prompte à dépister le mal ou à l'inventer — ardente à l'envenimer. Elle devint l'objet de l'exécration générale, et les quelques rares maisons qui avaient consenti à l'accueillir lui furent bientôt fermées. Elle se résigna forcément alors à vivre chez elle, et épuisa les derniers efforts de sa fureur sur deux pauvres servantes à moitié idiotes, qu'elle prit comme souffre-douleurs.

Beauplaisir — tout à fait déconsidéré — s'était vu,

lui aussi, exclu de tout salon honorable. A cet échec, — bien grave sans doute et bien difficile à réparer, — toute sa résolution, toute son énergie l'abandonnèrent. Son ambition s'éteignit subitement, et il abandonna la partie. Il se jeta alors dans les faciles voluptés du luxe et dans les exagérations d'une vie sensualiste. Il courut les villes de l'étranger, s'arrêtant çà et là aux lieux où ses passions trouvaient le mieux à se satisfaire; allant de Bade à Vienne et de Bagnères à Spa, réduit désormais à mener la vie de club et d'obscur libertinage. Son élégance, son esprit, sa finesse s'éteignirent à cette vie. Denis ne brillait pas à Corinthe. — Il échangea les quelques vices aimables qu'il pouvait avoir contre des passions tristes et honteuses. Il en finit assez vite, d'ailleurs, avec cette misérable existence, car il mourut à quarante ans, usé par les excès.

Quant à Claudien, pendant les deux ou trois premiers mois qui suivirent son arrivée à Paris, Armand, qui le surveillait dans des transes terribles, n'eut pas trop sujet de se plaindre de lui. Claudien, jusqu'alors rudement frappé par la misère, ne demandait pour le moment que ce qui lui était donné et se trouvait fort bien de la vie qu'il menait, se laissant aller aux abrutissantes apathies de la vie oisive des cafés.

Mais, peu à peu, lorsque le cercle de ses relations s'agrandit et qu'il se mit à faire de nouvelles connaissances dans les estaminets qu'il hantait le jour et la nuit, — son budget devint insuffisant devant l'accroissement de ses dépenses.

Quelques demandes supplémentaires furent d'abord timidement adressées à Armand, qui y accéda, mais chaque fois plus difficilement. — Bientôt, ce furent des messagers, — choisis par Claudien dans le cercle où il vivait. Armand, irrité d'être mis en contact avec de pareilles gens, refusa. — Sur une dernière réponse très-nettement formulée, Claudien se décida à ne plus insister.

Il s'était plongé avec une avidité grossière dans les abrutissements de l'ivresse. Tout sentiment honnête et décent s'était éteint chez lui, et sa conscience s'était desséchée et racornie aux émotions de cette existence dévorante. C'était dans les lieux immondes qu'il fallait le trouver, et il se trouvait heureux lorsque la boutique du marchand de vin ou les mystérieux estaminets qui entourent la halle au blé lui avaient donné asile pour la nuit — et lui avaient évité d'être recueilli ivre-mort par la police nocturne.

Parfois il lui arrivait dans des rues obscures de coudoyer Louise, descendue comme lui au dernier degré d'avilissement.

Peu à peu il avait entièrement perdu la mémoire, et par suite l'intelligence. Sa pensée restait des journées entières accroupie dans un assoupissement brutal.

Chose assez singulière, c'était seulement lorsqu'il était ivre que Claudien semblait vivre et se souvenir; son œil s'animait alors, et Claudien parlait.

Par une étrange faculté, il ne se réveillait un peu que dans l'ivresse. Ses souvenirs lui revenaient alors, et Claudien se levait chancelant, abandonnait ses compagnons d'orgie et se dirigeait, au milieu des nuits sombres, par le vent et l'orage, vers la rue Jean-de-Beauvais... Il arrivait à la porte de l'hôtel de Normandie, — appelait Éleuthère, — Beauplaisir, — Grouard... puis graduellement sa vie passée se déroulait tout entière devant sa mémoire épouvantée, et, frissonnant sous les sueurs de l'ivresse, la poitrine haletante, — il tombait évanoui sur le pavé fangeux...

Mais lorsqu'il était à jeun, il restait plongé dans une torpeur idiote, comprenant à peine ce qu'on lui disait. Son regard éteint et vitreux était morne; sa bouche, aux angles souillés par la pipe, était muette, sa figure inerte et sans vie. Il lui arrivait souvent de s'endormir les coudes sur la table, et alors son visage cadavéreux restait dans une immobilité horrible, — et, chose effrayante, et qui faisait frissonner ses plus hardis compagnons de débauche, ses paupières ne se baissaient pas : il dormait les yeux ouverts.

Armand, fatigué de venir inutilement au secours de ce malheureux, s'était décidé à ne plus lui donner d'argent et à payer lui-même ses dépenses. Mais Claudien, que cet arrangement ne satisfaisait pas, trouva bientôt moyen de l'éluder. Il parvint à rencontrer quelqu'un qu'il substitua à sa propre place à la pension où il était nourri, consentant à perdre la moitié de l'argent qui était donné pour lui, pourvu qu'il pût employer cet argent à sa fantaisie. — Et le vin et l'eau-de-vie remplacèrent presque exclusivement pour lui les aliments ordinaires.

Son abrutissement était devenu complet. Il retrouvait parfois une lueur fugitive d'intelligence quand le nom de son frère était prononcé devant lui. Lorsque, en voyant le délabrement de son costume et la misère de sa tenue, on ne pouvait s'empêcher de le plaindre, Claudien disait en levant la tête et avec l'accent de haine :

— J'ai pourtant un frère qui est député...; mais il ne fait rien pour moi; il me laisse dans l'état où vous voyez... — Ah! si un beau jour!... ajoutait-il tout à coup en serrant les poings avec une sinistre menace dans le regard.

Et il arriva plus d'une fois que certaines gens plaignaient Claudien avec la plus touchante compassion. Armand reçut même quelques lettres très-sévères à ce sujet.

Éleuthère, que ses succès nombreux avaient élevé à

une très-belle position artistique, s'était trouvé, par l'aide indirecte d'Armand, favorisé des commandes du gouvernement, commandes que son heureuse fécondité lui permettait d'exécuter plus vite que personne. Éleuthère était un de ces hommes distingués qui ne se jouent ni de l'art ni du public, et qui savent toucher la foule, tout en restant dans les conditions d'art les plus parfaites. Après les grands succès obtenus par ses toiles de bataille à trois ou quatre expositions successives, il reçut le ruban de la Légion-d'Honneur qu'il avait si honorablement gagné, et, l'année suivante, il obtint sa nomination comme membre de l'Institut.

Dans cette haute et prompte fortune acquise par son seul mérite, Éleuthère resta le digne et bon camarade qu'il avait toujours été, respectant les maîtres sans servilité, accueillant les jeunes gens à bras ouverts, affable avec tout le monde, et si naïvement aimable, que sa naïve franchise ne blessait personne.

Armand montra, dès son arrivée à la Chambre, que son intelligence politique ne le cédait en rien à son grand caractère. Dès la seconde session, il était devenu l'une des physionomies les plus intéressantes dans les rangs de l'opposition.

Unis par les mêmes idées et liés par des services mutuels, Armand et Éleuthère, quoique de caractères bien différents, cultivèrent toujours une amitié qui leur offrait à tous deux de réelles jouissances.

L'inépuisable gaîté d'Éleuthère parvenait quelquefois à dissiper la mélancolie qu'Armand n'avait pu secouer depuis les tristes événements que nous avons racontés; et Armand, par ses entretiens élevés et sa manière lucide d'embrasser toutes choses d'un coup d'œil, agrandissait les idées d'Éleuthère. Quoique Armand n'eût en fait d'art aucune connaissance spéciale, Éleuthère lui avait souvent demandé des conseils dont il avait admiré, après l'exécution, la profonde justesse et l'ingénieuse simplicité.

Un soir qu'ils étaient ensemble et qu'Armand semblait encore plus triste que de coutume, Éleuthère avait en vain épuisé toutes les ressources de sa gaîté pour rasséréner le front assombri d'Armand, lorsque Grouard entra.

Depuis longtemps Armand l'avait retrouvé et récompensait généreusement quelques services faciles qu'il demandait au poète pour avoir occasion de l'obliger sans humilier son orgueil, — orgueil, au reste, nécessairement bien déchu.

Grouard n'était plus le Grouard d'autrefois, ce Grouard olympien et barbu, qui croyait vraiment que le poète est le roi du monde, et qui prenait au sérieux cette spirituelle mystification.

Au bout de dix ans, il avait encore, comme au premier jour, ses vers en portefeuille, et pensait beaucoup de mal de la carrière littéraire, devenue, selon lui, ingrate.

Ses vers ne lui avaient servi qu'une fois dans sa vie. Accablé par la misère, la faim et la paresse, il avait adressé à l'un des membres de l'Académie, le plus fidèle aux idées littéraires du *Constitutionnel* de la Restauration, une ode pindarique, élogieuse et suppliante.

Touché par tant de pauvreté et d'humilité, le grand homme fit obtenir à Grouard une place de six cents francs à l'Institut pour les copies nécessitées par les travaux du Dictionnaire, que poussaient activement MM. Nodier et Droz.

Ce jour-là, Grouard alla vendre dans le quartier latin les œuvres complètes de Victor Hugo, qu'en des temps moins heureux il s'était acquises au prix de mille privations, et s'acheta un habit neuf — noir.

Trois mois après, Grouard, recommandé par sa douceur mucilagineuse et son incurable timidité, apprit que le ministère de l'instruction publique lui accorderait annuellement un secours de six cents francs. Ce jour-là, Grouard, ivre de joie, alla se faire raser pour encourager, par cet acte de soumission, les bonnes intentions qu'on paraissait avoir à son égard.

De là à porter un chapeau comme tout le monde, une redingote marron et des favoris de couvreur, il n'y avait qu'un pas. Grouard le franchit le jour où l'Institut lui décerna en séance solennelle quinze cents francs destinés à récompenser l'auteur du livre le plus vertueux. Le petit ouvrage qui valut à Grouard cette flatteuse distinction fut sa dernière œuvre littéraire. Désormais possesseur de l'estime de ses concitoyens et d'un petit mobilier en noyer, Grouard renonça aux rêves de gloire et réalisa un de ses rêves de bonheur en louant, pour la somme de quatre-vingts francs par an, dans l'allée des Veuves, un jardin microscopique taillé dans un de ces terrains d'un demi-arpent qu'on subdivise en cent cinquante petites fractions.

Là, chaque dimanche, même par les plus grandes pluies, vêtu d'un large chapeau de paille, Grouard se livrait aux soins du jardinage et se comparait en lui-même à Abdolonyme ou à Tityre. — Le soir, il allait faire sa partie de dominos au café Minerve.

Lorsque les trois amis d'autrefois eurent parlé pendant un moment de choses indifférentes, Éleuthère dit au poète :

— Eh bien, mon pauvre Grouard, et la poésie?

— Ah ! dit Grouard, l'époque est impossible! La poésie lyrique est inutile; elle ne parle pas aux masses. Le drame est une affaire de décors et de chansons populaires; le roman a été tué par les journaux. Ah! parlez-moi de la peinture ou de la politique. Si j'avais su!...

Armand, malgré sa gravité, se prit à sourire.

— Moi, dit Éleuthère, je crois que toutes les époques ont une place pour l'artiste consciencieux et tenace ; seulement, il faut vouloir.

Grouard poussa un profond soupir.

— Voilà! murmura-t-il. Combien y en a-t-il qui ont voulu et qui n'ont pas pu!...

Chacun devint triste.
La même pensée leur était venue à tous trois : — Claudien!

Ce fut Armand qui rompit le silence.

— Ne parlez pas ainsi, Grouard, dit-il avec fermeté. Cette phrase-là a perdu trop de gens. Vouloir, c'est pouvoir! Mais ceux-là sont des ouvriers de la besogne faite, qui s'imaginent que la société doit quelque chose à des aspirations. Le salaire n'est dû qu'à l'action. Le rêve n'est pas le fait, pas plus que les émotions ne sont des principes.

— C'est parbleu vrai! appuya Éleuthère.

— L'oisiveté est la mère de tous les vices, dit en rengorgeant naïvement le bon Grouard.

FIN.

vw.ingramcontent.com/pod-product-compliance
'tning Source LLC
bersburg PA
'050749170426
CB00013B/2356